Ernst Tiemeyer

Tabellenkalkulation mit Microsoft Multiplan 3.0 auf dem PC

Die Lehr- und Lernsysteme von Ernst Tiemeyer
umfassen jeweils drei Teile:

- Lehr- und Übungsbuch
- Arbeitsmaterialien
- Lerndiskette (mit Begleittext)

Das Lehrbuch eignet sich sowohl zum Selbststudium
als auch zum Einsatz in der Aus- und Weiterbildung.
Sowohl die Diskette (mit Übungen und Aufgaben mit
Lösungen) als auch die Arbeitsmaterialien (mit Folien-
vorlagen) unterstützen den Lernerfolg.

Das komplette Lehr- und Lernsystem ist in der betrieblichen und schulischen Praxis entwickelt und erfolgreich
erprobt worden. Für Schulungs- und Trainingsprogramme
stellen sie daher eine ideale Grundlage dar.

Bisher erschienen:

- Textverarbeitung mit Microsoft Word auf dem PC

- Tabellenkalkulation mit Microsoft Multiplan 3.0
  auf dem PC

In Vorbereitung

- Business-Grafiken mit Microsoft Chart 3.0
  auf dem PC

Ernst Tiemeyer

Tabellenkalkulation mit Microsoft Multiplan 3.0 auf dem PC

Springer Fachmedien Wiesbaden GmbH

Das in diesem Buch enthaltene Programm-Material ist mit keiner Verpflichtung oder Garantie irgendeiner Art verbunden. Der Autor und der Verlag übernehmen infolgedessen keine Verantwortung und werden keine daraus folgende oder sonstige Haftung übernehmen, die auf irgendeine Art aus der Benutzung dieses Programm-Materials oder Teilen davon entsteht.

Der Verlag Vieweg ist ein Unternehmen der Verlagsgruppe Bertelsmann.

Umschlaggestaltung: Ludwig Markgraf, Wiesbaden

Buchbinderische Verarbeitung: W. Langelüddecke, Braunschweig

ISBN 978-3-663-19887-1   ISBN 978-3-663-20228-8 (eBook)
DOI 10.1007/978-3-663-20228-8

Inhaltsverzeichnis

VIII

Vorwort

Viele Sachverhalte der beruflichen Praxis lassen sich in Tabellenform darstellen. Während bei konventioneller Arbeitsweise mit Bleistift und Papier mitunter ein erheblicher Erfassungs- und Rechenaufwand anfällt, können mit einem Tabellenkalkulationsprogramm Zeitvorteile realisiert und damit die Flexibilität wesentlich verbessert werden. Tabellenkalkulationsprogramme sind deshalb zu einem unentbehrlichen Werkzeug auf dem Personal Computer geworden.

Multiplan zählt zu den marktführenden Programmen für Tabellenkalkulation; es zeichnet sich durch einen hohen Funktionsumfang und eine gute Bedienerführung aus. Das Anwendungsfeld des Programms ist vielfältig. Typische Einsatzgebiete im kaufmännischen Bereich sind:
— Finanzwesen (Finanzplanung, Investitionsanalyse, Budgetierung und Budgetkontrolle),
— Rechnungswesen (G + V-Rechnungen, Plan-/Ist-Vergleiche),
— Absatz (Umsatzplanung, Umsatzanalyse, Preiskalkulationen) sowie
— Personalwesen (Personal-Aufwandsrechnungen).
Selbst im privaten Bereich (etwa für Mietabrechnungen oder für Angebotsvergleiche) sowie zur Unterstützung gewerblich technischer Aufgaben finden sich umfassende Nutzungsmöglichkeiten.

Aufgrund der großen Zahl möglicher Anwendungen und der erheblichen Bedeutung in der betrieblichen Praxis kommt heute kein Mitarbeiter in Büro und Verwaltung mehr an grundlegenden Kenntnissen über Tabellenkalkulationsprogramme vorbei. Trotz umfangreicher Handbücher ist die Notwendigkeit einer Einführung in Form von systematischen Trainings-/Schulungsaktivitäten heute dringend erforderlich und unbestritten. Dies setzt jedoch entsprechend aufbereitetes Lehr- und Lernmaterial voraus.

Ziel des Buches ist es, hierfür Unterstützung zu geben. In anschaulicher und systematischer Form sollen anhand des Programms Multiplan die Möglichkeiten der Tabellenkalkulation deutlich werden. Mit problembezogenen Beispielen der kaufmännischen Praxis können im einzelnen Schritt für Schritt grundlegende Befehle und Funktionen von Multiplan erarbeitet werden. Wesentliche Abläufe werden dabei in Checklisten dokumentiert, so daß später ein schnelles Nachschlagen für ausgewählte Problemfälle möglich ist.

Das Buch wendet sich an alle, die sich mit Multiplan und den grundsätzlichen Möglichkeiten der Tabellenkalkulation vertraut machen wollen. Es eignet sich sowohl
— zum Selbststudium als auch
— zum Einsatz in der Aus- und Weiterbildung.

Eingebunden ist das Lehr- und Übungsbuch in ein umfassendes *Lehr-/Lernsystem*, das in engem Kontakt mit der betrieblichen und schulischen Praxis entwickelt und erfolgreich erprobt wurde. Ergänzend zu dem Buch stehen für Schulungs- und Trainingsmaßnahmen zur Verfügung
Ergänzend zu dem Buch stehen für Schulungs- und Trainingsmaßnahmen zur Verfügung
— Informationsfolien und Arbeitstransparente.

Besonderer Dank für das Zustandekommen des Werkes gebührt der BASF Aktiengesellschaft Ludwigshafen und hier besonders Herrn R. Wittenberg, der mit großem Engagement die Voraussetzungen für den Erfolg dieser Arbeit gelegt hat. Mein Dank gilt außerdem Herrn H. Willer für seine wertvollen Anregungen bei der Planung und Entwicklung der Trainingsmaterialien.

Es sei außerdem darauf hingewiesen, daß für das Textverarbeitungsprogramm Word ein vergleichbares Trainingskonzept erarbeitet wurde, das ebenfalls vom Vieweg Verlag herausgegeben wird. Und nun viel Spaß beim Lesen des Buches und bei der Arbeit am PC.

Dinslaken, im November 1987   *Dipl.-Hdl. Ernst Tiemeyer*

X

Geleitwort

Die Büroarbeit unterliegt heute aufgrund technologischer Innovationen einem enormen Wandel. Für viele Arbeitsplätze ist der Personal Computer bereits zu einem selbstverständlichen und unentbehrlichen Werkzeug geworden. Sowohl zur Erledigung arbeitsplatzbezogener Aufgaben (z.B. das Erstellen isolierter Auswertungen und Analysen) als auch für zentrale Anwendungen in Verbindung mit größeren Anlagen wird der PC künftig das „Endgerät der Zukunft" im Büro sein.

Zu einem wesentlichen Anwendungsfeld auf dem PC sind die Tabellenkalkulationsprogramme geworden. Sie bieten dem Angestellten in Büro und Verwaltung die Möglichkeit, eine Tabelle auf dem Bildschirm schnell und übersichtlich zu erzeugen und diese flexibel zu verwenden. Obwohl gerade PC-Software relativ einfach in der Handhabung ist, hat sich die Erkenntnis durchgesetzt, daß eine zielgerichtete problemorientierte Einführung in die Tabellenkalkulation in Form von Aus- und Weiterbildungsmaßnahmen unerläßlich ist.

Wesentlich für den Erfolg eines umfassenden PC-Anwendertrainings in der betrieblichen Praxis ist einmal das Vorhandensein modular abgestimmter Trainingsbausteine (z.B. Grundkurs, Aufbaukurs, Workshops). Sie schaffen die Voraussetzung, daß auf spezifische Interessen bestimmter Zielgruppen gezielt eingegangen werden kann. Für die eigentliche Durchführung des Anwendertrainings werden darüber hinaus benötigt
— pädagogisch aufbereitete Trainungsunterlagen, die konkrete problemorientierte Aufgaben zugrundelegen,
— Checklisten zum schnellen Nachschlagen für die selbständige Lösung von Übungsaufgaben,
— erläuterndes Informationsmaterial für das spätere Nacharbeiten der Lehrgangseinheiten im Selbststudium.

Um den genannten Anforderungen Rechnung zu tragen, wurden in der BASF Überlegungen zur Entwicklung und Anwendung eines geeigneten Medienverbundsystems angestellt. Die Ergebnisse dieser Überlegungen sind in dem vorliegenden Werk berücksichtigt, das in unserer betrieblichen Bildungsarbeit mit gutem Erfolg erprobt wurde und zu einem festen Bestandteil der Aus- und Fortbildung geworden ist.

Im einzelnen stehen damit für das Anwendertraining zur Tabellenkalkulation zur Verfügung:
— das vorliegende Lehr- und Übungsbuch, das den Teilnehmern von Trainingsmaßnahmen ein schnelles und gezieltes Nacharbeiten von Lehrgangseinheiten ermöglicht, aber auch zum Selbststudium geeignet ist;

— ein Aufgaben- und Folienband, der als Lehr- und Lernunterlage in Trainingsmaßnahmen Verwendung findet sowie
— Lerndisketten zur Unterstützung für ein zielgerichtetes, unnötigen Erfassungsaufwand verhinderndes Erarbeiten von neuen Lerninhalten.

Allen Beteiligten, die an dem Zustandekommen der Konzeption sowie des vorliegenden Werkes mitgewirkt haben — insbesondere Herrn Dipl.-Hdl. E. Tiemeyer — gilt mein herzlicher Dank.

Reimer Wittenberg
Dipl.-Betriebswirt
Leiter der Kaufmännischen Berufsbildung
BASF Aktiengesellschaft, 6700 Ludwigshafen/Rhein im November 1987

Hinweise zur Arbeit mit dem Buch

Das vorliegende Lehr- und Übungsbuch eignet sich sowohl zum Selbststudium als auch zur Unterstützung von Aus- und Weiterbildungsmaßnahmen. In jedem Fall empfiehlt es sich, sämtliche Themen direkt am Personal Computer zu erarbeiten.

Beachten Sie für die Nutzung des Buches vor allem folgende Hinweise:

— Ausgangspunkt der Einführung in einen neuen Themenkreis sind immer konkrete Problemstellungen. Lösen Sie zunächst diese Musteraufgaben unter Anleitung eines Trainers/Lehrers und/oder unter Zuhilfenahme der Ausführungen im Lehrbuch.

— Um das Buch optimal nutzen zu können, ist bei vielen Aufgaben die Diskette hilfreich, die zu dem Buch erhältlich ist.

— Am Ende eines jeden Kapitels finden Sie verschiedene Übungsaufgaben zur Vertiefung. Für den Fall, daß Sie erhebliche Probleme bei der Lösung haben sowie zur Kontrolle, können Sie die Lösungshinweise im Anhang des Buches heranziehen.

— Die Bezeichnung der Funktionstasten orientiert sich an der klassischen PC-Tastatur. Sofern Sie über eine andere Tastatur verfügen, mag folgende Aufstellung hilfreich sein:

Gewählte Bezeichnungen	Alternativen	
⟨RETURN⟩	⟨ENTER⟩	⟨NEXT⟩
⟨RÜCK⟩	⟨BACK⟩	⟨BACKSPACE⟩
⟨ESC⟩	⟨ESCAPE⟩	⟨Eing lösch⟩
⟨INS⟩	⟨Einfügen⟩	⟨Einfg. Zeile⟩ ⟨INSERT⟩
⟨DEL⟩	⟨Löschen⟩	⟨Entf. → ⟨DELETE⟩
⟨Ctrl⟩	⟨Szrg⟩	
⟨HOME⟩	⟨Pos 1⟩	
⟨END⟩	⟨Ende⟩	
⟨PgUp⟩ ⟨PgDn⟩	⟨Bild⟩	
⟨CapsLock⟩	⟨Groß/Klein⟩	

1 Grundidee und Einsatzmöglichkeiten von Tabellenkalkulationsprogrammen

1.1 Was sind Tabellenkalkulationsprogramme?

Viele Sachverhalte in Büro und Verwaltung lassen sich in Tabellenform darstellen. Dabei fallen mehr oder weniger umfangreiche Rechenoperationen an. Das Erstellen und Auswerten der Tabellen ist herkömmlicherweise jedoch recht aufwendig; dies gilt vor allem für den Fall, daß nachträglich Änderungen vorgenommen werden müssen.

Hier setzen die Tabellenkalkulationsprogramme an. An die Stelle von Papier und Bleistift tritt nun der Computer. Dabei wird auf dem Bildschirm zunächst ein "elektronisches Formular" erzeugt, das dem Benutzer eine bestimmte Zahl von Zeilen und Spalten zur Verfügung stellt, die frei gestaltet werden können. Statt Tabellenkalkulation wird deshalb oft von *Spreadsheets* oder *Worksheets* gesprochen

Die Felder der Tabelle kann der Benutzer für das von ihm ausgewählte Anwendungsgebiet frei mit Text oder Zahlen belegen. Durch eine Eingabe von Formeln lassen sich darüber hinaus Beziehungen zwischen den verschiedenen Datenfeldern aufbauen. Damit bietet sich die Möglichkeit, mit unterschiedlichen Dateneingaben verschiedene Alternativen problemlos und schnell zu kalkulieren.

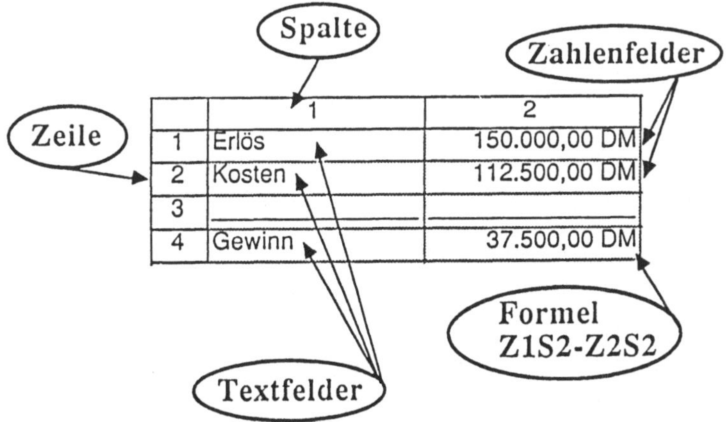

Abb. 1-1: Aufbau eines "elektronischen Arbeitsblattes"

1.2 Einsatzmöglichkeiten in der kaufmännischen Praxis

Das Anwendungsspektrum der Tabellenkalkulationsprogramme ist groß. Im Mittelpunkt steht die Unterstützung von Planungs- und Kontrollaufgaben verschiedener Art. Wenn auch kaufmännische Anwendungen überwiegen, so ergeben sich selbst für den technisch-wissenschaftlichen Bereich sowie für private Zwecke vielfältige Anwendungsmöglichkeiten.

Einen Überblick über typische Einsatzfelder in der kaufmännischen Praxis gibt die Abbildung 1-2.

Einsatzmöglichkeiten von Tabellenkalkulationsprogrammen			
I. Finanzwesen	**II. Rechnungswesen**	**III. Absatz**	**IV. Personalwesen**
Liquiditätsstatus/ Finanzplanung	Aufwands-und Ertrags-rechnung (G+V-Rechnung)	Umsatzplanung	Lohn- und Gehalts-strukturanalyse
Investitionsanalyse/ Investitions-rechnungen	Betriebsabrechnungs-bogen (BAB)	Umsatzanalyse	Abrechnung des Personalaufwands
Budgetierung/Über-wachung des Jahres-budgets	Kostenträger-Erfolgs-rechnung	Führen von Preislisten	
	Plan-/Ist-Vergleiche	Preiskalkulation	
	Statistische Trendberech-nungen		

Abb. 1-2: Einsatzmöglichkeiten von Tabellenkalkulationsprogrammen

1.3 Welche Vorteile bieten Tabellenkalkulationsprogramme?

Bereits bei relativ kleinen Tabellen kann die Nutzung eines Tabellenkalkulationsprogramms von Vorteil sein. Je größer die Tabellen und je komplexer die darin enthaltenen Formeln jedoch sind, um so umfassender sind die Möglichkeiten der Zeiteinsparung sowie der zusätzlichen Auswertung.

Die wesentlichen *Vorteile eines Tabellenkalkulationsprogramms* sind:

- *Langwierige Rechenarbeiten* werden überflüssig. Dies resultiert zum einen aus der Möglichkeit, das Programm wie einen Taschenrechner nutzen zu können. Darüber hinaus stellen Tabellenkalkulationsprogramme eine Vielzahl von einfach handhabbaren Funktionen zur Verfügung (z. B. für das Ermitteln der Summe oder des Mittelwertes einer Zahlenreihe), die ein aufwendiges Eingeben einer umfangreichen Formel entbehrlich machen.

- *Sofortkorrekturen* (Einfügen, Löschen, Überschreiben) sind leicht möglich. Der Fall, daß nachträglich inhaltliche oder formale Änderungen gewünscht werden bzw. Fehler korrigiert werden müssen, ist in der Praxis keine Seltenheit. In diesen Fällen paßt das Computerprogramm eingegebene Änderungen automatisch der gewünschten Form bzw. der neuen Eingabe an. Häufig wird gleichzeitig eine Überprüfung der logischen Genauigkeit vorgenommen.

- Bei der *Korrektur von Zahlenwerten* erfolgt unmittelbar ein erneutes Durchrechnen sämtlicher betroffener Werte. Durch das Speichern der Formeln ist eine schnelle und direkte Anpassung möglich, ohne daß ein gesonderter Eingriff notwendig ist.

- Verschiedene *Problemlösungsvarianten* können schnell "durchgespielt" werden; z. B. unterschiedliche Absatz- oder Personalsituationen.

- *"Was geschieht, wenn"*-Fragestellungen lassen sich leicht lösen. So kann z. B. mit einer Artikelergebnis-Statistik schnell ermittelt werden, wie sich die Break-Even-Menge verändern würde, wenn der VK-Preis/Stück um einen bestimmten Betrag heraufgesetzt würde.

2 Aufbau und Handhabung des Programms Multiplan

2.1 Starten des Programms

Es gibt mehrere Möglichkeiten, das Programm Multiplan zu starten. Diese hängen davon ab,

- welches Computersystem zur Verfügung steht (z. B. Computer mit zwei Diskettenlaufwerken oder ein Computer mit Festplatte) und
- wie die Diskettenorganisation geregelt ist.

a) Verwendung eines Computers mit zwei Diskettenlaufwerken

Bei einem Computer mit zwei Diskettenlaufwerken muß für den Programmstart zunächst das Betriebssystem geladen werden (DOS-Diskette in Laufwerk A). Nach Einschalten des Computers sowie der Datums- und Zeiteingabe erscheint das Bereitschaftszeichen des Betriebssystems (Meldung A>). Dann können Sie die Multiplan-Programmdiskette in Laufwerk A und eine formatierte Arbeitsdiskette in Laufwerk B einlegen.

Anschließend ist das Programmkürzel MP einzugeben und die Eingabe mit <RETURN> zu bestätigen. Nun wird das Programm Multiplan geladen und es erscheint eine leere Tabelle auf dem Bildschirm mit dem Hauptmenü des Tabellenkalkulationsprogramms.

Hinweis: Das gesonderte Starten des Betriebssystems kann entfallen, wenn das Betriebssystem DOS auf die Programmdiskette kopiert wurde und eine selbststartende Diskette erstellt wurde. In diesem Fall erfolgt das Starten durch Eingabe von AUTOEXEC.

b) Starten des Programms von der Festplatte

Bei einem Computer mit Festplattenstation befindet sich das Programm in der Regel auf der Festplatte. In diesem Fall muß nach Einschalten des Systems die Anzeige C> erscheinen, um dann das Programm über die Eingabe des Kürzels MP zu starten.

Werden mehrere Standard-Softwarepakete verwendet, erweist es sich in der Praxis häufig als sinnvoll, ein Ausgangs-Menü für die Anwenderprogramme zu erstellen, die auf der Festplatte verfügbar sind. Für das Star-

4

ten des Programms ist dann lediglich eine entsprechende Auswahl in diesem Menü erforderlich.

2.2 Grundaufbau der Bildschirmmaske

Das Programm Multiplan bietet die Möglichkeit, eine Tabelle anzulegen, die maximal 4095 Zeilen und 255 Spalten umfassen kann (ab Version 2.0). Die Schnittpunkte der Zeilen und Spalten stellen die jeweils möglichen *Arbeitsfelder* dar. Diese Felder können sowohl Zahlenwerte als auch Texte ausweisen.

Eine Zuweisung von Feldinhalten erfolgt durch Eingabe der Informationen oder durch Berechnungen über Formeln. In beiden Fällen ist eine genaue Kennzeichnung der einzelnen Felder durch Angabe von Zeilen- und Spaltennummer notwendig. Dabei ist zuerst die Zeilen- und dann die Spaltennummer anzugeben (z. B. Z3S5).

Von der zur Verfügung stehenden aktiven Tabelle ist auf dem Bildschirm allerdings nur ein kleiner Ausschnitt sichtbar. So erscheint nach dem Start des Programms zunächst die Bildschirmanzeige, die Abbildung 2-1 entspricht.

Grundaufbau der Bildschirmmaske bei Multiplan

Nach dem Start von MULTIPLAN erscheint folgende Bildschirmanzeige:

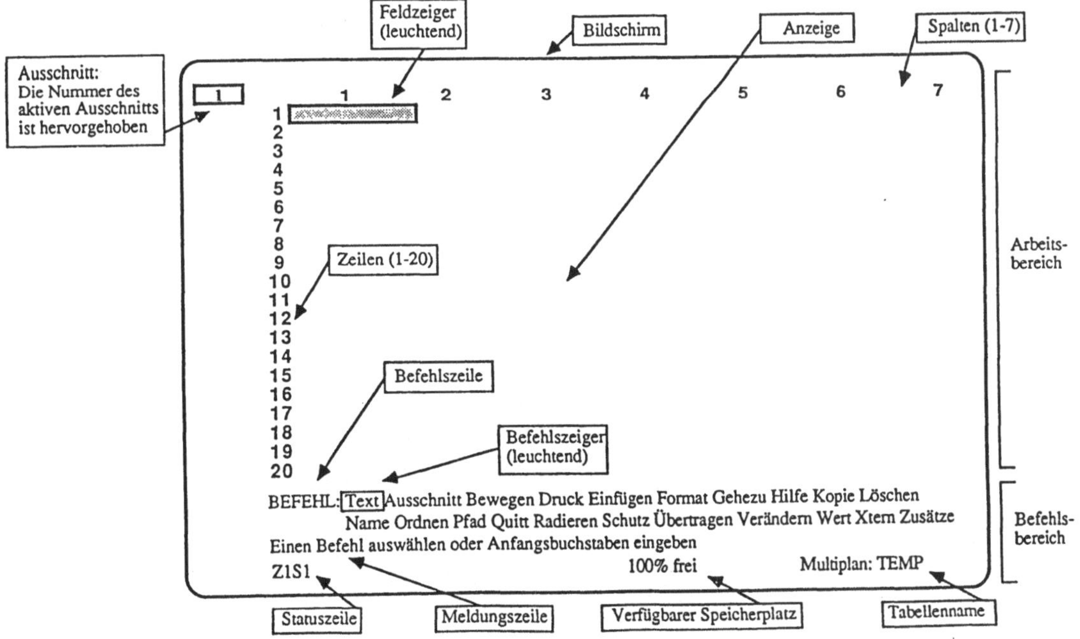

Abb. 2-1: Grundaufbau der Bildschirmmaske bei Multiplan

Grundsätzlich lassen sich auf dem Bildschirm zwei Hauptbereiche unterscheiden: der Arbeitsbereich und der Befehlsbereich.

Im oberen Teilbereich (dem *Arbeitsbereich*) werden Zeilen und Spalten für den Aufbau des elektronischen Formulars angezeigt. Grundsätzlich ist ein Ausschnitt von 20 Zeilen und 7 Spalten mit einer Zeichenbreite von 10 Zeichen auf dem Bildschirm dargestellt. Insgesamt können dann 140 Felder aus einer Tabelle auf dem Bildschirm angezeigt werden. Im Arbeitsbereich befindet sich außerdem ein *Feldzeiger*, der das Feld markiert, das bearbeitet werden kann. Die Position des Feldzeigers ist "leuchtend" hervorgehoben.

Die unteren vier Zeilen des Bildschirms (= *Befehlsbereich*) umfassen

a) zwei Zeilen zur Angabe von Menübefehlen (21 Grund-Befehlsworte in der Version 3.0);

b) eine Meldungszeile (zur Eingabeaufforderung, für Fehlermeldungen);

c) eine Statuszeile; sie zeigt die Position des aktuellen Arbeitsfeldes, den Inhalt des Feldes (sofern Angaben vorhanden sind), den noch verfügbaren Speicherplatz sowie den Namen der gegenwärtig in Bearbeitung befindlichen Tabelle.

Besonderheiten ergeben sich, wenn zur schnelleren Befehlsauslösung ergänzend mit einer Maus gearbeitet werden soll und zu diesem Zweck ein Maustreiber installiert ist. In diesem Fall erscheint auf dem Bildschirm zusätzlich ein Mauszeiger, mit dem ein Markieren von Feldern und das Auslösen von Funktionen möglich ist. In der Statuszeile wird dann noch ein Fragezeichen angezeigt, das den Aufruf von Hilfeinformationen mit der Maus ermöglicht.

2.3 Arbeiten im Befehlsbereich

2.3.1 Auslösen von Befehlen

Um einen bestimmten Vorgang mit Multiplan auslösen zu können (z. B. das Drucken oder Speichern einer Tabelle), muß der entsprechende Befehl im angebotenen Menü gewählt und ausgelöst werden.

Dabei gibt es grundsätzlich drei Möglichkeiten:

a) Eingabe des ersten Buchstabens des gewünschten Befehlswortes
b) Positionieren des im Menü hell unterlegten Befehlszeigers auf das gewünschte Befehlswort (mit der Leertaste oder der Rücktaste) und Betätigen der RETURN-Taste.
c) Anklicken des Befehls mit der Maus (sofern vorhanden). Zunächst muß mit dem Mauszeiger das gewünschte Befehlswort angesteuert werden; für die Auslösung des Befehls ist die linke Maustaste zu betätigen.

Sofern aus einem bestimmten Grund der Befehl abgebrochen werden soll, kann dies per Tastatur mit der ESC-Taste erfolgen. Mit der Maus müssen Sie beide Maustasten gleichzeitig betätigen.

2.3.2 Ausfüllen von Befehlsfeldern

Nach Auslösen eines Befehls benötigt das System häufig noch weitere Informationen für den Vollzug eines bestimmten Vorganges. Dann erscheinen weitere Unter-Befehlsmenüs sowie u. U. Befehlsfelder, die entsprechend auszufüllen sind. Bei mehreren Befehlsfelder können diese mit Hilfe der TAB-Taste angesteuert werden; ein Rücksprung in ein vorheriges Befehlsfeld erfolgt mit der Tastenkombination <UMSCHALT>-<TAB>.

Zu unterscheiden ist zwischen

a) *offenen Befehlsfeldern;* ein geeigneter Antworttext ist frei einzugeben (z. B. Laufwerksangabe oder ein gewünschter Dateiname).
b) *Antwortmenüs;* eine vorgegebene Antwort kann durch Ansteuern mit der Leertaste oder der Rücktaste ausgewählt werden; z. B.
   - bei Wahl des Formates zur Speicherung: "Normal Symbolisch Fremd" oder
   - bei Wahl der Druckoption: Formeldarstellung "Ja Nein".

Testen Sie einmal die Varianten aus, indem Sie den Befehl ÜBERTRAGEN OPTIONEN wählen. In diesem Fall ergeben sich - wie Bildschirmausdruck 2-1 zeigt - die beiden unterschiedlichen Befehlsfelder "Format:" bzw. "Laufwerk/Inhaltsverzeichnis:".

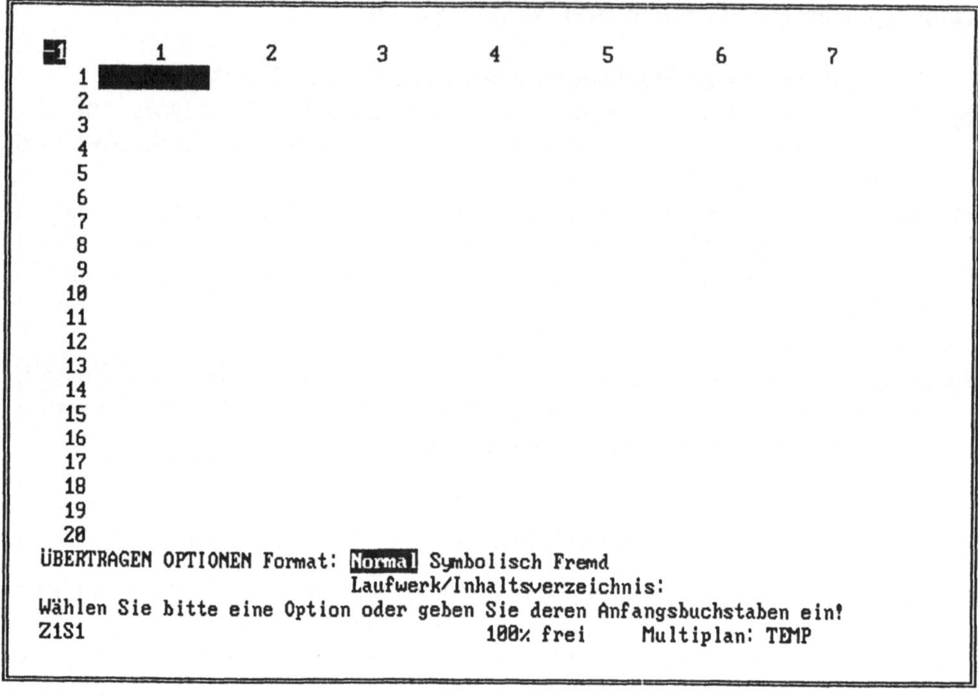

Bildschirmausdruck 2-1

Die Möglichkeiten zur Spezifizierung des Befehls werden in Abbildung 2-2 gezeigt.

Ausfüllen von Befehlsfeldern

Beispiel: Befehl ÜBERTRAGEN OPTIONEN
         - Format:
         - Laufwerk/Inhaltsverzeichnis:

Arten von Befehlsfeldern:

(A) Offene Befehlsfelder	(B) Auswahl von Funktionen (Antwortmenüs)
Die entsprechende Antwort ist frei einzugeben (im Texteingabefeld)	Die gewünschte Alternative kann ausgewählt werden
Beispiel: Laufwerk/Inhaltsverzeichnis: < b: > < c: >	Beispiel: Format: Symbolisch: < Leertaste > Fremd: 2x < Leertaste >

Abb. 2-2: Ausfüllen von Befehlsfeldern

Die endgültige Ausführung eines Befehls setzt im Regelfall das Betätigen der Taste <RETURN> voraus (Ausnahme: Befehl DRUCK DRUCKER). Wird der Befehl danach nicht sofort ausgeführt, kann dies zwei Gründe haben:

a) Es wird eine *ausdrückliche Bestätigung* des Befehls verlangt (z. B. bei Löschbefehlen oder bei Verlassen des Programms).
b) Auf dem Bildschirm erscheint eine *Fehlermeldung* (z. B. bei Fehleingaben der Hinweis "Unzulässige Auswahl").

2.3.3 Befehlsübersicht

Um bestimmte Aktivitäten mit Multiplan durchführen zu können, stehen zahlreiche Befehle zur Verfügung. Diese sind menüartig organisiert, wobei sich eine systematische Befehlshierarchie ergibt (sog. Baumstruktur).

Bei neueren Multiplan-Versionen wurde der Umfang der verfügbaren Befehlsworte kontinuierlich erweitert. Im folgenden soll von der aktuell vorhandenen Version 3.0 ausgegangen werden.

Einen Überblick über die in dieser Multiplan-Version verfügbaren Befehle gibt die Zusammenstellung der Hauptbefehle mit den wesentlichen Untermenüs, die in Abbildung 2-3 dargestellt ist.

Multiplan 3.0: Befehle des Hauptmenüs mit verzweigenden Untermenüs

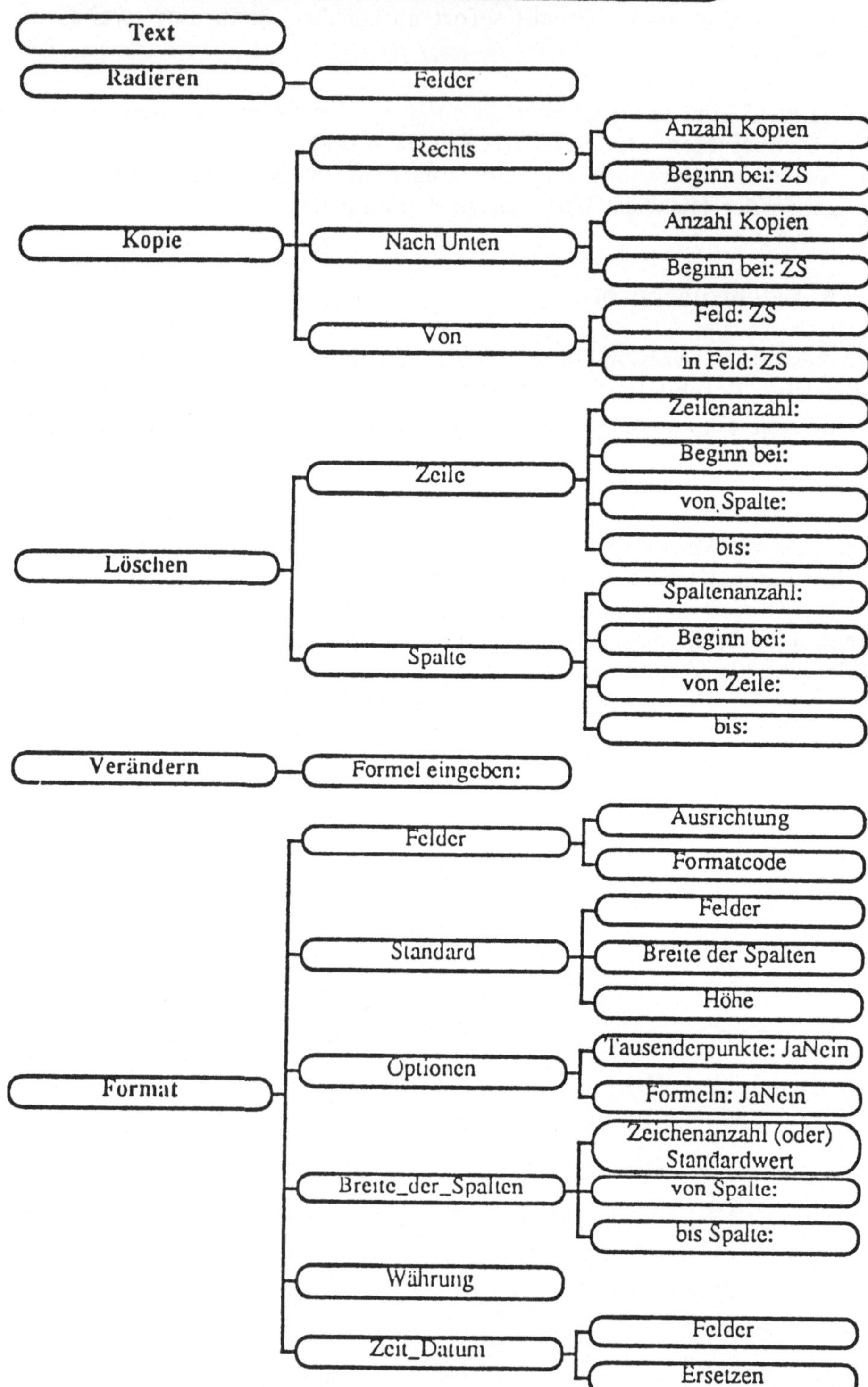

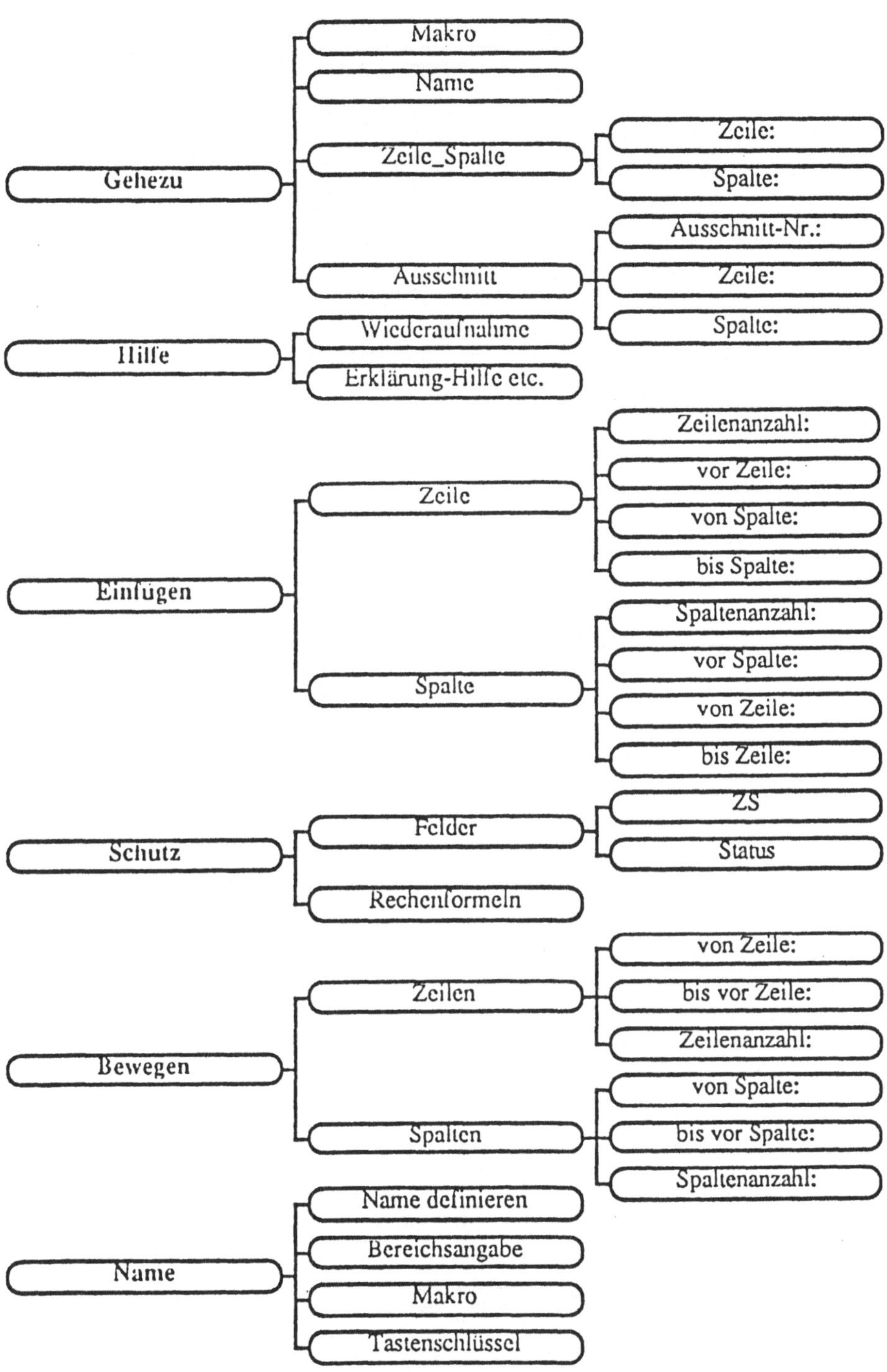

Gehezu
Makro
Name
Zeile_Spalte
Zeile:
Spalte:
Ausschnitt
Ausschnitt-Nr.:
Zeile:
Spalte:
Hilfe
Wiederaufnahme
Erklärung-Hilfe etc.
Einfügen
Zeile
Zeilenanzahl:
vor Zeile:
von Spalte:
bis Spalte:
Spalte
Spaltenanzahl:
vor Spalte:
von Zeile:
bis Zeile:
Schutz
Felder
ZS
Status
Rechenformeln
Bewegen
Zeilen
von Zeile:
bis vor Zeile:
Zeilenanzahl:
Spalten
von Spalte:
bis vor Spalte:
Spaltenanzahl:
Name
Name definieren
Bereichsangabe
Makro
Tastenschlüssel

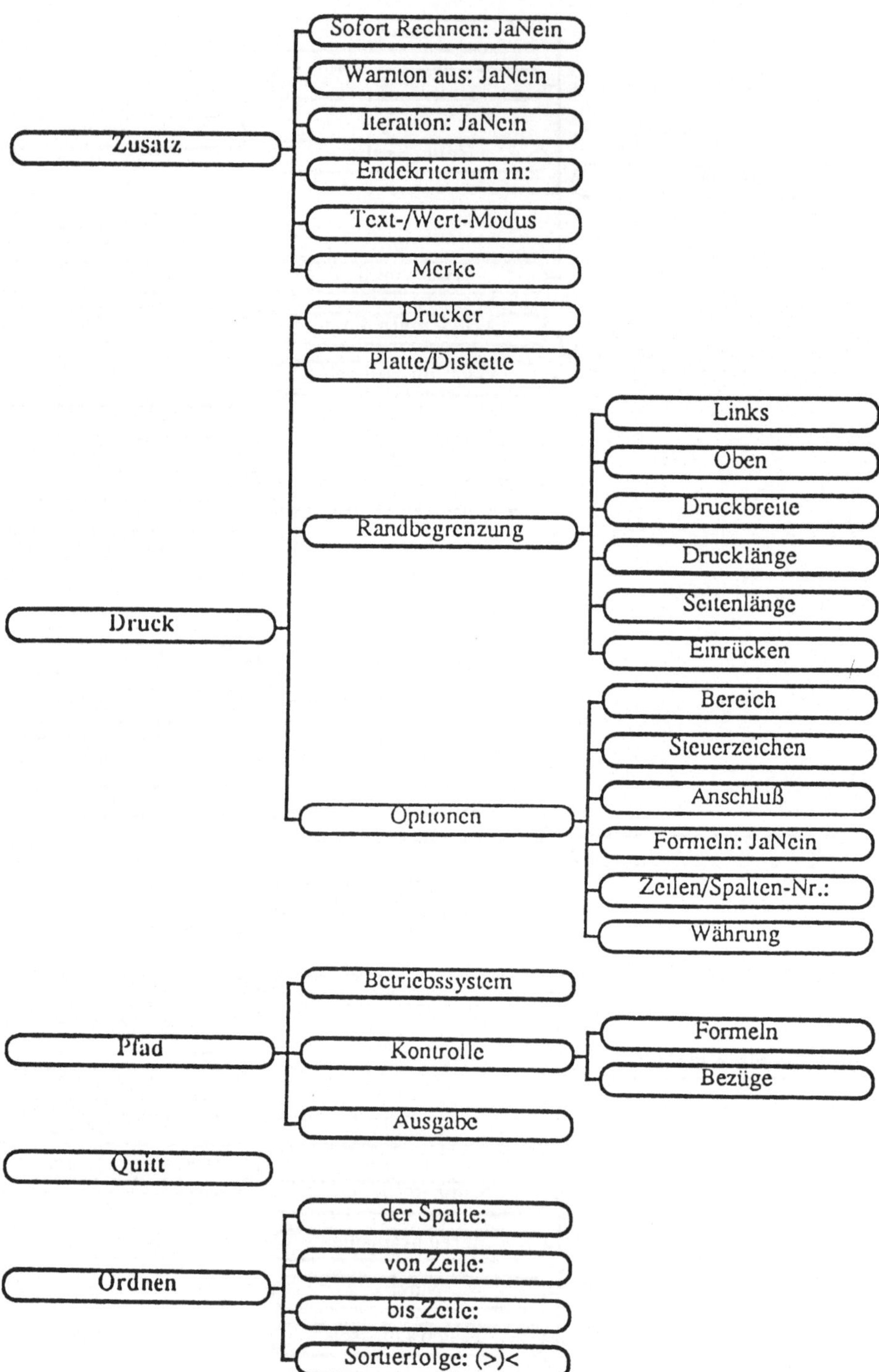
Zusatz
Sofort Rechnen: JaNein
Warnton aus: JaNein
Iteration: JaNein
Endekriterium in:
Text-/Wert-Modus
Merke
Druck
Drucker
Platte/Diskette
Randbegrenzung
Links
Oben
Druckbreite
Drucklänge
Seitenlänge
Einrücken
Optionen
Bereich
Steuerzeichen
Anschluß
Formeln: JaNein
Zeilen/Spalten-Nr.:
Währung
Pfad
Betriebssystem
Kontrolle
Formeln
Bezüge
Ausgabe
Quitt
Ordnen
der Spalte:
von Zeile:
bis Zeile:
Sortierfolge: (>)<

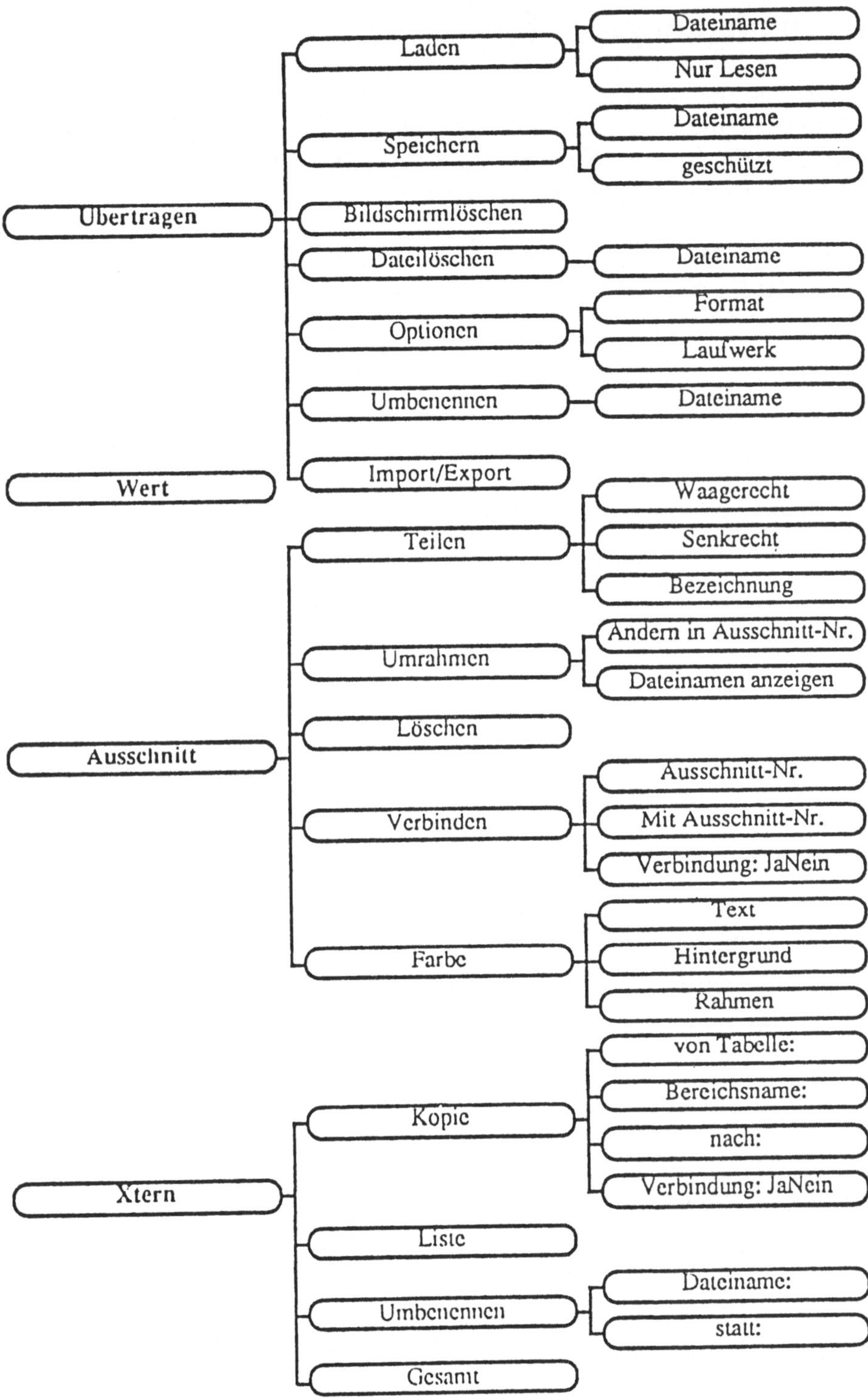

Abb. 2-3: Befehle des Hauptmenüs mit verzweigenden Untermenüs

2.4 Handhabung des Feldzeigers im Arbeitsbereich

Es wurde bereits herausgestellt, daß eine Bearbeitung in einer Tabelle an der Stelle möglich ist, an der der Feldzeiger positioniert ist. Deshalb kommt der Feldzeigerbewegung eine besondere Bedeutung zu. Grundsätzliche *Möglichkeiten der Feldzeigerpositionierung* sind:

- Feldzeigerbewegung durch Funktionstasten
- Feldzeigerbewegung durch Befehlswahl (Befehl GEHEZU)
- Feldzeigerbewegung mit der Maus (bei vorhandenem Maustreiber)

2.4.1 Feldzeigerbewegung durch Funktionstasten

Grundsätzlich muß der Feldzeiger auf ein gewünschtes Feld positioniert werden, wenn in einer Tabelle Informationen zu erfassen sind oder eine Überarbeitung vorgenommen werden soll. Dazu stehen für einfache Bewegungen die vier verschiedenen Richtungstasten (Cursortasten) zur Verfügung. Wird der Feldzeiger bewegt, so ändert sich auch die Anzeige in der Statuszeile, die am linken unteren Bildschirmrand die aktuelle Position des Feldzeigers angibt.

Für eine beschleunigte Feldzeigerbewegung stehen darüber hinaus weitere Funktionstasten zur Verfügung. Einen Überblick hierüber gibt die folgende Abbildung 2-4.

Feldzeigerbewegung durch Funktionstasten

Ziel	Funktionstaste
- seitenweise nach oben	PgUp
- seitenweise nach unten	PgDn
- seitenweise nach links	Ctrl. ←
- seitenweise nach rechts	Ctrl. →
- Ende der Tabelle	End
- Anfang der Tabelle	Home oder Ctrl. PgUp
- Anfang des Ausschnittes	Crtl. Home

Abb. 2-4: Feldzeigerbewegung durch Funktionstasten

2.4.2 Feldzeigerbewegung durch Befehlswahl

Eine weitere Möglichkeit, den Feldzeiger schnell auf ein definiertes Feld zu bewegen, bietet der Befehl GEHEZU:

a) Positionieren des Feldzeigers auf ein durch Zeilen- und Spaltennummer definiertes Feld (Befehl GEHEZU ZEILE_SPALTE);
b) direktes Anspringen eines Feldes, für das ein Name vergeben wurde (Befehl GEHEZU NAME);
c) schnelles Wechseln in einen bestimmten Ausschnitt beim Arbeiten in der Fenstertechnik (Befehl GEHEZU AUSSCHNITT);
d) Starten eines MAKRO-Befehls (GEHEZU MAKRO).

Im folgenden sollten Sie einmal das Ansteuern eines bestimmten Feldes testen (z. B. des Feldes Z3008S134). Nach Wahl des Befehls GEHEZU ZEILE_SPALTE (Tastenfolge <G> <Z>) ist zunächst die gewünschte Zeile einzugeben; anschließend das nächste Befehlsfeld anzuspringen (mit der Taste <TAB>) und die gewünschte Spalte einzugeben. Nach Ausführung des Befehls mit der Taste <RETURN> erscheint das gewählte Feld durch Verschieben der Zeilen/Spalten im linken oberen Viertel des aktiven Ausschnitts.

Die Reihenfolge der Bearbeitung zeigt im Überblick Abbildung 2-5.

Feldzeigerbewegung durch Befehlswahl

Reihenfolge der Bearbeitung	Tastenfolge
1. Wahl des Befehls GEHEZU ZEILE_SPALTE	G Z
2. Angabe der Zeile	3 0 0 8
3. Nächstes Feld anspringen und Spalte angeben	TAB 1 3 4
4. Befehl ausführen	RETURN

Abb. 2-5: Feldzeigerbewegung durch Befehlswahl

2.4.3 Feldzeigerbewegung mit der Maus

Für die Bewegung des Feldzeigers mit der Maus sind folgende Alternativen denkbar:

Ziel	Vorgehensweise
Feldzeiger verschieben	Mauszeiger auf das Feld setzen und bei gedrückter linker Maustaste die Maus bewegen;
Markieren des Feldes	Mauszeiger auf das Feld positionieren und linke Maustaste antippen;
Verschieben der Tabelle um bestimmte Spalten	Mauszeiger auf eine Spaltennummer setzen und rechte Maustaste (bei Rechtsverschiebung) oder linke Maustaste antippen;
Verschieben der Tabelle um bestimmte Zeilen	Mauszeiger auf eine Zeilennummer setzen und rechte Maustaste (bei Verschiebung nach unten) oder linke Maustaste antippen.

2.5 Nutzung der Hilfe-Funktion

2.5.1 Aufrufen der Hilfe-Funktion

Multiplan beinhaltet eine eingebaute Hilfsfunktion, die aufgerufen werden kann, wenn Unklarheiten über weitere Eingaben zur Befehlsrealisierung bestehen. Insbesondere in der Anfangsphase des Arbeitens mit dem Programm oder nach einer längeren Unterbrechungsphase kann die Verwendung von Vorteil sein.

Es gibt zwei *grundsätzliche Möglichkeiten*, sich über Tastatur einen Hilfetext am Bildschirm anzeigen zu lassen:

1. Aufruf des Befehls HILFE. Dies bietet sich an, wenn allgemeine Informationen gewünscht werden. Nach der Befehlswahl durch Eingabe von <H> erscheint die erste Seite des Hilfe-Textes; danach ist eine Auswahl eines Informationsabschnittes möglich.
2. Aufruf im Befehlsbereich. Nach Wahl eines Befehls können durch Betätigen der Taste <?> oder der Tastenkombination <ALT> und <H> spezielle Informationen zu dem gerade gewählten Befehl abgerufen werden (sog. kontextsensitive Hilfsinformationen).

Eine Rückkehr zur in Bearbeitung befindlichen Tabelle erfolgt durch
Wahl des Befehls WIEDERAUFNAHME im Hilfemenü oder durch Betätigen der ESC-Taste.

Eine besondere Variante ergibt sich bei der Arbeit mit der Maus. In
diesem Fall muß zur Auslösung der Hilfe-Funktion mit dem Mauszeiger
das Fragezeichen in der Statuszeile angesteuert werden und die linke
Maustaste betätigt werden.

2.5.2 Hilfeinformationen im Überblick

Bei Wahl des Befehls HILFE erscheint ein Untermenü mit neun verschiedenen Unterbefehlen, die folgende Bedeutung haben:

WIEDERAUFNAHME	ermöglicht den Rücksprung in das ursprüngliche Befehlsfeld
ERKLÄRUNG_HILFE	zeigt die 1. Seite des Hilfe-Textes an, die Erklärungen zur Handhabung der Hilfefunktion gibt
NÄCHSTE_SEITE	zeigt die nächste Seite des Hilfe-Textes (ermöglicht ein Blättern im 'elektronischen Ratgeber')
VORHERGEHENDE_ SEITE	zeigt die vorhergehende Seite des Hilfe-Textes
LÖSUNGEN	beschrieben werden typische Fragestellungen und die zur Lösung benötigten Befehle
BEFEHLE	enthält die Beschreibung wichtiger Befehle
ÄNDERN_VORSCHLÄGE	beschreibt das Ändern von Text und Formeln
FORMELN	zeigt die Liste aller Funktionen sowie Regeln zum Formelaufbau
TASTATUR	beschrieben wird die Wirkungsweise der Richtungs-, Aktions- und Korrekturtasten
MAKROS	beschreibt die Anwendung von Makros

Der Aufbau der Hilfetexte entspricht einem Buch, in dem sich über
Auslösen der entsprechenden Befehle bequem blättern läßt (nächste bzw.
vorhergehende Seite). Ein Beispiel für eine Hilfeinformation, die in Multiplan erscheint, zeigt Bildschirmausdruck 2-2.

```
Befehlsübersicht

Die Multiplantabelle besteht aus einem Raster von 255 Spalten und 4095
Zeilen. Der Bildschirm kann in mehrere "Ausschnitte" unterteilt werden.
Er hat einen Bereich für die Befehls-, Meldungs- und Statuszeilen. In der
Meldungszeile werden Aktionen vorgeschlagen oder aufgetretene Fehler erklärt.
In der Statuszeile werden die Position des aktiven Feldes, dessen Inhalt
sowie der Tabellenname und der noch zur Verfügung stehende Speicherplatz
(in Prozent) angezeigt. Der Feldzeiger markiert das "aktive Feld" der Tabelle.
Mit den Richtungstasten kann der Feldzeiger bewegt werden. Mit denselben Tasten
kann auch der Inhalt der Ausschnitte verschoben werden. Die HEIM-Taste wird
benutzt, wenn das linke obere Feld (Z1S1) der Tabelle schnell angesteuert
werden soll.

Das Hauptmenü bietet eine Auswahl von Befehlen an. Führen Sie einen Befehl
folgendermaßen aus:

1.  Markieren Sie mit den Richtungstasten das aktive Feld.
2.  Wählen Sie einen Befehl aus. Sie haben zwei Möglichkeiten, dies zu


HILFE: Wiederaufnahme Erklärung_Hilfe Nächste_Seite Vorhergehende_Seite
       Lösungen Befehle Ändern_Vorschläge Formeln Tastatur Makros
Wählen Sie bitte eine Option oder geben Sie deren Anfangsbuchstaben ein!
Z1S1                                    100% frei      Multiplan: TEMP
```

Bildschirmausdruck 2-2: Beispiel für eine Hilfeinformation

2.6 Verlassen des Programms

Die Arbeit mit Multiplan kann mit dem Befehl QUITT beendet werden.
Grundsätzlich sollte darauf geachtet werden, daß zunächst die gerade be-
arbeitete Datei gespeichert wird (es sei denn, sie wird später nicht mehr
benötigt).

Erscheint nach Wahl des Befehls QUITT (durch Betätigen der Taste <Q>
im Befehlsbereich) eine Abfrage zum Verlassen des Programms, dann bestehen verschiedene Reaktionsmöglichkeiten:

a) Betätigen der Taste <J>, wenn die aktive Tabelle gespeichert werden soll.

b) Betätigen der Taste <N>, wenn keine Speicherung erfolgen soll.

c) Betätigen der Taste <ESC>, wenn zum Programmodus zurückgekehrt werden soll.

In den Fällen a) und b) erfolgt eine Rückkehr zum Betriebssystem, das Promptzeichen A> oder C> erscheint. Unter Umständen kann aber auch die Aufforderung zum Einlegen der DOS-Diskette angezeigt werden.

3 Grundfunktionen von Multiplan

Nachdem im vorherigen Abschnitt des Buches die grundlegende Handhabung von Multiplan erläutert wurde, sollen Sie nun lernen, wie eine Tabelle mit dem Programm aufgebaut werden kann. Dabei stehen typische Grundfunktionen wie das Erfassen, Gestalten, Speichern und Drucken einer Tabelle im Mittelpunkt.

Bevor Sie jedoch an die praktische Arbeit am Computer gehen, sollten Sie das Problem systematisch analysieren. Nur so können Sie sicherstellen, daß ein Kalkulationsblatt zustandekommt, das die gewünschte Lösung liefert. Je mehr 'herumprobiert' wird, desto größer ist demgegenüber die Fehlergefahr.

Um ein Kalkulationsmodell exakt und zielgerichtet erstellen zu können, empfiehlt sich deshalb vorab die Klärung folgender Fragen:

- Welche Ergebnisse soll der Computer liefern?
- Welche Eingaben sind zur Problemlösung erforderlich?
- Welche Berechnungen sind notwendig, um zu den gewünschten Ergebnissen zu gelangen?

Nach der Problembeschreibung kann die Problemlösung am Computer in Angriff genommen werden. Dabei muß eine strikte Trennung erfolgen zwischen

- Text- und Zahleneingaben auf der einen Seite sowie
- den Berechnungen aufgrund von Formeleingaben auf der anderen Seite.

Erst wenn sämtliche Eingaben vorgenommen und die notwendigen Berechnungen durchgeführt worden sind, bietet es sich an, formale Gestaltungen an der Tabelle vorzunehmen. Wichtig ist schließlich auch eine Prüfung des Arbeitsblattes mit ausgewählten Testdaten.

Das *Ablaufschema* in Abb. 3-1 zeigt zusammenfassend, in welchen Teilschritten Anwendungen der Tabellenkalkulation sinnvollerweise realisiert werden.

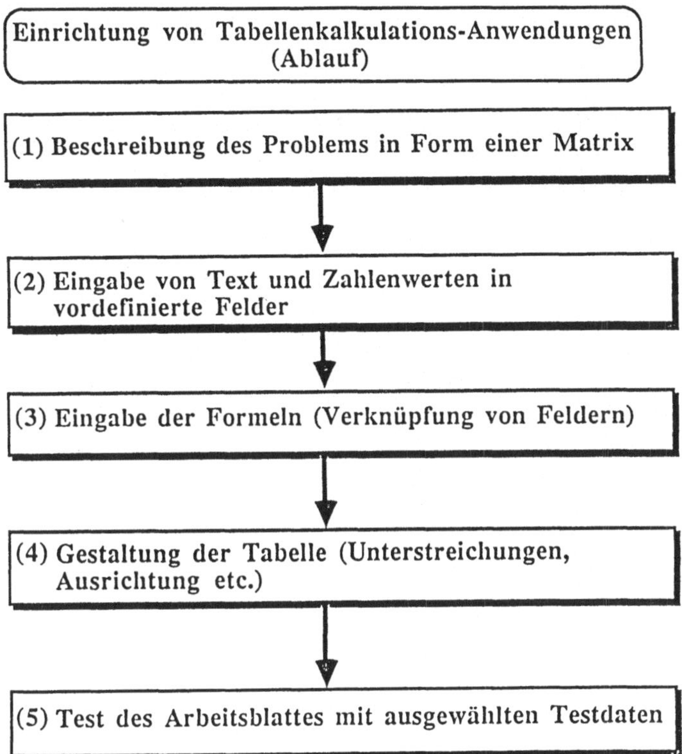

Abb. 3-1: Einrichtung von Tabellenkalkulations-Anwendungen (Ablauf)

Für das Erlernen der Grundfunktionen, die im Rahmen der Tabellenkalkulation mit Multiplan anfallen, wird die folgende Aufgabe "Umsatzanalyse" zugrunde gelegt.

Muster-Aufgabe 1: Umsatzanalyse

Lernziele:

- Texte eingeben
- Zahlen eingeben
- Formeln eingeben
- Arbeiten mit Funktionen (SUMME, MAX, MIN)
- Kopieren von Feldinhalten
- Formatieren von Feldern
- Drucken einer Tabelle
- Anzeige und Drucken von Formeln
- Dateiverwaltung (Speichern, Laden, Löschen von Dateien)

Richten Sie eine Multiplan-Tabelle ein, die die Bearbeitung des folgenden Problems ermöglicht:

Aufgrund von zu erfassenden Soll-Monatsumsätzen sind der geplante Jahresumsatz zu ermitteln und verschiedene Auswertungen (maximaler und minimaler Monatsumsatz, prozentualer Umsatzanteil je Monat) vorzunehmen.

Die Ergebnisausgabe soll folgende Form haben:

Jahr	DM-Umsatz in 1000	Anteil in %
Januar	150	4,2
Februar	212	6,0
März	222	6,2
April	318	8,9
Mai	344	9,7
Juni	551	15,5
Juli	180	5,1
August	166	4,7
September	300	8,4
Oktober	345	9,7
November	433	12,2
Dezember	335	9,4
Summe	3556	
Maximum	551	
Minimum	150	

3.1 Erfassungsfunktionen

Entsprechend der Systematik von Tabellenkalkulationsprogrammen sind drei grundsätzlich unterschiedliche Eingabearten zu beachten. Zunächst empfiehlt sich eine Eingabe der Textinformationen und der feststehenden Werte. Danach können dann die Formeln eingegeben werden, die eine Verknüpfung von Feldinhalten ermöglichen.

3.1.1 Eingeben von Texten

Eine wesentliche Grundregel der Erfassung besteht darin, daß zunächst mit einer geeigneten Funktionstaste das gewünschte Eingabefeld anzusteuern ist (für die Musteraufgabe ist zunächst Z1S1 das Ausgangsfeld).

Um nun eine Texteingabe zu ermöglichen, ist durch Betätigen der Taste <T> der Befehl TEXT aufzurufen. Nach Auslösung des Befehls wird das Befehlsmenü auf dem Bildschirm gelöscht und es erscheint der Hinweis "Text:" am unteren Bildschirmrand. Wird nun ein Wort/Text eingegeben, dann erfolgt während der Erfassung eine unmittelbare Übernahme im unteren Befehlsfeld; nach der Befehlsausführung mit der RETURN-Taste wird der Text in das zuletzt aktive Feld der Tabelle übertragen.

Alternativ zur RETURN-Taste kann der Text auch mit einer Richtungstaste in das aktive Feld übertragen werden. Dies ist sinnvoll, wenn eine Folge von Textinformationen zu erfassen ist, da so direkt das nächste Eingabefeld angesteuert werden kann. Nach Betätigen der Richtungstaste wird der Feldzeiger nämlich im Arbeitsbereich entsprechend verschoben und das Programm erwartet weitere Eingaben mit der Anfrage: TEXT/WERT. Bei nachfolgender Eingabe eines Buchstabens erfolgt dann automatisch eine Umschaltung in den Text-Eingabemodus; bei Eingabe einer Ziffer die Umschaltung auf Wert: .

Die generelle Vorgehensweise für die Texteingabe veranschaulicht für die Eingabe der ersten Textinformation der Musteraufgabe Abbildung 3-2.

Texteingabe bei Multiplan	
Reihenfolge der Bearbeitung	**Tastenfolge**
1. Feldzeiger auf das Eingabefeld bewegen	→ ↓
2. Texteingabe-Modus aufrufen	T
3. Text eingeben	Jahr
4. Befehl ausführen	↵ oder ↓

Abb. 3-2: Texteingabe bei Multiplan

Grundsätzlich werden die eingegebenen *Texte* im zuvor angesteuerten aktiven Feld der Tabelle *linksbündig* dargestellt. Dies wird deutlich, wenn Sie sich die Tabelle nach vollständiger Texteingabe genauer ansehen (siehe Bildschirmausdruck 3-1).

```
      ■1        1         2         3         4         5         6         7
     1 Jahr      DM-Umsatz Anteil
     2           in 1000   in %
     3
     4 Januar
     5 Februar
     6 März
     7 April
     8 Mai
     9 Juni
    10 Juli
    11 August
    12 September
    13 Oktober
    14 November
    15 Dezember
    16
    17 Summe
    18 Maximum
    19 Minimum
    20 ████████
 BEFEHL: Text Ausschnitt Bewegen Druck Einfügen Format Gehezu Hilfe Kopie Löschen
    Name Ordnen Pfad Quitt Radieren Schutz Übertragen Verändern Wert Xtern Zusätze
 Wählen Sie bitte eine Option oder geben Sie deren Anfangsbuchstaben ein!
    Z20S1                                   100% frei      Multiplan: TEMP
```

Bildschirmausdruck 3-1

Welche *Korrekturmöglichkeiten* bestehen, wenn fehlerhafte Eingaben vorgenommen wurden (z. B. eine Eingabe in einem falschen Feld oder das
Vergessen eines Zeichens)?

a) Wurde aus Versehen ein Feld angesteuert, in dem eigentlich keine
    Eingaben erscheinen sollen, dann ist nach Ansteuerung des Fehlerfel-
    des der Befehl RADIEREN auszulösen.

b) Bei fehlerhaften Eingaben in einem Feld bestehen zwei grundsätz-
    liche Möglichkeiten der Korrektur. Einmal kann die korrekte Eingabe
    durch *einfaches Überschreiben* erfolgen (Befehlsfeld ansteuern und
    Neueingabe vornehmen). Zum anderen kann eine *Editierung* erfolgen,
    indem zunächst der Feldzeiger auf das Fehlerfeld positioniert und
    dann der Befehl TEXT oder der Befehl VERÄNDERN aufgerufen
    wird. Es erscheint dann im unteren Eingabefeld der alte Text. Inner-
    halb dieses Textes kann man sich nun mit Funktionstasten zeichen-
    weise (mit <F9> nach links und mit <F10> nach rechts) oder wort-
    weise mit <F7> bzw. <F8> bewegen und die gewünschten Korrektu-
    ren durch unmittelbares Einfügen oder Löschen mit der Löschtaste
    <DEL> an der Korrekturstelle vornehmen.

3.1.2 Eingeben von Zahlen

Sind die Texte erfaßt, können Sie im nächsten Schritt die feststehenden
Zahlenwerte eingeben. Die Eingabe von Zahlen geschieht grundsätzlich
im *WERT-Eingabemodus*. In diesen Modus gelangt man entweder durch
Eingabe von <W> oder auch, indem der Computer automatisch die
Zahleneingabe registriert (im Befehlsmodus möglich).

Einen Überblick über die generelle Vorgehensweise für das Eingeben von
Werten erläutert Abb. 3-3.

Zahleneingabe bei Multiplan	
Reihenfolge der Bearbeitung	Tastenfolge
1. Feldzeiger auf das Eingabefeld bewegen	→ ↓
2. Werteingabe-Modus aufrufen	w
3. Zahl eingeben	150
4. Befehl ausführen	↵ oder ↓

Abb. 3-3: Zahleneingabe bei Multiplan

Im vierten Teilschritt sollte die Taste <RETURN> dann betätigt werden,
wenn nur in einem Eingabefeld eine Zahl eingegeben werden muß. Sind
mehrere Zahlen hintereinander einzugeben sind, dann ist es einfacher
und schneller, mit einer geeigneten Richtungstaste sofort das nächste
Eingabefeld anzusteuern.

Geben Sie nun die Werte für die Musteraufgabe ein. Sofern Korrekturen
von Eingabefehlern notwendig werden, können Sie diese analog der
Korrektur bei der Texteingabe vornehmen (Neuschreiben oder Befehl
VERÄNDERN wählen). Nach vollständiger Werteingabe muß die Tabelle
dann das Aussehen entsprechend Bildschirmausdruck 3-2 haben.

```
 ▆1        1         2        3        4        5        6        7
   1 Jahr      DM-Umsatz Anteil
   2           in 1000   in %
   3
   4 Januar        150
   5 Februar       212
   6 März          222
   7 April         318
   8 Mai           344
   9 Juni          551
  10 Juli          180
  11 August        166
  12 September     300
  13 Oktober       345
  14 November      433
  15 Dezember      335
  16           ██████████
  17 Summe
  18 Maximum
  19 Minimum
  20
 TEXT/WERT: ▐

 Geben Sie bitte einen Text oder Wert ein!
 Z16S2                              100% frei      Multiplan: TEMP
```

Bildschirmausdruck 3-2:

Folgendes fällt auf: Im Gegensatz zur Texteingabe werden die eingegebenen *Zahlen* grundsätzlich *rechtsbündig* dargestellt. Notwendig ist jedoch die Eingabe über den Wert-Modus. Werden Zahlen mit dem Befehl TEXT eingegeben, gelten diese nicht als Wert und können daher nicht zu Berechnungszwecken herangezogen werden.

3.1.3 Eingeben von Formeln

Der entscheidende Vorteil von Multiplan liegt darin, daß durch die Eingabe von Formeln flexibel unterschiedliche Werte ermittelt werden können.

3.1.3.1 Grundlegende Möglichkeiten des Aufbaus von Formeln

Auch bei der Eingabe von Rechenformeln ist es notwendig, daß Sie zunächst das Feld ansteuern, in dem das gewünschte Ergebnis ausgewiesen werden soll. Zur Formeleingabe selbst haben Sie zwei Möglichkeiten:

■ Sie wählen den Befehl WERT durch Betätigen des Buchstabens <W> oder

■ Sie drücken das Gleichheitszeichen.

In beiden Fällen erscheint in der Statuszeile die Aufforderung zur Formeleingabe. Gleichzeitig wird ein Eingabefeld in der drittletzten Zeile angeboten, das mit dem Wort "Wert:" beginnt. Nun kann mit der Formeleingabe begonnen werden.

Um überhaupt korrekte Formeln mit Multiplan aufbauen zu können, ist die Kenntnis der verfügbaren Rechenzeichen unumgänglich. Diese Zeichen, die das Ausführen bestimmter Vorgänge bewirken, werden in der Fachsprache *Operatoren* genannt. Einen Überblick über wesentliche Operatoren in Multiplan gibt die Zusammenstellung in Abb. 3-4.

Operatoren in Multiplan		
Operation	Operator	Beispiele
Addition	+	Z4S6+Z7S9
Subtraktion	-	Erlös-Kosten
Multiplikation	*	Menge*Preis
Division	/	Z3S5/Z4S1
Potenzierung	^	a^2+b^2 = c^2
Prozent	%	Z8S9*14%
Verkettung von Texten	&	Vorname&Name
Bereichsoperator	:	Z3S4:Z6S5
Verknüpfung	;	Rest(44;12)

Abb. 3-4: Operatoren in Multiplan

In der Beispielaufgabe sind Formeleingaben für die Felder Z17S2, Z18S2 und Z19S2 sowie in der Spalte 3 notwendig. Den Aufbau einer Formel und die grundsätzliche Vorgehensweise bei der Erfassung sollen Sie zunächst ausführlich am Beispiel der Summenbildung für das Feld Z17S2 kennenlernen. Anschließend wird dann erläutert, wie Funktionen in Formeln eingebaut werden können.

Für die *Erfassung einer Formel* gibt es in Multiplan mehrere Möglichkeiten:

a) Eingabe der Feldpositionen
Sie geben die Formel ein, indem Sie die Feldpositionen angeben, die zur Berechnung herangezogen werden sollen. Diese werden durch die jeweils notwendigen Operatoren verbunden. Um die Summe der Umsätze für das Feld Z17S2 zu ermitteln, ist folgende Eingabe notwendig:
Z4S2+Z5S2+Z6S2+Z7S2+Z8S2+Z9S2+Z10S2+Z11S2+Z12S2+Z13S2+Z14S2+Z15S2

b) Formelaufbau durch Positionieren des Feldzeigers
Ein mitunter schnellerer Weg ist die Positionierung des Feldzeigers auf die jeweils zur Berechnung erforderlichen Zahlenfelder. Die sich dann ergebende Formel zeigt der Bildschirmausdruck 3-3.

```
-1      1        2       3        4       5       6       7
   1 Jahr     DM-Umsatz Anteil
   2          in 1000   in %
   3
   4 Januar        150
   5 Februar       212
   6 März          222
   7 April         318
   8 Mai           344
   9 Juni          551
  10 Juli          180
  11 August        166
  12 September     300
  13 Oktober       345
  14 November      433
  15 Dezember      335
  16
  17 Summe      ████████
  18 Maximum
  19 Minimum
  20
WERT: Z(-13)S+Z(-12)S+Z(-11)S+Z(-10)S+Z(-9)S+Z(-8)S+Z(-7)S+Z(-6)S+Z(-5)S+Z(-4)S+
Z(-3)S+Z(-2)S█
Bitte eine Formel eingeben!
Z17S2                        100% frei     Multiplan: TEMP
```

Bildschirmausdruck 3-3

Es stellt sich natürlich die Frage, was die jeweiligen Klammerwerte für eine Bedeutung haben. Grundsätzlich gilt: Ein nach der Zeilenangabe in Klammern gesetzter Minuswert bedeutet, daß - ausgehend vom aktiven Feld (Ergebnisfeld) - eine Feldposition angesprochen wird, die eine bestimmte Anzahl oberhalb des aktiven Feldes liegt. Demgemäß würde ein Pluswert die Anzahl der Felder unterhalb des aktiven Feldes kennzeichnen.

28

c) Formelaufbau unter Verwendung von Namen zur Feldkennzeichnung

Diese Vorgehensweise erleichtert bei umfassenden Tabellen den Zugriff auf einzelne Felder bzw. Feldbereiche. Darauf wird ausführlicher im Kapitel 4 dieses Buches eingegangen.

Ist die Formel vollständig korrekt aufgebaut, dann muß die Befehlsausführung mit der Taste <RETURN> ausgelöst werden. Grundsätzlich wird die Berechnung automatisch an der Stelle ausgeführt, an der der Feldzeiger positioniert war.

Formal nicht korrekte Formeleingaben werden von Multiplan direkt abgewiesen. Ein nicht selten auftretender Fehler ist z. B. die Eingabe von Leerzeichen vor oder nach dem Operator. In diesem Fall - sowie bei falschem Ergebnisausweis - kann wiederum mit dem Befehl VERÄNDERN eine Korrektur erfolgen.

Einen Überblick über die Vorgehensweise beim Aufbau von Rechenformeln gibt Ihnen die Checkliste in Abb. 3-5.

Vorgehensweise beim Aufbau von Rechenformeln

Reihenfolge der Bearbeitung	Tastenfolge
1. Ergebnisfeld ansteuern	→ ↓
2. Wahl des Befehls WERT oder <=> eingeben	W oder =
3. Formel aufbauen (eingeben oder ansteuern)	Z4S2+Z5S2+...
4. Befehl ausführen	↵

Abb. 3-5: Vorgehensweise beim Aufbau von Rechenformeln.

3.1.3.2 Aufbau von Formeln unter Nutzung von Funktionen

Um dem Benutzer des Programms aufwendige Eingaben zu ersparen, stellt Multiplan verschiedene Funktionen zur Verfügung. Verfügbar sind Funktionen unter anderem für das Ermitteln einer Summe sowie für das Feststellen von Maximal- und Minimalwerten.

Die allgemeine Formulierung der Summenfunktion lautet:

SUMME(LISTE).

Diese Funktion ermöglicht die Ermittlung der Summe einer Zahlenreihe; dies kann z. B. eine Zeile, eine Spalte oder auch eine beliebige Aneinanderreihung von Zahlenwerten sein. Nach dem Schlüsselwort "Summe" ist in der Klammer der zutreffende Feldbereich anzugeben oder es sind die entsprechenden Zahlenwerte einzugeben.

Beispiele:
- Summe der Zeilen 10 - 16 der Spalte 2 = Summe(Z10:16S2)
  (Hinweis: der Feldbereich ist durch den Doppelpunkt als Bereichsoperator festgelegt)

- Summe aus verschiedenen Werten = Summe(4;4,5;9;3,2)
  (Hinweis: der Eingrenzung der Werte erfolgt durch ein Semikolon, dem sog. Verknüpfungsoperator)

In ähnlicher Form können

a)   der Maximalwert mit der Funktion MAX(LISTE)
a)   der Minimalwert mit der Funktion MIN(LISTE)
b)   der Durchschnittswert mit der Funktion MITTELW(LISTE)
c)   die Standardabweichung mit der Funktion STABW(LISTE) ermittelt werden.

In allen Fällen gilt, daß im Ergebnisfeld zunächst der jeweilige Funktionsname eingegeben werden muß und in Klammern dann die Angabe des Bereiches bzw. der Werte zu erfolgen hat, für die die Auswertung vorgenommen werden soll.

Zur Lösung der Musteraufgabe "Umsatzanalyse" muß zunächst das jeweilige Ergebnisfeld angesteuert werden, danach kann die Formeleingabe aufgerufen (z. B. durch Betätigen des Gleichheitszeichens) und dann die zutreffende Formel eingegeben werden. Für die folgenden Felder sind jeweils die nachstehenden Formeln zu bilden:

    Z17S2 = SUMME(Z4:15S2)
    Z18S2 = MAX(Z4:15S2)
    Z19S2 = MIN(Z4:15S2).

Nach Realisierung sämtlicher Befehle (ausgelöst durch Betätigen der Taste <RETURN>) ergibt sich dann die Tabelle in Bildschirmausdruck 3-4.

```
      1           2         3        4        5        6        7
 1 Jahr        DM-Umsatz Anteil
 2            in 1000    in %
 3
 4 Januar         150
 5 Februar        212
 6 März           222
 7 April          318
 8 Mai            344
 9 Juni           551
10 Juli           180
11 August         166
12 September      300
13 Oktober        345
14 November       433
15 Dezember       335
16
17 Summe        3556
18 Maximum       551
19 Minimum       150
20
BEFEHL: Text Ausschnitt Bewegen Druck Einfügen Format Gehezu Hilfe Kopie Löschen
   Name Ordnen Pfad Quitt Radieren Schutz Übertragen Verändern Wert Xtern Zusätze
   Wählen Sie bitte eine Option oder geben Sie deren Anfangsbuchstaben ein!
   Z19S2     MIN(Z4:15S2)                100% frei      Multiplan: TEMP
```

Bildschirmausdruck 3-4

3.1.4 Kopieren von Feldinhalten

Um aufwendige Eingaben zu vermeiden, verfügt Multiplan über die
Möglichkeit des Kopierens von Feldinhalten. Kopiert werden können
grundsätzlich:

- Texte,
- Zahlenwerte sowie
- Formeln.

Für das Kopieren muß der Befehl KOPIE angewendet werden. Nach
Aufruf des Befehls ergeben sich drei Varianten: KOPIE RECHTS, KO-
PIE NACH_UNTEN sowie KOPIE VON. Einen Überblick über die An-
wendung der Varianten finden Sie in Abbildung 3-6.

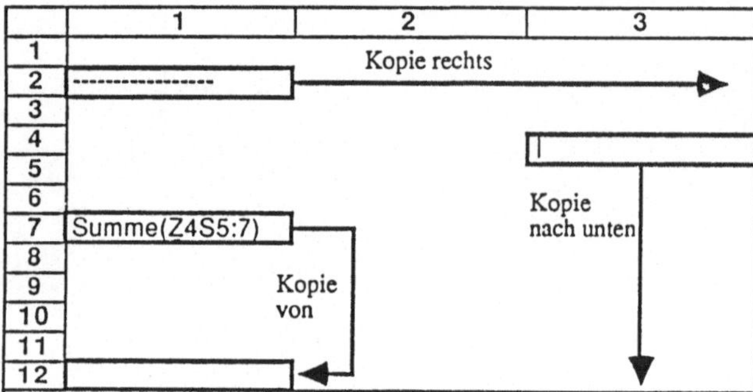

Abb. 3-6: Kopieren von Feldern einer Tabelle

In der Musteraufgabe bietet sich das Kopieren für die in Z4S3 einzugebende Formel an. Der Rechenvorgang zur Ermittlung der prozentualen
Umsatzanteile ist in allen 12 Monaten prinzipiell gleich. Die Formeleingabe braucht deshalb nicht für jedes Feld einzeln vorgenommen zu werden.

Zunächst ist die entsprechende Formel für den Monat Januar im Feld
Z4S3 aufzubauen. Bezugsgröße ist immer die in Feld Z17S2 ermittelte
Summe; dazu ist der jeweilige Monatsumsatz in Beziehung zu setzen (allgemein erreichbar durch Feldzeigerpositionierung). Die Formel hat dann
folgendes Aussehen: 100*ZS(-1)/Z17S2.

Die so gebildete Formel kann nun 11 x nach unten für die übrigen Monate kopiert werden. Im Anwendungsbeispiel ist der Befehl KOPIE
NACH_UNTEN zu wählen (Eingabe der Tastenfolge <K> und <N>); die
Befehlsfelder sind dann wie im Bildschirmausdruck 3-5 dargestellt auszufüllen.

```
-1          1         2         3         4         5         6         7
 1 Jahr       DM-Umsatz Anteil
 2            in 1000   in %
 3
 4 Januar          150 4,2182227
 5 Februar         212
 6 März            222
 7 April           318
 8 Mai             344
 9 Juni            551
10 Juli            180
11 August          166
12 September       300
13 Oktober         345
14 November        433
15 Dezember        335
16
17 Summe         3556
18 Maximum        551
19 Minimum        150
20
KOPIE NACH_UNTEN Anzahl Kopien: 11  Beginn bei: Z4S3

Bitte eine Zahl eingeben!
Z4S3      100*ZS(-1)/Z17S2           100% frei      Multiplan: TEMP
```

Bildschirmausdruck 3-5

Nach Auslösung des Befehls mit der Taste <RETURN> ergibt sich das Bild der in Bildschirmausdruck 3-6 dargestellten Tabelle.

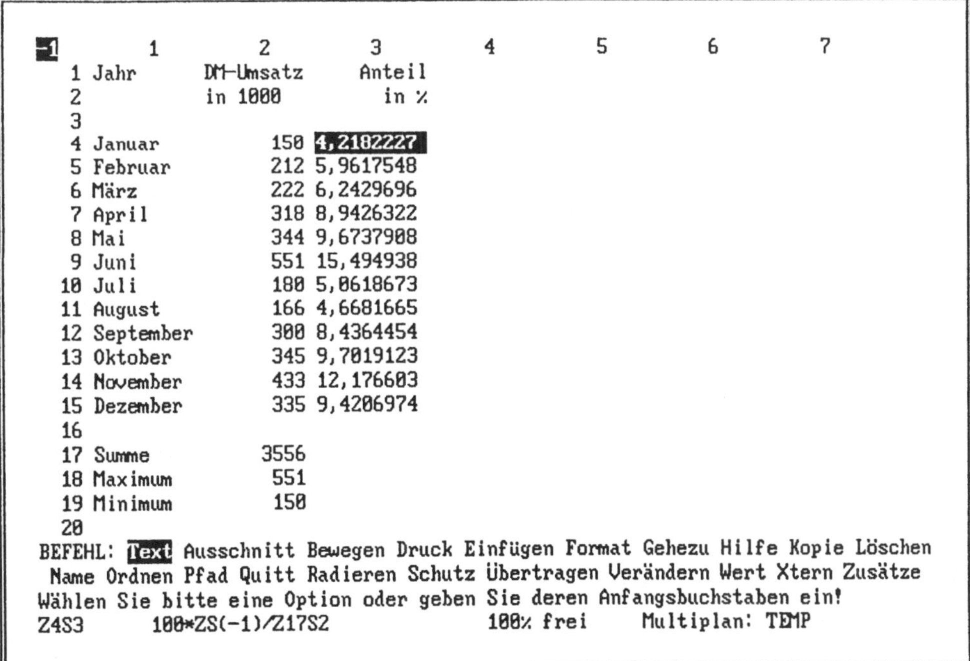

```
-1          1         2         3         4         5         6         7
 1 Jahr       DM-Umsatz    Anteil
 2            in 1000        in %
 3
 4 Januar          150 4,2182227
 5 Februar         212 5,9617548
 6 März            222 6,2429696
 7 April           318 8,9426322
 8 Mai             344 9,6737908
 9 Juni            551 15,494938
10 Juli            180 5,0618673
11 August          166 4,6681665
12 September       300 8,4364454
13 Oktober         345 9,7019123
14 November        433 12,176603
15 Dezember        335 9,4206974
16
17 Summe         3556
18 Maximum        551
19 Minimum        150
20
BEFEHL: Text Ausschnitt Bewegen Druck Einfügen Format Gehezu Hilfe Kopie Löschen
   Name Ordnen Pfad Quitt Radieren Schutz Übertragen Verändern Wert Xtern Zusätze
   Wählen Sie bitte eine Option oder geben Sie deren Anfangsbuchstaben ein!
Z4S3      100*ZS(-1)/Z17S2           100% frei      Multiplan: TEMP
```

Bildschirmausdruck 3-6

3.2 Gestaltungsfunktionen (Formatieren von Feldern)

Der Bildschirmausdruck 3-6 zeigt, daß die ermittelten Prozentzahlen in Abhängigkeit von der Spaltenbreite so genau wie möglich dargestellt werden. Dies ist mitunter allerdings unübersichtlich und unnötig. Der Standardformatcode kann deshalb - je nach Wunsch - entsprechend geändert werden. Gleiches gilt für die Ausrichtung der Feldeinträge.

3.2.1 Ausrichten der Feldeinträge

Es wurde bereits darauf hingewiesen, daß Multiplan im Normalfall

- Texteingaben linksbündig und
- Zahlenwerte rechtsbündig ausrichtet.

Natürlich besteht die Möglichkeit, dies gezielt zu ändern. Grundsätzlich in Frage kommende Varianten zur Ausrichtung von Feldeinträgen einer Tabelle sind:

- linksbündig,   - rechtsbündig   oder   - zentriert.

Realisieren können Sie die Variation über Wahl des Befehls FORMAT FELDER (Tastenfolge <F> <F>) und Ansteuern des Befehlsfeldes "Ausrichtung:" (nach Festlegen des Feldes/Feldbereiches ist die Taste <TAB> zu betätigen).

Einen Überblick über die möglichen Ausrichtungsformate gibt die Abbildung 3-7.

Festlegung des Ausrichtungsformats

Alternativen sind:

Stnd	Standard	Standardfestlegung
Mitte	Mitte	Überschrift
Norm	Norm	
(a) Text		Umsatz
(b) Zahlen		123456
Links	Links	456789
Rechts	Rechts	987654
–		keine Änderung der Ausrichtung

Abb. 3-7: Festlegung des Ausrichtungsformates (Alternativen)

3.2.2 Festlegen des Formatcodes und der Nachkommastellen

Der Bildschirmausdruck 3-6 machte bereits deutlich, daß Zahlen in Multiplan grundsätzlich in der möglichen Spaltenbreite dargestellt werden. Eine gezielte Festlegung des Formatcodes ist ebenfalls über den Befehl FORMAT FELDER möglich. Nach Wahl des Befehls (Eingabe <F> und <F>) stehen im Befehlsfeld "Formatcode" (Ansteuern durch zweimaliges Betätigen der Taste <TAB>) verschiedene Auswahlmöglichkeiten zur Verfügung.

Einen Überblick über die verfügbaren Alternativen gibt Abbildung 3-8.

Festlegung des Formatcodes

Alternativen:

Formatcode	Bedeutung	Beispiele
Stnd	Standard	Standardfestlegung
Zusammen	zusammenhängend	IPOTTS Porzlellan Manulfaktur
E_form	Exponentenschreibweise	1,4301E-23 4,6E+05
Fest	Festkomma	4,513
Norm	normal	Zahlen werden je nach Größe und Spaltenbreite entweder im Format "Fest" oder in "E_Form" ausgegeben
Ganz	Ganzzahl	3,1476 wird als 3 ausgegeben
Währung	z. B. DM-Notierung	40000,00 DM
*	Balkendiagramm	3 entspricht ***
%	Prozent	0,0513 wird als 5,13 % ausgegeben
-	Format wird nicht geändert	

Abb. 3-8: Festlegung des Formatcodes

Erwähnt sei schließlich noch, daß über den Befehl FORMAT FELDER auch die gewünschten Nachkommastellen festgelegt werden können. Dazu muß im Befehlsfeld "Formatcode:" die Variante "Fest" gewählt werden und dann im Befehlsfeld "Dez_Stellen:" die gewünschte Zahl der Nachkommastellen eingegeben werden.

In der Musteraufgabe "Umsatzanalyse" sollen die Prozentwerte mit einer Stelle nach dem Komma ausgewiesen werden. Zu diesem Zweck ist nach Wahl des Befehls FORMAT FELDER wie folgt vorzugehen:

- Angabe des Formatcodes (Fest): 2 x <TAB> <F>
- Eingabe der Dez.Stellen: <TAB> <1>.

3.2.3 Formatieren von Bereichen

Wird der Befehl FORMAT FELDER gewählt, schlägt Multiplan das Feld zur Formatierung vor, wo der Feldzeiger positioniert ist. Deshalb empfiehlt sich auch bei diesem Befehl zunächst ein Ansteuern des jeweiligen Feldes.

Allerdings wäre eine gesonderte Formatierung eines jeden Feldes sehr umständlich, wenn die Formatierung für eine Gruppe von Feldern (z. B. eine Zeile oder eine Spalte) gelten soll. Multiplan bietet deshalb die Möglichkeit, zunächst den gesamten Bereich zu markieren und danach insgesamt die Formatierungsmerkmale festzulegen.

Die Bestimmung des Feldbereiches erfolgt im ersten Befehlsfeld nach Wahl des Befehls FORMAT FELDER: Nach der Befehlswahl ist der Bereichsoperator <:> einzugeben und dann das Ende des Bereiches festzulegen (durch Eingabe oder Ansteuern der Feldposition).

Es sollen sämtliche Werte der Spalte 3 rechtsbündig ausgerichtet sowie die Prozentzahlen mit einer Stelle nach dem Komma dargestellt werden. Die nach Wahl des Befehls FORMAT FELDER (Eingabe <F> und <F>) vorzunehmenden Eingaben zeigt der Bildschirmausdruck 3-7.

Das Ergebnis des Formatierens (nach Auslösen des Befehls mit der Taste <RETURN>) ist dann die Darstellung sämtlicher Zahlenwerte in der 3. Spalte mit einer Stelle nach dem Komma (siehe Bildschirmausdruck 3-8):

```
 1           1           2         3           4         5         6         7
 1 Jahr     DM-Umsatz  Anteil
 2          in 1000    in %
 3
 4 Januar        150  4,2182227
 5 Februar       212  5,9617548
 6 März          222  6,2429696
 7 April         318  8,9426322
 8 Mai           344  9,6737908
 9 Juni          551  15,494938
10 Juli          180  5,0618673
11 August        166  4,6681665
12 September     300  8,4364454
13 Oktober       345  9,7019123
14 November      433  12,176603
15 Dezember      335  9,4206974
16
17 Summe       3556
18 Maximum      551
19 Minimum      150
20
FORMAT Felder: Z1S3:Z15S3          Ausrichtung: Stnd Mitte Norm Links(Rechts)-
 Formatcode: Stnd Zusammen E_Form(Fest)Norm Ganz Währung * % -  Dez_Stellen: 1
Bitte eine Zahl eingeben!
Z1S3        "Anteil"                    100% frei     Multiplan: TEMP
```

Bildschirmausdruck 3-7

```
 1           1           2         3           4         5         6         7
 1 Jahr     DM-Umsatz    Anteil
 2          in 1000       in %
 3
 4 Januar        150      4,2
 5 Februar       212      6,0
 6 März          222      6,2
 7 April         318      8,9
 8 Mai           344      9,7
 9 Juni          551     15,5
10 Juli          180      5,1
11 August        166      4,7
12 September     300      8,4
13 Oktober       345      9,7
14 November      433     12,2
15 Dezember      335      9,4
16
17 Summe       3556
18 Maximum      551
19 Minimum      150
20
BEFEHL: Text Ausschnitt Bewegen Druck Einfügen Format Gehezu Hilfe Kopie Löschen
 Name Ordnen Pfad Quitt Radieren Schutz Übertragen Verändern Wert Xtern Zusätze
Wählen Sie bitte eine Option oder geben Sie deren Anfangsbuchstaben ein!
Z1S3        "Anteil"                    100% frei     Multiplan: TEMP
```

Bildschirmausdruck 3-8

3.3 Drucken einer Tabelle

Sie sollten nun daran gehen, die fertiggestellte Tabelle auf Papier auszugeben. Für den Ausdruck der Tabelle bietet Multiplan eine Vielzahl von Varianten. Diese sollen in einem späteren Abschnitt des Buches ausführlich behandelt werden (vgl. 8. Kapitel). Im folgenden soll nur auf die grundlegende Vorgehensweise eingegangen werden.

3.3.1 Tabelle insgesamt drucken

Sofern die vorliegenden Druckoptionen, Randbegrenzungen sowie der angeschlossene Drucker akzeptiert werden können, ist ein unmittelbarer Ausdruck der Tabelle möglich, die sich im internen Speicher des Computers befindet.

Nach Wahl des Befehls DRUCK DRUCKER (Eingabe <D> <D>) druckt Multiplan so viele Spalten auf eine Seite, wie ohne Randüberschreitung (nach vorgegebener Randbegrenzung) auf dem Papier darstellbar sind.

Standard-Druckwerte für die Randbegrenzung sind: 5 Zeichen zur linken Randbegrenzung; 6 Zeilen als obere Randbegrenzung; 70 Zeichen Druckbreite; 54 Zeilen Drucklänge, 66 Zeilen Seitenlänge sowie eine Einrückung von 4 Zeichen. Allerdings ist darauf zu achten, daß Änderungen zunächst gespeichert bleiben (vgl. deshalb unter Umständen die Eintragungen beim Befehl DRUCK RANDBEGRENZUNG).

Hinweise:
- Es empfiehlt sich vor erstmaligem Druck zu prüfen, ob der Drucker funktionsbereit ist (Betriebsbereitschaft, korrekter Zeilenbeginn).
- Der Druckvorgang kann durch Betätigen der Taste <ESC> unterbrochen werden.

3.3.2 Formeldarstellung anzeigen bzw. Formeln ausdrucken

Es wurde bereits darauf hingewiesen, daß bei Feldern, die Formeln beinhalten, grundsätzlich die Ergebnisse am Bildschirm angezeigt werden. Zur Überprüfung des Tabellenaufbaus kann aber auch die Anzeige bzw. der Ausdruck der Felder mit ihren Formeln wichtig sein.

a) Anzeige der Formeldarstellung
Zur Anzeige der Formeln einer Tabelle auf dem Bildschirm dient der Befehl FORMAT OPTIONEN. Einen Überblick über die Vorgehensweise bei der Anwendung des Befehls sowie die Reaktionen des Computers werden in Abbildung 3-9 beispielhaft dargestellt.

Zur Überprüfung des Tabellenaufbaus kann die Anzeige der Felder mit ihren Formeln wichtig sein. Dies läßt sich erreichen über den Befehl FORMAT OPTIONEN.

Reihenfolge der Bearbeitung	Tastenfolge
1. Befehl FORMAT OPTIONEN wählen	
2. Befehlsfeld "Formeln" auf "Ja" einstellen	
3. Befehl ausführen	

Reaktionen des Computers:
Die Spaltenbreite wird automatisch verdoppelt
eingegebene Formeln werden angezeigt (statt der daraus resultierenden Zahlenwerte)
eingegebene Zahlenwerte werden unverändert angezeigt
eingegebene Texte werden in Anführungsstrichen angezeigt

Abb. 3-9:
Anzeige der
Formeldarstellung

Im Anwendungsbeispiel ergibt sich nach der Befehlsausführung eine Bildschirmdarstellung entsprechend Bildschirmausdruck 3-9.

```
 1              1               2               3
  1 "Jahr"          "DM-Umsatz"     "Anteil"
  2                 "in 1000 "      "in %"
  3
  4 "Januar"        150             100*ZS(-1)/Z17S2
  5 "Februar"       212             100*ZS(-1)/Z17S2
  6 "März"          222             100*ZS(-1)/Z17S2
  7 "April"         318             100*ZS(-1)/Z17S2
  8 "Mai"           344             100*ZS(-1)/Z17S2
  9 "Juni"          551             100*ZS(-1)/Z17S2
 10 "Juli"          180             100*ZS(-1)/Z17S2
 11 "August"        166             100*ZS(-1)/Z17S2
 12 "September"     300             100*ZS(-1)/Z17S2
 13 "Oktober"       345             100*ZS(-1)/Z17S2
 14 "November"      433             100*ZS(-1)/Z17S2
 15 "Dezember"      335             100*ZS(-1)/Z17S2
 16
 17 "Summe"         SUMME(Z4:15S2)
 18 "Maximum"       MAX(Z4:15S2)
 19 "Minimum"       MIN(Z4:15S2)
 20
BEFEHL: Text Ausschnitt Bewegen Druck Einfügen Format Gehezu Hilfe Kopie Löschen
        Name Ordnen Pfad Quitt Radieren Schutz Übertragen Verändern Wert Xtern Zusätze
Wählen Sie bitte eine Option oder geben Sie deren Anfangsbuchstaben ein!
Z1S3         "Anteil"                  100% frei     Multiplan: TEMP
```

Bildschirmausdruck 3-9

b) Ausdruck der Tabelle mit Formeln

Zu Kontroll- und Dokumentationszwecken kann es sinnvoll sein, die Formeln einer Tabelle auszudrucken. Dann ist der Befehl DRUCK OPTIONEN zu wählen (Eingabe <D> <O>), das Befehlsfeld "Formeln:" anzusteuern und die Antwort "Ja" zu wählen. Wird das Befehlsfeld "Formeln:" auf "Ja" eingestellt, erfolgt automatisch eine Verdoppelung der Spaltenbreite. Einen Überblick über die Vorgehensweise gibt Abbildung 3-10.

Druck von Formeln einer Tabelle	
Reihenfolge der Bearbeitung	**Tastenfolge**
1. Befehl DRUCK OPTIONEN wählen	D O
2. Befehlsfeld "Formeln" ansteuern	→ → →
3. Antwortvorgabe auf "Ja" einstellen	←
4. Befehl ausführen	⏎
5. Befehl DRUCKER auslösen	D

Abb. 3-10: Druck von Formeln einer Tabelle

3.4 Dateiverwaltung

Sie haben nun Ihre erste Multiplan-Tabelle erstellt und über einen Drucker ausgegeben. Im Regelfall wollen Sie die Tabelle später wieder verwenden. Zu diesem Zweck muß die Tabelle auf einem externen Datenträger - z. B. Diskette oder Magnetplatte - gespeichert sein.

Im Rahmen der Dateiverwaltung geht es um Fragen der Speicherung der Tabellen auf externen Speichermedien und dabei auftauchende Probleme wie z. B. das Laden von Dateien sowie die Dateipflege (Umbenennen und Löschen von Dateien).

Die in Multiplan verfügbaren Befehle zur Dateiverwaltung sind unter dem Befehl ÜBERTRAGEN zusammengefaßt. Unterbefehle sind:

- Laden
- Speichern
- Bildschirmlöschen
- Dateilöschen
- Optionen (zur Formatfestlegung und Laufwerksbestimmung)
- Umbenennen
- Import (zur Übernahme von Daten aus anderen Programmen.

40

3.4.1 Festlegen des Laufwerkes

Je größer die Anzahl der zu bearbeitenden Tabellen wird, desto wichtiger sind Vorüberlegungen, auf welchem der verfügbaren Datenträger und unter welchem Dateinamen die Tabellen gespeichert werden sollen.

In keinem Fall sollten Sie die erstellten Tabellen auf Ihrer Programmdiskette speichern. Bereits nach kurzer Zeit werden Sie hier ohnehin kaum noch Platz für eine Speicherung haben. - Grundsätzlich stehen für die Speicherung der entwickelten Tabellen zwei **Möglichkeiten** zur Wahl:

1. Speicherung auf einer gesonderten Arbeitsdiskette. Denken Sie daran, daß fabrikneue Disketten zunächst formatiert werden müssen!

2. Speicherung auf der Festplatte. Verfügt Ihr Computer über eine Festplatte, dann können Sie diese für die Speicherung der erstellten Tabellen verwenden. Allerdings empfiehlt es sich aus Sicherheitsgründen, auch hier regelmäßig die Dateien zusätzlich auf eine Diskette zu übertragen.

Die Ausführungen machen deutlich, daß mitunter ein Wechseln des Laufwerkes notwendig ist. Eine Änderung des angesprochenen Laufwerkes können Sie in Multiplan mit dem Befehl ÜBERTRAGEN OPTIONEN vornehmen. Nach der Befehlswahl (Tastenfolge <Ü> <O>) ist das Befehlsfeld "Laufwerk/Inhaltsverzeichnis:" (mit der Taste <TAB>) anzuspringen. Nach Eingabe der Buchstabenkennzeichnung für das gewünschten Laufwerk (z. B. <b> <:>) ist der Befehl auszuführen. Es erfolgt dann eine Rückkehr in das ursprüngliche Bildschirmmenü.

Einen Überblick über die Vorgehensweise beim Festlegen des Laufwerkes gibt die Checkliste in Abbildung 3-11.

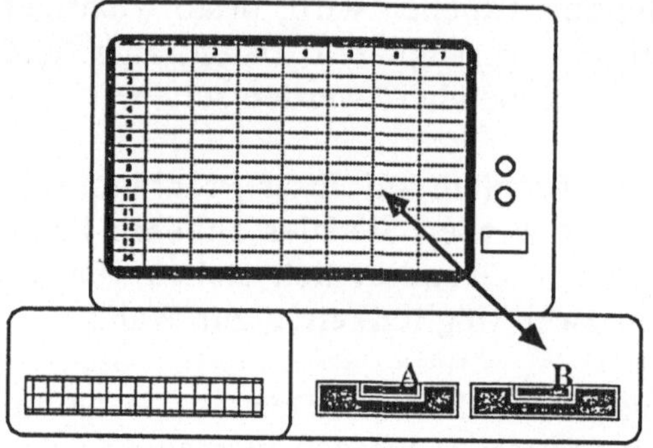

Reihenfolge der Bearbeitung	Tastenfolge
1. Befehl ÜBERTRAGEN OPTIONEN aufrufen	Ü O
2. Befehlsfeld "Laufwerk/Inhaltsv." anspringen	
3. Buchstabenkennzeichnung des LW eingeben	z. B. b :
4. Befehl ausführen	

Abb. 3-11: Dateiverwaltung: Festlegen des Laufwerkes

Im Zusammenhang mit der Laufwerkskennzeichnung empfiehlt sich die Beachtung folgender Hinweise:

■ Bei Computern mit zwei Diskettenlaufwerken sollte für Arbeitsdateien die Diskette in Laufwerk B verwendet werden. Soll eine Speicherung auf der Festplatte erfolgen, so ist das Laufwerk C zu wählen.

■ Wenn die Laufwerksbezeichnung wie gewünscht festliegt, kann die Wahl dieses Befehls vor der Speicherung entfallen. Ab Version 2.0 wird der für diesen Befehl eingestellte Zustand solange beibehalten, bis eine ausdrückliche Änderung erfolgt.

■ Nach Angabe des Buchstabens für die Laufwerksbezeichnung muß unbedingt ein Doppelpunkt eingegeben werden. Andernfalls erscheint nach der Befehlsausführung der Meldung: "Diese Eingabe ist unzulässig".

■ Speichern Sie Ihre Daten nicht im Hauptverzeichnis einer Festplatte. Es bietet sich an, für die Multiplan-Tabellen ein zuvor über DOS erstelltes Unter-Inhaltsverzeichnis (Subdirectory) anzulegen. In diesem

Fall geben Sie nach Wahl des Befehls ÜBERTRAGEN OPTIONEN im Feld "Laufwerk/Inhaltsverzeichnis:" zunächst das Laufwerk an und dann durch einen 'Backslash' getrennt den Namen des Inhaltsverzeichnisses (zum Beispiel: a:\Planung).

3.4.2 Speichern einer Tabelle

Nachdem feststeht, wo die Tabelle gespeichert werden soll, können Sie den Befehl zum Speichern aufrufen und die Speicherung vornehmen. Eine gerade erfaßte oder überarbeitete Tabelle wird mit dem Befehl ÜBERTRAGEN SPEICHERN auf einer Diskette oder Platte gesichert. Nach Wahl des Befehls ist der Dateiname einzugeben.

Bei der *Festlegung des Dateinamens* sollten folgende Regeln eingehalten werden:

- maximal acht Zeichen sowie nach dem Punkt bis zu drei Zeichen als Namenserweiterung
- keine Leerzeichen
- keine Sonderzeichen und deutschen Umlaute.

Wird ein Dateiname eingegeben, der bereits existiert, dann ist durch Eingabe von <J> zu bestätigen, daß die alte Datei auf dem externen Speicher durch die gerade überarbeitete Datei ersetzt werden soll (ansonsten ist ein <N> einzugeben oder die ESC-Taste zu betätigen)

Nach Überarbeitung einer Tabelle erscheint in dem Befehlsfeld "Dateiname:" der Name der zuletzt bearbeiteten Datei sowie davor (durch einen Backslash getrennt) das gerade angesprochene Laufwerk. Ansonsten wird der Name "TEMP" für temporär angezeigt (z. B.: B:\TEMP). Soll der vorgeschlagene Dateiname übernommen werden, muß lediglich die RETURN-Taste betätigt werden und mit <J> eine ausdrückliche Bestätigung erfolgen. Andernfalls ist einfach ein neuer Dateiname einzugeben und der Befehl mit <Return> auszuführen.

Im Beispielsfall soll erstmalig eine Speicherung erfolgen, und zwar eine Speicherung unter dem Dateinamen "Umsatz.MP". Dieser ist nun entsprechend einzugeben. Einen Überblick über den Ablauf sehen Sie in Abbildung 3-12.

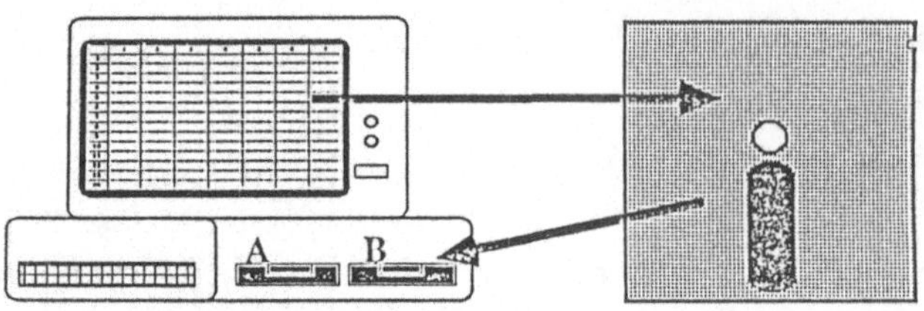

Reihenfolge der Bearbeitung	Tastenfolge
1. Befehl ÜBERTRAGEN SPEICHERN aufrufen	Ü S
2. Dateinamen eingeben (max. 8 Zeichen)	Umsatz.MP
3. Befehl ausführen	↵

Abb. 3-12: Dateiverwaltung: Speichern einer Tabelle

Nach Ausführung des Befehls erfolgt unmittelbar eine Speicherung auf dem gewünschten Laufwerk/Datenträger. Das Speichern einer Tabelle bereitet grundsätzlich keine besonderen Probleme. Achten Sie auf die Meldungszeile, die Sie beim Speichern erhalten. Sie zeigt Ihnen an, welche Eingaben notwendig sind. Seien Sie allerdings nicht zu sorglos. Sonst kann es passieren, daß aus Versehen Dateien überschrieben werden, die Sie noch benötigen.

Bitte beachten Sie folgende Hinweise:

- Es empfiehlt sich, als Namenserweiterung die Abkürzung MP für Multiplan-Datei zu vergeben.
- Nach erstmaliger Speicherung erscheint der eingegebene Dateiname in der Statuszeile am unteren rechten Bildschirmrand.
- In dem anderen bei Wahl des Befehls ÜBERTRAGEN SPEICHERN angezeigten Befehlsfeld "geschützt: Ja (Nein)" wird im Regelfall nichts geändert. Es sei denn, daß von vornherein festgelegt werden soll, daß nur per Schutzwort auf die zu speichernde Datei wieder zugegriffen werden soll. Wurde eine Änderung auf Ja vorgenommen, dann ist das Passwort zweimal hintereinander einzugeben (aus Sicherheitsgründen muß die erste Eingabe als korrekt bestätigt werden). Die eingegebenen Zeichen erscheinen nicht am Bildschirm, um die Einsichtnahme von anderen in der Nähe befindlichen Personen auszuschließen; auf dem Bildschirm erscheint für jedes eingegebene Zeichen lediglich ein Punkt.

3.4.3 Löschen des Hauptspeichers

Nach Speicherung der Tabelle kann der interne Speicher gelöscht werden. Dies erfolgt durch Wahl des Befehls ÜBERTRAGEN BILDSCHIRM-LÖSCHEN. Nach Ausführung des Befehls wird die aktuelle Tabelle durch ein leeres Arbeitsblatt ersetzt. Die Tabelle wird dabei automatisch wieder auf die Standardwerte (z. B. Spaltenbreite von 10 Zeichen) gesetzt.

3.4.4 Laden einer Tabelle

Soll eine bereits erfaßte Tabelle noch einmal bearbeitet oder ausgedruckt werden, so muß diese zunächst vom externen Speicher in den Hauptspeicher übertragen werden. Hierzu dient der Befehl ÜBERTRAGEN LADEN.

Soll die Datei "Umsatz.MP" wieder in den Hauptspeicher geladen werden, ist wie in Abbildung 3-13 dargestellt vorzugehen:

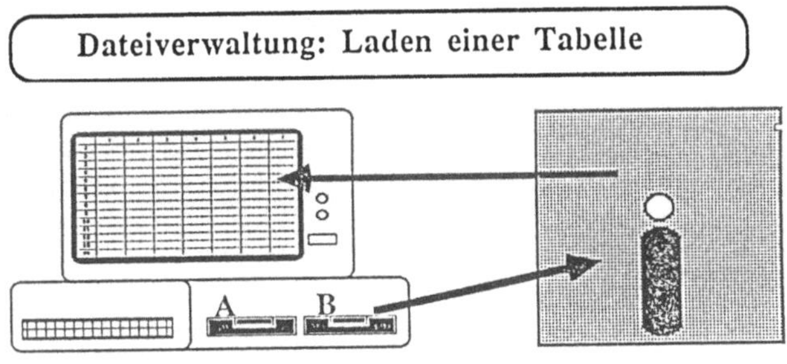

Reihenfolge der Bearbeitung	Tastenfolge
1. Befehl ÜBERTRAGEN LADEN aufrufen	Ü L
2. Dateinamen eingeben oder auswählen	...... oder ↓ →
3. Befehl ausführen	↵

Abb. 3-13: Dateiverwaltung: Laden einer Tabelle

Nach Ausführung des Ladevorganges erscheint die gewünschte Tabelle auf dem Bildschirm.

Es sollte beachtet werden, daß im Teilschritt zwei verschiedene Varianten des Vorgehens möglich sind:

a) Der Dateiname wird eingegeben. Wichtig ist, daß der Dateiname genauso geschrieben wird, wie er beim Speichern der Tabelle festgelegt und eingegeben wurde.

b) Der Dateiname wird aus dem Inhaltsverzeichnis ausgewählt. In diesem
   Fall ist nach Aufruf des Befehls ÜBERTRAGEN LADEN eine beliebige Richtungstaste zu betätigen. Es erscheinen dann alphabetisch geordnet die auf dem externen Speicher im Zugriff befindlichen Dateien. Nach Ansteuerung des Feldzeigers auf die gewünschte Datei
   kann dann über Betätigen der Taste <RETURN> die Datei in den
   Hauptspeicher und damit auf dem Bildschirm geholt werden.

Eine Änderung im anderen Befehlsfeld "Nur Lesen:", das bei Wahl des
Befehls ÜBERTRAGEN LADEN erscheint, erfolgt in der Regel nicht.
Hier kann jedoch durch Wahl der Antwort Ja festgelegt werden, daß an
der geladenen Datei grundsätzlich keine Änderungen vorgenommen werden können.

3.4.5 Änderung des Dateinamens

Im Rahmen der Dateipflege kann eine Veränderung von Dateinamen notwendig werden. Soll der bisherige Tabellenname verändert werden, kann
dies mit dem Befehl ÜBERTRAGEN UMBENENNEN erreicht werden,
wenn sich die Tabelle im internen Speicher befindet.

Einen Überblick über die Vorgehensweise gibt die Checkliste in Abbildung 3-14.

Reihenfolge der Bearbeitung	Tastenfolge
1. Befehl ÜBERTRAGEN UMBENENNEN aufrufen	(ü) (u)
2. Neuen Dateinamen eingeben	...
3. Befehl ausführen	(↵)

Abb. 3-14: Dateiverwaltung: Umbenennen von Dateien

Nach der Befehlsausführung wird die Datei mit dem alten Namen gelöscht. Soweit Verbindungen zu anderen Tabellen bestehen (vgl. hierzu
Kapitel 9), werden diese aktualisiert.

3.4.6 Löschen einer gespeicherten Datei

Dateien, die auf einem externen Speicher (Diskette, Platte) festgehalten
sind und nicht mehr benötigt werden, können mit dem Befehl ÜBER-
TRAGEN DATEILÖSCHEN von der Diskette/Platte entfernt werden.

Nach Eingabe oder Auswahl des Dateinamens und der Ausführung des Befehls ist noch eine ausdrückliche Bestätigung notwendig (<J> für Ja eingeben). Dadurch soll ein unbeabsichtigtes Löschen einer Tabelle verhindert werden.

3.5 Vertiefende Übungsaufgaben zum Abschnitt 3

3.5.1 Übungsaufgabe „Kostenplanung"

Richten Sie nachfolgende Multiplan-Tabelle für eine Kostenplanung über drei Monate ein:

```
Kostenplan
                Januar    Februar      März   Endsummen
Material
Rohstoffe        12450     15470      23975      51895
Hilfsstoff        4326      6798      12000      23124
Betr.stoff         450       567        876       1893
Fertigt.          1234      4321       5650      11205


Summe 1          18460     27156      42501      88117


Personal
Löhne            30500     34600      40000     105100
Abgaben          15000     17000      19500      51500


Summe 2          45500     51600      59500     156600


Endsumme         63960     78756     102001     244717


PersAnteil        71,1      65,5       58,3       64,0
```

Lösen Sie die Aufgabe in folgenden Teilschritten:

a) Erfassen Sie zunächst die Text- und Zahlenwerte;
b) Geben Sie anschließend die korrekten Summenformeln in den Zeilen 9, 15 und 17 ein. Geben Sie die Formel zur Ermittlung der Endsumme in Spalte 5 ein (Denken Sie an die Möglichkeit, Formeln zu kopieren);
c) Ermitteln Sie den prozentualen Anteil der Personalkosten an den Gesamtkosten in Zeile 19;

d) Formatieren Sie die Ergebnisse in Zeile 19 so, daß jeweils eine Stelle nach dem Komma dargestellt wird;

e) Erstellen Sie einen fehlerfreien Ausdruck;

f) Speichern Sie die Tabelle auf Ihrer Arbeitsdiskette mit dem Namen "Kostenpl.MP".

3.5.2 Übungsaufgabe „Bewerberentwicklung"

In einem Industrieunternehmen steht die Ausbildungsabteilung vor der Aufgabe, eine Aufstellung zu der Entwicklung der Bewerberzahlen in den verschiedenen Ausbildungsberufen anzufertigen und dabei verschiedene Auswertungen vorzunehmen. Ergebnis soll die im nachfolgenden dargestellte Tabelle sein:

Berufe	1983	1984	1985	1986	Summe
Bürokfm.	123	143	154	139	559
Bürogehil.	87	76	128	98	389
Indus.kfm.	145	132	122	135	534
Schlosser	234	254	266	270	1024
Laborant	453	421	432	409	1715
Facharb.	211	234	267	344	1056
Summe	1253	1260	1369	1395	5277
Durchnitt	208,8	210,0	228,2	232,5	
kfm.Anteil	28,3	27,9	29,5	26,7	

Die Aufgabe soll unter Einsatz des Tabellenkalkulationsprogramms Multiplan gelöst werden. Im einzelnen sind folgende Teilschritte zu beachten:

a) Eingabe der Text- und Zahlenwerte;

b) Eingabe der Formeln zur Ermittlung der Summen, der Durchschnittszahlen sowie des Anteils der kaufmännischen Bewerber;

c) Formatieren der Durchschnittswerte sowie des Anteils auf eine Stelle nach dem Komma;

d) Drucken der Tabelle insgesamt sowie mit Formeln (zu Dokumentationszwecken);

e) Speichern der Tabelle auf der Arbeitsdiskette unter dem Namen "Bewerber.MP".

4 Besonderheiten bei der Erfassung und Gestaltung von Tabellen

Die mit einem Tabellenkalkulationsprogramm erzeugten Aufstellungen sind in der beruflichen Praxis häufig für Dritte bestimmt. Deshalb besteht natürlich ein starkes Bedürfnis, diese übersichtlich und optisch ansprechend zu gestalten. Dazu tragen unter anderem das Zuordnen von Überschriften und Abgrenzungslinien in einer Tabelle bei. Wie dies mit Multiplan realisiert werden kann, soll im folgenden Kapitel deutlich werden.

Weiterhin besteht vielfach der Wunsch, die Erfassung von Formeln zu beschleunigen sowie insbesondere bei Überarbeitungsvorgängen ein unbeabsichtigtes Überschreiben der Formeln zu verhindern. Auch hierfür bietet Multiplan besondere Hilfen an. Darauf soll deshalb im zweiten Teil des Kapitels eingegangen werden.

Musteraufgabe 2: Angebotsvergleich

Lernziele:

- Felder spaltenübergreifend formatieren
- Spaltenbreite variieren (vergrößern)
- Ziehen von Linien
- Zahlen mit Kommastellen/Tausenderpunkten darstellen
- Felder mit Namen belegen
- Formeln unter Verwendung von Namen bilden
- Felder schützen

Es ist eine Multiplan-Tabelle einzurichten, die einen Angebotsvergleich zwischen mehreren Lieferanten ermöglicht.

Die Ergebnisausgabe soll folgende Form haben:

```
Angebotsvergleich für maximal drei Lieferanten


Name des Lieferanten                 Müller        Meiler       Schulze
========================================================================


Listeneinkaufspreis (in DM)         4.500,00      4.000,00      4.200,00
Liefererrabatt (in %)                     25            30            20
........................................................................
Zieleinkaufspreis (in DM)           3.375,00      2.800,00      3.360,00
Liefererskonto (in %)                      2             3             5
........................................................................
Bareinkaufspreis (in DM)            3.307,50      2.716,00      3.192,00
Bezugskosten (in DM)                  420,00        350,00        320,00
........................................................................
Bezugspreis (in DM)                 3.727,50      3.066,00      3.512,00
========================================================================



Günstigster Bezugspreis:            3.066,00
                                    ================
```

Lösungshinweise:

a) Zur Darstellung der Überschrift ist eine spaltenübergreifende Feldformatierung vorzunehmen.
b) Um den Text in der 1. Spalte der Tabelle vollständig darzustellen, ist
   die Spaltenbreite auf 30 zu erhöhen.
c) Um die Zahlen in der Tabelle mit Tausenderpunkten und Kommastellen darzustellen, soll für die Spalten 2 - 4 die Spaltenbreite auf 15
   gesetzt werden.
d) Um bei späteren Werteingaben nicht aus Versehen eingegebene Formeln zu löschen, sollen diese vor Überschreiben geschützt werden.

4.1 Spaltenübergreifende Feldformatierung

Sollen *Tabellen mit Überschriften* versehen werden, ist in der Regel ein
spaltenübergreifendes Erfassen von Vorteil. Dies kann in Multiplan durch
entsprechende Formatierung eines Feldbereiches erreicht werden.

Als erstes ist zu diesem Zweck der Überschriftstext in folgender Abfolge
zu erfassen:

- Ausgangsfeld ansteuern (hier: Z1S1)
- Wahl des Befehls TEXT
- Eingabe des Textes (hier: Angebotsvergleich für ....)
- Betätigen der Taste <RETURN>.

Die Befehlsausführung zeigt, daß lediglich 10 Zeichen der Überschrift in
die Tabelle übernommen werden; es erscheint nur das Wortfragment "An-
gebotsve".

Um den längeren Überschriftentext (im Beispiel "Angebotsvergleich für
maximal drei Lieferanten") darstellen zu können, werden bei Standardeinstellung der Tabelle (10 Zeichen pro Spalte) insgesamt fünf Spalten benötigt. Eine vollständige Darstellung der Überschrift können Sie
nun dadurch erreichen, daß Sie die ersten fünf Spalten in der Zeile 1
zusammenhängend formatieren.

Zunächst muß zu diesem Zweck das entsprechende Ausgangsfeld (hier
Z1S1) mit den Richtungstasten angesteuert werden. Danach ist der Befehl
FORMAT FELDER zu wählen (Eingabe <F> <F>) und der Feldbereich
zu bestimmen (Z1S1:Z1S5). Im Befehlsfeld "Formatcode" ist dann die
Antwortvorgabe "Zusammen" zu wählen (Tastenfolge <TAB> <TAB>
<Z>) und abschließend der Befehl mit <RETURN> auszuführen.

Die Checkliste in Abbildung 4-1 zeigt die Reihenfolge der Bearbeitung
im Überblick.

Spaltenübergreifende Feldformatierung	
Reihenfolge der Bearbeitung	Tastenfolge
1. Ausgangsfeld ansteuern	
2. Befehl FORMAT FELDER wählen	
3. Feldbereich bestimmen	
4. Formatcode "Zusammen" wählen	
5. Befehl ausführen	

Abb. 4-1: Spaltenübergreifende Feldformatierung

4.2 Variation der Spaltenbreite

Multiplan setzt die Spaltenbreite standardmäßig auf 10 Zeichen fest. Dies ist für viele Anwendungen unzureichend, um die Informationen in einer Tabelle in aussagefähiger und übersichtlicher Form darzustellen. Daher steht die Möglichkeit zur Verfügung, nach Aufruf des Programms die Standardeinstellung zu ändern oder je nach Notwendigkeit eine Variation der Spaltenbreite vorzunehmen.

In der Beispielaufgabe soll die erste Spalte auf eine Breite von 30 Zeichen erhöht werden; außerdem ist die Breite der übrigen Spalten auf 15 einzustellen. Multiplan bietet hierfür den Befehl FORMAT BREITE_DER_SPALTEN an. Nach Wahl des Befehls ist die gewünschte Zeichenzahl einzugeben und u. U. noch der Spaltenbereich zu bestimmen.

Die Bildschirmdarstellung nach Befehlsauslösung und das Ausfüllen der Befehlsfelder für die 1. Spalte zeigt der Bildschirmausdruck 4-1.

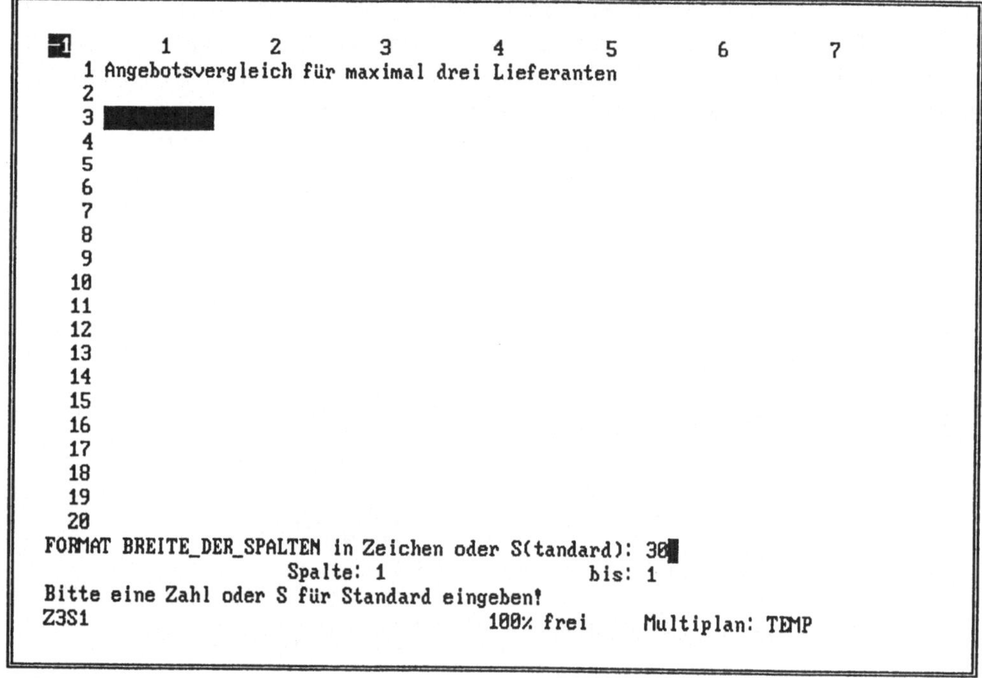

Bildschirmausdruck 4-1

Bei Auslösung des Befehls ist im ersten Befehlsfeld der Buchstabe "s" angezeigt. Dies bedeutet, daß die Standardbreite von 10 Zeichen für diese Spalte gilt. Um Spalte 1 auf 30 Zeichen zu erweitern, muß nach der Befehlsauslösung die gewünschte Spaltenbreite von 30 eingegeben werden. Die anderen Befehlsfelder spielen dabei keine Rolle. Die Reihenfolge des Vorgehens verdeutlicht die Checkliste in Abbildung 4-2.

Variation der Spaltenbreite	
Reihenfolge der Bearbeitung	Tastenfolge
1. Ausgangsspalte ansteuern	
2. Befehl FORMAT BREITE_DER_ SPALTEN wählen	F B
3. Gewünschte Zeichenzahl angeben	30
4. Spaltenbereich angeben	... ...
5. Befehl ausführen	

Abb. 4-2: Variation der Spaltenbreite

Von Vorteil sind die beiden weiteren Befehlsfelder "Spalte:" und "bis:", wenn mehrere Spalten nebeneinander einheitlich in ihrer Breite verändert werden sollen. So bieten sich etwa für das Verbreitern der Spalten 2 - 4 folgende Eingaben in den Befehlsfeldern des Befehls FORMAT BREITE_DER_SPALTEN an:
in Zeichen: 15;
Spalte: 2;
bis: 4.

Zwei Besonderheiten des Befehls FORMAT BREITE_DER_SPALTEN sollen erwähnt werden:
1. Die maximale Spaltenbreite bei der Multiplan-Version 3.0 beträgt 64 Zeichen (32 Zeichen bei der Version 2.x).
2. Der Befehl ermöglicht auch ein Verringern der Spaltenbreite. Im Befehlsfeld "Zeichen" wird dann ein Wert eingegeben, der kleiner als 10 ist.

4.3 Gestalten der Tabelle durch Ziehen von Linien

Nachdem nun die Spaltenbreite wunschgemäß eingestellt ist, können Sie die Texte (in Spalte 1 sowie in Zeile 3) eingeben. Über den Befehl TEXT können darüber hinaus auch die entsprechenden Linien gezogen werden. Dabei sind jedoch verschiedene Besonderheiten zu beachten.

Grundsätzlich bietet Multiplan die Möglichkeit, sowohl senkrechte als auch waagerechte Linien zur Verbesserung der Übersichtlichkeit einer Tabelle zu erzeugen.

a) Waagerechte Linien ziehen

Im vorliegenden Beispiel sollen waagerechte Linien in den Zeilen 4, 8, 11, 14 und 16 gezogen werden. Nach Ansteuern des Ausgangsfeldes mit dem Feldzeiger und der Wahl des Befehls TEXT ist die gewünschte Zahl von Strichen (Gleichheitszeichen, Bindestrichen oder Unterstrichen) einzugeben.

Im Beispielfall sind für das Feld Z4S1 z. B. 30 Gleichheitszeichen einzugeben. Nach Ausführung des Befehls mit der Taste <RETURN> erscheint die Unterstreichung in dem Feld, in dem sich der Feldzeiger befindet (dem aktiven Feld). Da mehrere Felder in der Zeile unterstrichen werden sollen, kann anschließend der Befehl KOPIE RECHTS gewählt werden. Im Beispielfall sind 3 Kopien nach rechts vorzunehmen.

In ähnlicher Form ist die Unterstreichungslinie in der 8. Zeile zu erzeugen. Nach Ansteuerung des Feldes Z8S1 und Wahl des Befehls TEXT sind nun 30 Bindestriche einzugeben. Nach der Befehlsausführung ist diese Unterstreichung dreimal nach rechts zu kopieren.

Für das Ziehen der übrigen Linien kann nun jeweils die allgemeine Form des Kopierbefehls genutzt werden. Nach Wahl des Befehls KOPIE VON erscheint im ersten Feld die Angabe der derzeit aktiven Feldposition (im

Beispiel: Z8S1). Hier ist der Zeilenbereich anzugeben (im Beispiel: Z8S1:Z8S4), in dem sich die zu kopierende Unterstreichungslinie befindet. Anschließend muß mit der Taste <TAB> die Angabe "in Feld:" angesprungen und dort das Zielfeld oder die Zeile (der Feldbereich) angegeben werden, wo die Unterstreichungslinie erzeugt werden soll (hier: Z11S1:Z11S4).

Einen Überblick über den Stand der Tabelle nach Ziehen sämtlicher Unterstreichungslinien liefert Ihnen Bildschirmausdruck 4-2.

```
      -1              1              2         3         4
    1 Angebotsvergleich für maximal drei Lieferanten
    2
    3 Name des Lieferanten        Müller      Meiler      Schulze
    4 =====================================================================
    5
    6 Listeneinkaufspreis (in DM)  ████████████
    7 Liefererrabatt (in %)
    8 ───────────────────────────────────────────────────────────────────
    9 Zieleinkaufspreis (in DM)
   10 Liefererskonto (in %)
   11 ───────────────────────────────────────────────────────────────────
   12 Bareinkaufspreis (in DM)
   13 Bezugskosten (in DM)
   14 ───────────────────────────────────────────────────────────────────
   15 Bezugspreis (in DM)
   16 =====================================================================
   17
   18
   19 Günstigster Bezugspreis:
   20                           ================
BEFEHL: Text Ausschnitt Bewegen Druck Einfügen Format Gehezu Hilfe Kopie Löschen
  Name Ordnen Pfad Quitt Radieren Schutz Übertragen Verändern Wert Xtern Zusätze
Wählen Sie bitte eine Option oder geben Sie deren Anfangsbuchstaben ein!
Z6S2                               100% frei      Multiplan: TEMP
```

Bildschirmausdruck 4-2

b) Senkrechte Linien ziehen

Auch das Ziehen von senkrechten Linien ist in Multiplan möglich. Allerdings muß dann das zugehörige Zeichen gesondert erzeugt werden (ein senkrechter Strich wird mit der Tastenkombination ALT-179 erzeugt). Der Ablauf wird in der Checkliste in Abbildung 4-3 dargestellt.

Tabellengestaltung: Senkrechte Linien ziehen

Reihenfolge der Bearbeitung	Tastenfolge
1. Feld ansteuern	→ ↓
2. Spaltenbreite vermindern (z. B. auf 3)	F B 3 ↵
3. Befehl TEXT wählen	T
4. Zeichen (ALT - 179) erzeugen	Alt 179
5. Befehl ausführen	↵
6. Befehl KOPIE NACH_UNTEN wählen	K N
7. Anzahl der Kopien eingeben	..
8. Befehl ausführen	↵

Abb. 4-3: Tabellengestaltung: Senkrechte Linien ziehen

In einer Übungsaufgabe sollten Sie dies selbständig einmal testen.

4.4 Möglichkeiten der Zahlendarstellung

Nachdem die Texteingaben vorgenommen sind, können nun die Zahlenwerte für die einzelnen Lieferanten erfaßt werden (über den Befehl WERT in den Spalten 2, 3 und 4). Nach Beendigung dieser Teilaufgabe ergibt sich die Bildschirmanzeige entsprechend Bildschirmausdruck 4-3.

Da diese Tabelle später noch einmal benötigt wird, sollten Sie sie jetzt unter dem Dateinamen "Angebot1.MP" speichern.

In einem nächsten Schritt sind dann für die übrigen Felder die notwendigen Formeln aufzubauen. Im folgenden soll der Formelaufbau über Feldzeigerpositionierung vorgenommen werden (Hinweis: mit dem Zeichen % kann eine Division durch 100 bewirkt werden):

- *Bildschirmausdruck 4-4* zeigt den Formelaufbau in Feld Z9S2 bei Ansteuern der Feldpositionen mit dem Feldzeiger (vgl. Befehlszeile bei Aufruf des Befehls VERÄNDERN).
- *Bildschirmausdruck 4-5* zeigt sämtliche Formeln für die Spalten 2 und 3.

```
 ▪1               1                2            3            4
  1 Angebotsvergleich für maximal drei Lieferanten
  2
  3 Name des Lieferanten            Müller       Meiler       Schulze
  4 ================================================================
  5
  6 Listeneinkaufspreis (in DM)     4500         4000         4200
  7 Liefererrabatt (in %)             25           30           20
  8 ────────────────────────────────────────────────────────────────
  9 Zieleinkaufspreis (in DM)    ▰▰▰▰▰▰▰▰▰▰
 10 Liefererskonto (in %)              2            3            5
 11 ────────────────────────────────────────────────────────────────
 12 Bareinkaufspreis (in DM)
 13 Bezugskosten (in DM)             420          350          320
 14 ────────────────────────────────────────────────────────────────
 15 Bezugspreis (in DM)
 16 ================================================================
 17
 18
 19 Günstigster Bezugspreis:
 20                              ===============
TEXT/WERT: █

Geben Sie bitte einen Text oder Wert ein!
Z9S2                               100% frei     Multiplan: TEMP
```

Bildschirmausdruck 4-3

```
 ▪1               1                2            3            4
  1 Angebotsvergleich für maximal drei Lieferanten
  2
  3 Name des Lieferanten            Müller       Meiler       Schulze
  4 ================================================================
  5
  6 Listeneinkaufspreis (in DM)     4500         4000         4200
  7 Liefererrabatt (in %)             25           30           20
  8 ────────────────────────────────────────────────────────────────
  9 Zieleinkaufspreis (in DM)   ▰▰▰▰▰3375        2800         3360
 10 Liefererskonto (in %)              2            3            5
 11 ────────────────────────────────────────────────────────────────
 12 Bareinkaufspreis (in DM)        3307,5        2716         3192
 13 Bezugskosten (in DM)             420          350          320
 14 ────────────────────────────────────────────────────────────────
 15 Bezugspreis (in DM)             3727,5        3066         3512
 16 ================================================================
 17
 18
 19 Günstigster Bezugspreis:        3066
 20                              ===============
VERÄNDERN: Z(-3)S-(Z(-2)S*Z(-3)S%)█

Bitte eine Formel eingeben!
Z9S2        Z(-3)S-(Z(-2)S*Z(-3)S%)   100% frei     Multiplan: ANGEBOT1.MP
```

Bildschirmausdruck 4-4:

```
    ■1               2                          3
  1
  2
  3 "Müller"                      "Meiler"
  4 "============================="============================
  5
  6 4500                          4000
  7 25                            30
  8 "_____________________________"_____________________________
  9 Z(-3)S-(Z(-2)S*Z(-3)S%)       Z(-3)S-(Z(-2)S*Z(-3)S%)
 10 2                             3
 11 "_____________________________"_____________________________
 12 Z(-3)S-(Z(-2)S*Z(-3)S%)       Z(-3)S-(Z(-2)S*Z(-3)S%)
 13 420                           350
 14 "_____________________________"_____________________________
 15 Z(-3)S+Z(-2)S                 Z(-3)S+Z(-2)S
 16 "============================="============================
 17
 18
 19 MIN(Z(-4)S:Z(-4)S(+2))
 20 "=================="
BEFEHL: Text Ausschnitt Bewegen Druck Einfügen Format Gehezu Hilfe Kopie Löschen
   Name Ordnen Pfad Quitt Radieren Schutz Übertragen Verändern Wert Xtern Zusätze
 Wählen Sie bitte eine Option oder geben Sie deren Anfangsbuchstaben ein!
 Z9S3      Z(-3)S-(Z(-2)S*Z(-3)S%)      100% frei      Multiplan: ANGEBOT1.MP
```

Bildschirmausdruck 4-5

Die Ergebnisdarstellung entspricht allerdings noch nicht den gewünschten
Anforderungen. In der Musteraufgabe sollen nämlich die DM-Werte mit
Tausenderpunkten und 2 Dez.-Stellen dargestellt werden.

Das Abbilden der Zahlenwerte mit Tausenderpunkten hat den Vorteil,
daß so die Übersichtlichkeit der Tabelle erhöht wird. Nach jeweils drei
Zahlenwerten erscheint dann ein Punkt zwischen den Ziffern, wodurch
große Zahlen leichter lesbar werden. Statt 4500 würde nun 4.500 im Feld
Z6S2 angezeigt.

Um dies zu realisieren, ist der Befehl FORMAT OPTIONEN zu wählen
und dort das Befehlsfeld "Tausenderpunkte" auf "Ja" einzustellen. Die
Ablauffolge zeigt die Checkliste in Abbildung 4-4.

Reihenfolge der Bearbeitung	Tastenfolge
1. Befehl FORMAT OPTIONEN wählen	(F) (O)
2. Befehlsfeld "Tausenderpunkte" auf "JA" stellen	(←)
3. Befehl ausführen	(↵)

Abb. 4-4: Zahlendarstellung mit Tausenderpunkten

Voraussetzung für eine Veränderung des Darstellungsformates ist jedoch, daß die betreffenden Felder auf Festkommadarstellung eingestellt wurden. Nach Ausführung des Befehls FORMAT OPTIONEN müßten also noch die hierfür gültigen Feldbereiche festgelegt werden. Im Beispielfall sollen die DM-Beträge mit zwei Nachkommastellen ausgewiesen werden. Zu wählen ist hierfür der Befehl FORMAT FELDER, wobei als Formatcode Festkommadarstellung (Variante "Fest") sowie die Anzahl der Dezimalstellen (Befehlsfeld Dez_Stellen:2) anzugeben sind.

Wird der letzte Teilschritt zur Angabe von Nachkommastellen für die Zeilen 9 sowie 12 - 19 wiederholt, dann ergibt sich die in Bildschirmausdruck 4-6 dargestellte Tabelle.

```
 ▄1               1                 2            3            4
 1 Angebotsvergleich für maximal drei Lieferanten
 2
 3 Name des Lieferanten           Müller       Meiler      Schulze
 4 ============================================================
 5
 6 Listeneinkaufspreis (in DM)   4.500,00     4.000,00     4.200,00
 7 Liefererrabatt (in %)               25           30           20
 8 ────────────────────────────────────────────────────────────
 9 Zieleinkaufspreis (in DM)     3.375,00     2.800,00     3.360,00
10 Liefererskonto (in %)                2            3            5
11 ────────────────────────────────────────────────────────────
12 Bareinkaufspreis (in DM)      3.307,50     2.716,00     3.192,00
13 Bezugskosten (in DM)            420,00       350,00       320,00
14 ────────────────────────────────────────────────────────────
15 Bezugspreis (in DM)           3.727,50     3.066,00     3.512,00
16 ============================================================
17
18
19 Günstigster Bezugspreis:      3.066,00
20                            ================
BEFEHL: Text Ausschnitt Bewegen Druck Einfügen Format Gehezu Hilfe Kopie Löschen
   Name Ordnen Pfad Quitt Radieren Schutz Übertragen Verändern Wert Xtern Zusätze
Wählen Sie bitte eine Option oder geben Sie deren Anfangsbuchstaben ein!
Z12S2      Z(-3)S-(Z(-2)S*Z(-3)S%)       100% frei      Multiplan: ANGEBOT1.MP
```

Bildschirmausdruck 4-6

Speichern Sie diese Tabelle auf Ihrer Arbeitsdiskette unter dem Dateinamen "Angebot2.MP".

4.5 Felder mit Namen belegen

Eine wesentliche Unterstützung bei der Datenerfassung kann die Vergabe von Namen sein. Statt wenig aussagekräftiger Koordinatenangaben lassen sich Formeln unter Einbeziehung der vergebenen Namen aufbauen. Dies erleichtert den Verweis auf bestimmte Felder oder Feldbereiche. Darüber hinaus ermöglicht die Vergabe eines Namens eine einfache Verbindung mit anderen Tabellen und die Übergabe der Zahlenwerte an Graphikprogramme.

Einen Überblick über die generelle Vorgehensweise zur Namensvergabe gibt das Beispiel, das in Abbildung 4-5 dargestellt ist.

Felder mit Namen belegen

	1	2	3	4	
1					
2		Januar	Februar	März	
3					
4	Erlös	60000	80000	75000	Name "Erlös"
5	- Kosten	45000	50000	47000	Name "Kosten"
6					
7	Gewinn				

Formel: Erlös-Kosten
(statt Z4 S - Z5 S)

Reihenfolge der Bearbeitung	Tastenfolge
1. Feld ansteuern	
2. Befehl NAME wählen	N
3. Namen eingeben	Erlös
4. Bereich angeben	Z4S2:Z4S4
5. Befehl ausführen	

Abb. 4-5: Felder mit Namen belegen

Beachten Sie folgende **Regeln bei der Namensvergabe:**

a) Namen müssen mit einem Buchstaben beginnen;
b) Es dürfen nur zusammenhängende Wörter benutzt werden (keine Leerstellen und keine Bindestriche; neben Buchstaben sind Ziffern, Punkte oder Unterstreichungsstriche als weitere Zeichen möglich).
c) Ein Name kann maximal 31 Zeichen umfassen.

Das Arbeiten mit Namensfeldern sollen Sie nun anhand der Musteraufgabe selbst testen. Laden Sie deshalb bitte zunächst die Tabelle "Angebot1.MP". Für die Zeilen 6, 7, 9, 10, 12, 13 und 15 sind dann für die Spalten 2 - 4 jeweils die folgenden Namen festzulegen:

Zeile 6: Listenpreis   Zeile 12: Barpreis
Zeile 7: Rabattsatz   Zeile 13: Bezugskosten
Zeile 9: Zielpreis   Zeile 15: Bezugspreis
Zeile 10: Skontosatz

Um für die Zeile 6 einen Namen zu vergeben, ist wie folgt vorzugehen:

- Ansteuern des Feldes Z6S2
- Wahl des Befehls NAME
- Eingabe des gewünschten Namens: Listenpreis
- Angabe des Bereiches, für den der Name gelten soll (hier Z6S2:Z6S4); erzeugt wird diese Bereichsangabe sinnvollerweise durch Eingabe eines Doppelpunktes und Ansteuern des Feldes Z6S4 mit der Richtungstaste.

Einen Überblick darüber, wie im Beispiel die Befehlsfelder zur Namenskennzeichnung auszufüllen sind, zeigt Bildschirmausdruck 4-7.

```
■1              1              2              3              4
    1 Angebotsvergleich für maximal drei Lieferanten
    2
    3 Name des Lieferanten            Müller       Meiler      Schulze
    4 ================================================================
    5
    6 Listeneinkaufspreis (in DM)      4500         4000         4200
    7 Liefererrabatt (in %)              25           30           20
    8 ─────────────────────────────────────────────────────────────
    9 Zieleinkaufspreis (in DM)
   10 Liefererskonto (in %)               2            3            5
   11 ─────────────────────────────────────────────────────────────
   12 Bareinkaufspreis (in DM)
   13 Bezugskosten (in DM)              420          350          320
   14 ─────────────────────────────────────────────────────────────
   15 Bezugspreis (in DM)
   16 ================================================================
   17
   18
   19 Günstigster Bezugspreis:
   20                            ================
NAME: Namen eingeben: Listenpreis        Bereich: Z6S2:Z6S4
              Makro: Ja(Nein)      Tastenschlüssel:
      Geben Sie bitte die Position eines Felds oder Tabellenbereichs ein!
      Z6S4      4200                   100% frei    Multiplan: ANGEBOT1.MP
```

Bildschirmausdruck 4-7

Nachdem die Befehlsfelder in dieser Weise ausgefüllt sind, kann die Befehlsausführung mit <RETURN> vorgenommen werden. Dann erfolgt eine unmittelbare Rückkehr in den ursprünglichen Arbeitsmodus.

Sind sämtliche Namen in der oben beschriebenen Weise vergeben, können die Formeln unter Berücksichtigung der Namensvergabe aufgebaut werden. Für die Ermittlung des Zieleinkaufspreises in Zeile 9 ist beispielsweise folgende Formel zu erfassen:

Listenpreis-(Rabattsatz*Listenpreis/100).

Diese Formel kann auch für die Spalten 3 und 4 übernommen werden und deshalb mit dem Befehl KOPIE RECHTS zweimal nach rechts kopiert werden. Analog sind die Formeln in den übrigen Zeilen aufzubauen. Einen Überblick über die übrigen Formeln gibt Bildschirmausdruck 4-8.

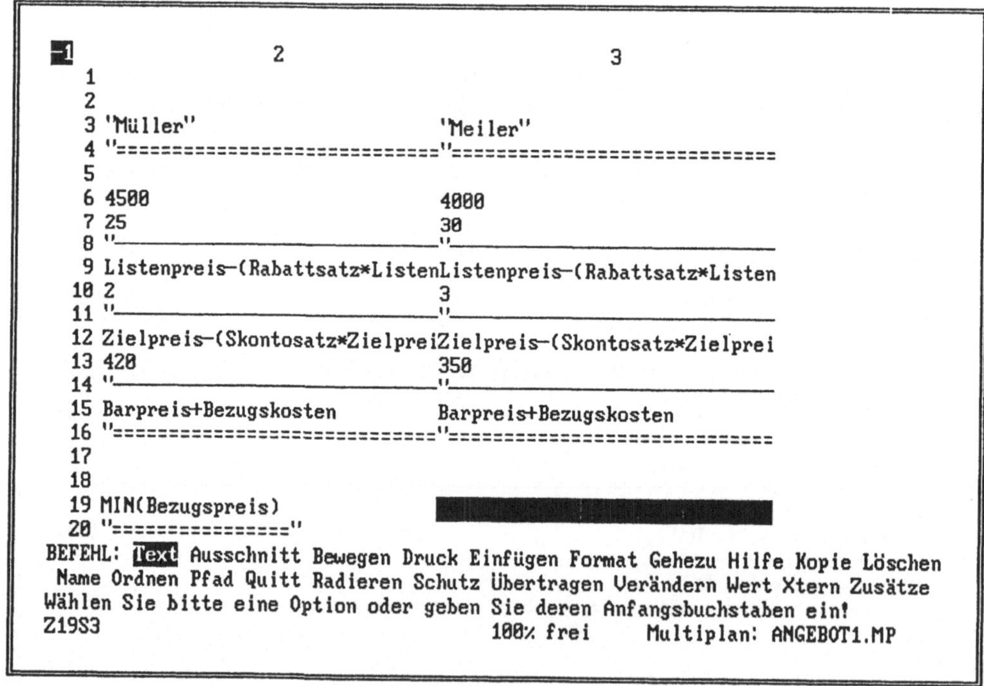

Bildschirmausdruck 4-8

Nach Fertigstellung ist die Tabelle unter dem Dateinamen "Angebot3.MP" zu speichern.

4.6 Felder schützen

Das Überschreiben von Feldern ruft Fehler hervor, die bei Tabellenkalkulationsanwendungen schnell passieren können. Insbesondere Formeln
werden nicht selten mit einer Zahl überschrieben, ein Fehler, der oft nur
schwer zu beheben ist. Um ein Arbeitsblatt gegen Überschreiben zu
schützen, kann der Befehl SCHUTZ verwendet werden. Dabei sind zwei
Varianten denkbar.

a) Besteht das Ziel darin, bestimmte Felder gegen Überschreiben zu
   schützen, dann ist der allgemeine Befehl SCHUTZ FELDER zu wählen. Die Vorgehensweise zeigt die Abbildung 4-6.

Globales Schützen von Feldern	
Reihenfolge der Bearbeitung	Tastenfolge
1. Befehl SCHUTZ FELDER wählen	S F
2. Feldbereich festlegen	Z5:8S7
3. Status "Geschützt" festlegen	Leertaste
4. Befehl ausführen	

Abb. 4-6: Globales Schützen von Feldern.

b) Sollen Rechenformeln geschützt werden, ist der Befehl SCHUTZ
   RECHENFORMELN zu wählen (Eingabe der Tastenfolge <S> und
   <R>). Auf diese Weise können pauschal alle Felder geschützt werden,
   die Formeln beinhalten. Felder mit eingegebenen Zahlenwerten bleiben dagegen ungeschützt. Nach Auslösen des Befehls ist eine ausdrückliche Bestätigung erforderlich (<J> eingeben). EIn globales Auf-
   heben des Schutzes ist nicht möglich (nur für einzelne Felder über
   den Befehl SCHUTZ FELDER).

4.7 Vertiefende Übungsaufgaben zum Abschnitt 4

4.7.1 Übungsaufgabe „Liquiditätsrechnung"

Richten Sie eine Multiplan-Tabelle ein, mit deren Hilfe eine Liquiditätsrechnung erfolgen kann. Ergebnis soll folgende Tabelle sein:

```
Liquiditätsrechnung der Firma Fritz Brause OHG (Datum: 31.08.86)
                                      Werte in: TDM
                        SOLL            IST  ABWEICHUNG
========================================================
Warenverbindlichkeiten    20             16        -4
Wechselverbindlichkeiten   6              6         0
Bankverbindlichkeiten     30             29        -1
sonst. kurzfr. Verbindlichk. 20          24         4
........................................................
Sum. kurzfr. Verbindl.    76             75        -1
Kasse, Bank, Postscheck   14             16         2
Schecks, Wertpapiere, Wechsel 60         64         4
........................................................
Barliquidität (10 : 12)  150            155         5
========================================================
Unter/Überdeckung (Z10 - Z14) -74       -80        -6
Forderungen aus Warenverkäufen 50        54         4
Kundenzahlungen           18             18         0
sonst. kurzfr. Forderungen  0             0         0
........................................................
Einzugsbedingte Liquidität 68            72         4
========================================================
Unter/Überdeckung Einzugsbed. 142       152        10
verfügbarer Dispokredit   20             24         4
========================================================
Unter/Überdeckung        122            128         6
```

Im einzelnen sind folgende Teilschritte zu beachten:

a) Um die Überschrift über mehrere Spalten schreiben zu können, sind die beiden ersten beiden Zeilen spaltenübergreifend zu formatieren.
b) Um den Text in der 1. Spalte der Tabelle vollständig darstellen zu können, ist die Spaltenbreite auf 30 zu erhöhen.
c) Die Spaltenbreite der übrigen Spalten sollte auf 15 gesetzt werden.

d) Erstellen Sie einen fehlerfreien Ausdruck der Tabelle insgesamt sowie mit Formeldarstellung (Hinweis: eine Formeleingabe ist notwendig in den Bereichen Z10S2:3; Z14S2:3; Z16S2:3; Z21S2:3; Z23S2:3; Z26S2:3 sowie in der Spalte 4).

e) Speichern Sie die Tabelle auf Ihrer Arbeitsdiskette mit dem Namen "Liquidi.MP".

4.7.2 Übungsaufgabe „Ergebnisrechnung"

Richten Sie eine Multiplan-Tabelle zur Ergebnisrechnung ein:

**Ergebnisrechnung der BASF-Gruppe
für die Zeit vom 1. Januar bis 31. Dezember 1985**

	1985 TDM	1984 TDM
Umsatz	44 376 880	40 399 591
Kosten der umgesetzten Leistung	35 751 929	32 234 936
Bruttoergebnis	8 624 951	8 164 655
Verwaltungs-, Vertriebs- und sonstige Kosten	5 553 129	5 180 475
Ergebnis aus Betriebstätigkeit	3 071 822	2 984 180
Andere Aufwendungen und Erträge		
Erträge (Aufwendungen) aus nicht konsolidierten Gruppengesellschaften	141 440	65 688
Erträge (Aufwendungen) aus anderen Beteiligungen	45 569	50 395
Zinserträge	430 349	393 707
Zinsaufwendungen	494 940	474 066
Abschreibungen auf Finanzanlagen	155 785	65 073
Währungsergebnis	311 105	−426 084
Sonstige Aufwendungen (Erträge)	309 901	8 617
Summe	−32 163	−464 050
Ergebnis vor Ertragsteuern und Anteilen Dritter	3 039 659	2 520 130
Ertragsteuern	2 031 095	1 606 744
Ergebnis nach Steuern	1 008 564	913 386
Anteile Dritter am Ergebnis	11 044	17 992
Ergebnis nach Steuern und Anteilen Dritter	997 520	895 394

Es sind folgende Teilschritte zu beachten:

a) Um die Überschrift über mehrere Spalten schreiben zu können, sind die ersten zwei Zeilen spaltenübergreifend zu formatieren.

b) Um den Text in der 1. Spalte der Tabelle vollständig darstellen zu können, ist die Spaltenbreite auf 60 (max. sind in Version 3.0 von Multiplan 64 Zeichen möglich) zu erhöhen. Nehmen Sie selbständig eine Abkürzung der Textinformationen vor, sofern der zur Verfügung stehende Platz dennoch nicht ausreicht.

c) Die Spaltenbreite der übrigen Spalten sollte auf 15 gesetzt werden.

d) Stellen Sie die Zahlenwerte der Spalten 2 und 3 mit Tausenderpunkten dar.

e) Erstellen Sie einen fehlerfreien Ausdruck der Tabelle insgesamt sowie mit Formeldarstellung.

f) Speichern Sie die Tabelle auf Ihrer Arbeitsdiskette mit dem Namen "Ergebnis.MP".

5 Überarbeiten von Tabellen

Verschiedene Anlässe machen ein Überarbeiten von bereits erstellten Tabellen erforderlich. Dabei können z. B. anfallen:

a) das *Einfügen* von Zeilen oder Spalten;
b) das *Löschen* von Zeilen oder Spalten;
c) das *Verschieben* von Zeilen oder Spalten;
d) das nachträgliche *Sortieren* von Zeilen oder Spalten.

Mit zwei Musteraufgaben soll exemplarisch auf besondere Möglichkeiten zur Überarbeitung einer Tabelle eingegangen werden.

Musteraufgabe 3: Umsatzanalyse-Gestaltung

Lernziele:

■ Einfügen von Zeilen und Spalten
■ Absolute/relative Feldadressierung
■ Formatieren von Feldern

Erweitern Sie die in der Musteraufgabe 1 entwickelte Multiplan-Tabelle in der Weise, daß den Soll-Werten des Umsatzes die Ist-Werte gegenübergestellt werden. Anschließend ist in einer gesonderten Spalte die Soll-Ist-Abweichung auszuweisen.

Die Ergebnisausgabe soll folgende Form haben:

```
         Soll-Werte                Ist-Werte                Soll/Ist
Jahr     DM-Umsatz    Anteil       DM-Umsatz    Anteil      Abweich.
         in 1000      in %         in 1000      in %
-----------------------------------------------------------------------
Januar      150        4,2            132         3,9          -18
Februar     212        6,0            260         7,6           48
März        222        6,2            322         9,4          100
April       318        8,9            312         9,2           -6
Mai         344        9,7            322         9,4          -22
Juni        551       15,5            457        13,4          -94
Juli        180        5,1            234         6,9           54
August      166        4,7            239         7,0           73
September   300        8,4            234         6,9          -66
Oktober     345        9,7            317         9,3          -28
November    433       12,2            345        10,1          -88
Dezember    335        9,4            234         6,9         -101
-----------------------------------------------------------------------
Summe      3556                      3408
Maximum     551                       457
Minimum     150                       132
```

5.1 Einfügen von Zeilen und Spalten

Eine nachträgliche Überarbeitung kann ergeben, daß in einer Tabelle
noch eine bestimmte Anzahl von Zeilen und/oder Spalten eingefügt werden muß. Auf diese Weise kann im nachhinein für zusätzliche Informationen in einer Tabelle Platz geschaffen werden. Die Abbildung 5-1
zeigt, wie in einer Tabelle im nachhinein jeweils vier Leerzeilen eingefügt worden sind.

Zur Lösung der Musteraufgabe muß zunächst mit dem Befehl ÜBER-
TRAGEN LADEN die bereits vorhandene Tabelle "Umsatz.MP" in den
Hauptspeicher transferiert werden.

	1	2	3	4
10	Datum	Kostenart	Betrag	Gezahlt an:
11	1.1.84	Gemeinkosten	1.000 DM	Isar Immobilien
12	5.1.84	Gemeinkosten	440 DM	Stadt München
13	6.1.84	Materialkosten	16.000 DM	Süd-Großmarkt
14	5.1.84	Lohnkosten	1.000 DM	Christoph Heck
15	5.1.84	Lohnkosten	1.270 DM	Susanne Brandt
16	5.1.84	Lohnkosten	2.000 DM	Erwin Schneider
17	15.1.84	Gemeinkosten	5.000 DM	Büro Meyer
18	15.1.84	Lohnkosten	1.000 DM	Christoph Heck
19	15.1.84	Lohnkosten	2.000 DM	Erwin Schneider

eingefügte Leerzeilen

	1	2	3	4
10	Datum	Kostenart	Betrag	Gezahlt an:
11	1.1.84	Gemeinkosten	1.000 DM	Isar Immobilien
12	5.1.84	Gemeinkosten	440 DM	Stadt München
13				
14	6.1.84	Materialkosten	16.000 DM	Süd-Großmarkt
15				
16	5.1.84	Lohnkosten	1.000 DM	Christoph Heck
17	5.1.84	Lohnkosten	1.270 DM	Susanne Brandt
18	5.1.84	Lohnkosten	2.000 DM	Erwin Schneider
19				
20	15.1.84	Gemeinkosten	5.000 DM	Büro Meyer
21				
22	15.1.84	Lohnkosten	1.000 DM	Christoph Heck
23	15.1.84	Lohnkosten	2.000 DM	Erwin Schneider

Abb. 5-1: Einfügen von Zeilen und Spalten

a) Einfügen von Zeilen

Um geeignete Überschriften aufnehmen zu können, soll am Beginn der Tabelle eine Leerzeile eingefügt werden. Dazu ist es notwendig, den Feldzeiger zuerst auf die Einfügestelle zu positionieren (Zeile 1, Spalte 1). Anschließend sind der Befehl EINFÜGEN ZEILE zu wählen (Eingabe <E> und <Z>) und – soweit notwendig – die gewünschten Daten einzugeben (Zeilenanzahl: 1; vor Zeile: 1; von Spalte: 1; bis Spalte: 255).

Einen Überblick über die generelle Vorgehensweise beim Einfügen von Zeilen gibt Ihnen die Checkliste, die in Abbildung 5-2 zu sehen ist.

Ablauf beim Einfügen von Zeilen

Reihenfolge der Bearbeitung	Tastenfolge
1. Einfügestelle ansteuern	→ ↓
2. Befehl EINFÜGEN ZEILE wählen	E Z
3. Zeilenanzahl eingeben	1
4. Positionierung der Einfügung angeben	⏎ …
5. Befehl ausführen	⏎

Abb. 5-2: Ablauf beim Einfügen von Zeilen

b) Einfügen von Spalten

Das Einfügen von Spalten erfolgt analog dem Vorgehen beim Einfügen von Zeilen. Wählen Sie zu Orientierungszwecken einmal den Befehl EINFÜGEN SPALTE, und schauen Sie sich die drei erscheinenden Befehlsfelder genauer an. Mit der Taste <ESC> gelangen Sie wieder in das Hauptmenü zurück.

c) Ergänzung der Tabelle

Die bisherige Tabelle kann jetzt ergänzt werden. Im einzelnen sind

- Textinformationen in den Feldern Z1S2, Z1S5, Z2:3S5:6 und Z1:2S7 einzutragen (Hinweis: Das Feld Z1S7 sollte rechtsbündig formatiert werden);
- Ist-Umsatzwerte in Spalte S5 einzutragen.

Das Ergebnis des Einfügens von Zeilen und der Tabellenergänzung zeigt Bildschirmausdruck 5-1.

```
       1           2           3         4         5          6          7
  1                Soll-Werte                      Ist-Werte             Soll/Ist
  2 Jahr           DM-Umsatz   Anteil              DM-Umsatz   Anteil   Abweich.
  3                in 1000       in %              in 1000       in %
  4
  5 Januar             150       4,2                    132
  6 Februar            212       6,0                    260
  7 März               222       6,2                    322
  8 April              318       8,9                    312
  9 Mai                344       9,7                    322
 10 Juni               551      15,5                    457
 11 Juli               180       5,1                    234
 12 August             166       4,7                    239
 13 September          300       8,4                    234
 14 Oktober            345       9,7                    317
 15 November           433      12,2                    345
 16 Dezember           335       9,4                    234
 17                                             ██████████████
 18 Summe             3556
 19 Maximum            551
 20 Minimum            150
BEFEHL: Text Ausschnitt Bewegen Druck Einfügen Format Gehezu Hilfe Kopie Löschen
    Name Ordnen Pfad Quitt Radieren Schutz Übertragen Verändern Wert Xtern Zusätze
Wählen Sie bitte eine Option oder geben Sie deren Anfangsbuchstaben ein!
Z17S5                             100% frei       Multiplan: UMSATZ.MP
```

Bildschirmausdruck 5-1

5.2 Varianten der Feldadressierung

5.2.1 Absolute Feldadressierung

Um die Soll-/Ist-Abweichung in Spalte 7 ausweisen zu können, muß das jeweilige Ergebnisfeld die zutreffende Formel enthalten (hier als Differenz von Ist- und Soll-Umsatz). Für das Feld Z5S7 kann z. B. folgende Formel eingegeben werden:
Z5S5-Z5S2.

Beim Aufbau der Formel sind die Felder der Tabelle durch *genaue Angabe der Zeilen- und Spaltennummer* gekennzeichnet (man spricht in diesem Fall von *absoluter Feldadressierung*).

Im Anwendungsbeispiel ist für die Ermittlung der Soll-/Ist-Abweichung im Prinzip immer wieder die gleiche Formel zu verwenden. Sollen Formeln allerdings mehrfach an verschiedenen Stellen einer Tabelle Verwendung finden, dann ist die absolute Feldadressierung meist wenig geeignet, um ein problemloses Kopieren zu ermöglichen.

5.2.2 Relative Feldadressierung

Ist der grundsätzliche Formelaufbau für verschiedene Stellen einer Tabelle identisch, dann empfiehlt sich ein Kopieren der Formel. Voraussetzung hierfür ist eine *relative Feldadressierung* der Felder, die jeweils variabel durchlaufen werden.

Eine Möglichkeit der relativen Feldadressierung besteht darin, nach Aufruf der Formeleingabe das jeweilige Feld mit der Richtungstaste anzusteuern, das zu einer bestimmten Berechnung herangezogen werden soll. In der Musteraufgabe kann z. B. beim Formelaufbau in Feld Z5S6 der jeweilige Monatsumsatz relativ adressiert werden; der Jahresumsatz muß dagegen absolut adressiert werden, da in allen Fällen auf genau diese Größe zugegriffen werden muß. Es ergibt sich folgender Formelaufbau, der dann nach unten kopiert werden kann:
100*ZS(-1)/Z18S5

Eine weitere Möglichkeit der relativen Feldadressierung ist der Verzicht auf die Eingabe der jeweiligen Spalten- und/oder Zeilennummer. *Beispiel:* Für verschiedene Spalten ist jeweils in der Zeile 12 die Summe der Zeilen 5 bis 10 anzugeben. Die Formel kann dann folgendes Aussehen haben: SUMME (Z5:10 S).

In ähnlicher Form können die Auswertungsformeln (Summe, Max, Min) für die Felder Z18S2, Z19S2 und Z20S2 aufgebaut werden. Danach besteht dann die Möglichkeit, diese Formeln in die Spalte 5 zu kopieren (vgl. Bildschirmausdruck 5-2).

```
 ▉1        1        2        3        4        5        6        7
 1                  Soll-Werte                          Ist-Werte              Soll/Ist
 2 Jahr             DM-Umsatz   Anteil                   DM-Umsatz    Anteil   Abweich.
 3                  in 1000     in %                     in 1000      in %
 4
 5 Januar              150      4,2                          132
 6 Februar             212      6,0                          260
 7 März                222      6,2                          322
 8 April               318      8,9                          312
 9 Mai                 344      9,7                          322
10 Juni                551     15,5                          457
11 Juli                180      5,1                          234
12 August              166      4,7                          239
13 September           300      8,4                          234
14 Oktober             345      9,7                          317
15 November            433     12,2                          345
16 Dezember            335      9,4                          234
17
18 Summe             3556
19 Maximum            551
20 Minimum            150
KOPIE VON Feld: Z18S2:Z20S2        in Feld: Z18S5:Z20S5

Geben Sie bitte eine Positions- oder Bereichsangabe ein!
Z20S5                                  100% frei      Multiplan: UMSATZ.MP
```

Bildschirmausdruck 5-2

Folgende Regeln sind bei dieser Vorgehensweise der *relativen Feldadressierung* zu beachten:

- Zwischen Zeilen- und Spaltenkennzeichnung ist unbedingt ein Zwischenraum zu bilden, wenn eine Feldkoordinate absolut (z. B. Z5 oder S3:4) und die andere relativ (z. B. S oder Z) angegeben wird. Beispiele: Z5 S bzw. Z S3:4.
- Werden beide Feldkoordinaten absolut (z. B. Z5S8) oder beide relativ angegeben (z. B. ZS), dann wird kein Zwischenraum gebildet.

Einen Überblick über die Regeln und Varianten der Feldadressierung gibt die Zusammenstellung in Abbildung 5-3.

I. Absolute Positionsangabe

die Angabe der Position erfolgt durch genaue Angabe
der Zeilen- bzw. Spaltennummer

Alternativen	Bedeutung	Beispiel
ZnSm	kennzeichnet ein einzelnes Feld	Z3S4
Zn	kennzeichnet eine einzelne Zeile	Z7
Sn	kennzeichnet eine einzelne Spalte	S4
Zn:m	bezeichnet mehrere Zeilen (z. B. von 7 bis 10)	Z7:10
Sn:m	bezeichnet mehrere Spalten (z. B. von 9 bis 15)	S9:15
Zn:mS	bezeichnet die Zeilen n bis m in der Spalte n (z. B. Zeilen 7 bis 10 in der Spalte 8)	Z7:10S8

II. Relative Positionsangabe

a)

Z(-n)	n Zeilen über dem aktiven Feld	Z(-3)
Z(+n)	n Zeilen unter dem aktiven Feld	Z(+2)
ZS(-n)	n Felder links vom aktiven Feld	ZS(-8)
ZS(+n)	n Felder rechts vom aktiven Feld	ZS(+5)

b)

Z4 S	zwischen Zeilen- und Spaltenkennzeichnung muß ein Zwischenraum gebildet werden, wenn eine Feldkoordinate absolut (z. B. Z4 oder S5) und die andere relativ angegeben wird
Z S5	
ZS	werden beide Feldkoordinaten relativ angegeben, dann wird kein Zwischenraum gebildet

Abb. 5-3: Absolute versus relative Positionsangabe

Der Formelaufbau für die Spalten 4 - 6 ist in Bildschirmausdruck 5-3
dargestellt.

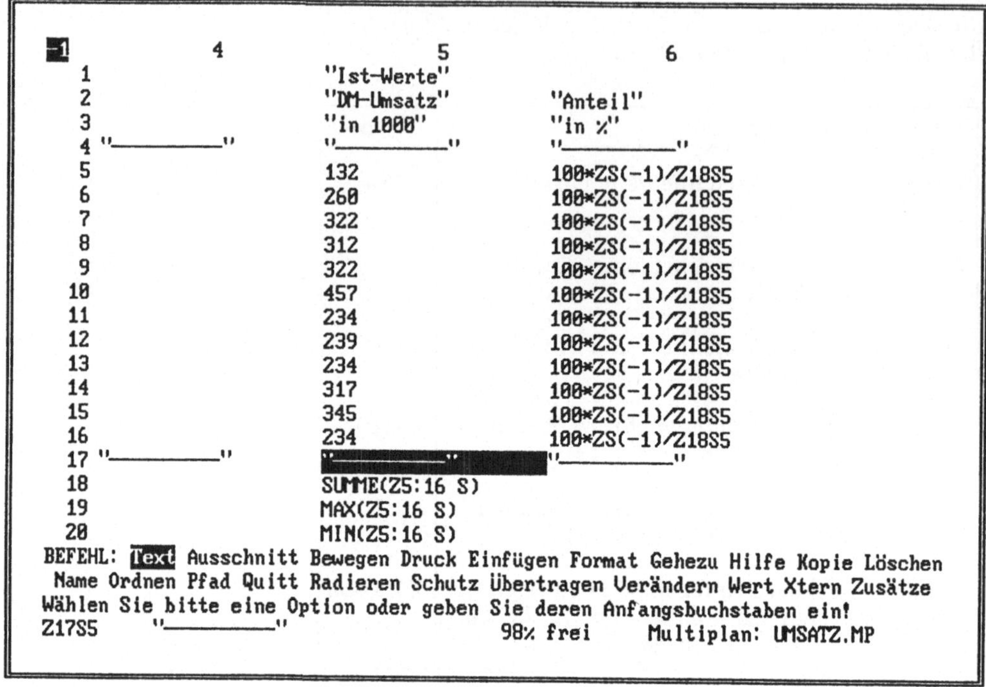

Bildschirmausdruck 5-3

Für die Spalte 7 kann die Formel in Feld Z5S7 bei relativer Feldadressierung wie folgt aussehen:

a) Z S5-Z S2 oder
b) ZS(-2)-ZS(-5).

In beiden Fällen kann die Formel nun 11 mal nach unten kopiert werden.
Ergebnis ist nach der Befehlsausführung die Tabelle in Bildschirmausdruck 5-4.

Abschließend ist die Tabelle unter dem Dateinamen "Umsatz2.MP" zu
speichern.

```
 1         1          2          3         4         5          6          7
 1                   Soll-Werte                      Ist-Werte            Soll/Ist
 2 Jahr              DM-Umsatz   Anteil              DM-Umsatz   Anteil    Abweich.
 3                   in 1000     in %                in 1000     in %
 4 ─────────────────────────────────────────────────────────────────────────────
 5 Januar              150        4,2                 132         3,9        -18
 6 Februar             212        6,0                 260         7,6         48
 7 März                222        6,2                 322         9,4        100
 8 April               318        8,9                 312         9,2         -6
 9 Mai                 344        9,7                 322         9,4        -22
10 Juni                551       15,5                 457        13,4        -94
11 Juli                180        5,1                 234         6,9         54
12 August              166        4,7                 239         7,0         73
13 September           300        8,4                 234         6,9        -66
14 Oktober             345        9,7                 317         9,3        -28
15 November            433       12,2                 345        10,1        -88
16 Dezember            335        9,4                 234         6,9       -101
17 ─────────────────────────────────────────────────────────────────────────────
18 Summe              3556                           3408
19 Maximum             551                            457
20 Minimum             150                            132
BEFEHL: Text Ausschnitt Bewegen Druck Einfügen Format Gehezu Hilfe Kopie Löschen
    Name Ordnen Pfad Quitt Radieren Schutz Übertragen Verändern Wert Xtern Zusätze
    Wählen Sie bitte eine Option oder geben Sie deren Anfangsbuchstaben ein!
    Z5S7      ZS(-2)-ZS(-5)                  98% frei       Multiplan: UMSATZ.MP
```

Bildschirmausdruck 5-4

5.3 Variation von Tabellen

Ein wesentlicher Vorteil des Arbeitens mit Tabellenkalkulationsprogrammen besteht darin, daß Änderungen einfach vorgenommen werden können. Darüber hinaus lassen sich auch schnell gezielte Auswertungen dadurch vornehmen, daß nach bestimmten Kriterien sortiert werden kann.

Anhand der folgenden Muster-Aufgabe sollen Sie nun kennenlernen, wie mit Multiplan
- Zeilen und Spalten innerhalb einer Tabelle bewegt und an eine andere Stelle in der Tabelle positioniert werden können;
- Spalten alphabetisch und numerisch sortiert werden können.

Musteraufgabe 4: Vertreter-Auswertung

Lernziele:

- Bewegen von Zeilen und Spalten
- alphabetisches Ordnen von Spalten
- numerisches Ordnen von Spalten

Laden Sie die auf Ihrer Arbeitsdiskette befindliche Tabelle "VER-UMS.MP" (Hinweis: Sofern Sie nicht über die zu diesem Buch erhältliche Arbeitsdiskette verfügen, müssen Sie die folgende Tabelle zunächst erfassen).

Name	Umsatz in DM	Umsatz in %	Graphik
Meier	1000,00	6,75	*
Müller	4000,00	27,01	****
Schulze	4060,00	27,41	****
Lehmann	3450,00	23,29	***
Geiger	301,20	2,03	
Kluge	2000,00	13,50	**
Summe	14811,20	100,00	

Anschließend soll die Tabelle zum einen alphabetisch, zum anderen nach der Umsatzhöhe (beginnend mit dem höchsten Umsatzwert) geordnet werden. Ergebnis sollen die folgenden beiden Tabellen sein:

Name	Umsatz in DM	Umsatz in %	Graphik
Geiger	301,20	2,03	
Kluge	2000,00	13,50	**
Lehmann	3450,00	23,29	***
Meier	1000,00	6,75	*
Müller	4000,00	27,01	****
Schulze	4060,00	27,41	****
Summe	14811,20	100,00	

Name	Umsatz in DM	Umsatz in %	Graphik
Schulze	4060,00	27,41	****
Müller	4000,00	27,01	****
Lehmann	3450,00	23,29	***
Kluge	2000,00	13,50	**
Meier	1000,00	6,75	*
Geiger	301,20	2,03	
Summe	14811,20	100,00	

5.3.1 Verschieben von Zeilen und Spalten

Eine Lösungsmöglichkeit für die vorgegebene Aufgabenstellung kann nun darin bestehen, die Zeilen über einen entsprechenden Befehl so zu verschieben, daß sich die in der Lösung dargestellte Reihenfolge ergibt. Dies läßt sich beispielsweise mit dem Befehl BEWEGEN realisieren.

Sowohl Zeilen als auch Spalten können mit dem Befehl BEWEGEN an eine andere Stelle innerhalb einer Tabelle positioniert werden. Die Anlässe und Varianten für das Verschieben von Zeilen bzw. Spalten veranschaulicht im Überblick Abbildung 5-4.

> Bewegen von Feldinhalten: Anlässe und Varianten

I. Anlässe
- Korrektur von Erfassungsfehlern
- Realisierung neuer Gestaltungsüberlegungen

II. Varianten

1) Bewegen von Zeilen einer Tabelle

2) Bewegen von Spalten einer Tabelle

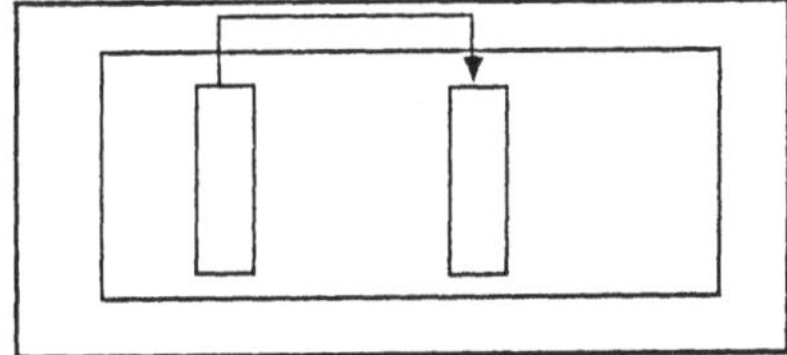

Abb. 5-4: Bewegen von Feldinhalten: Anlässe und Varianten

Das Verschieben einer Zeile an eine andere Position sollen Sie anhand der Musteraufgabe testen. Für eine alphabetische Ordnung muß z. B. die Zeile 8 (Geiger.....) auf die 4. Zeile positioniert werden. Das Vorgehen für diesen Fall zeigt die Checkliste, die Sie in Abbildung 5-5 sehen können.

Reihenfolge der Bearbeitung	Tastenfolge
1. Ansteuerung des Ausgangsfeldes	
2. Wahl des Befehls BEWEGEN ZEILEN	
3. Angabe der neuen Zeilenposition	
4. Ausführung des Befehls	

Abb. 5-5: Bewegen von Feldinhalten: Vorgehensweise

Nach Auslösung des Befehls im Teilschritt 2 erscheinen drei Befehlsfelder, in die Angaben für die konkrete Realisierung der Umpositionierung gemacht werden können (vgl. Bildschirmausdruck 5-5).

```
       1          2         3      4      5           6         7         8
  1                Umsatz     Umsatz         Graphik
  2 Name           in DM      in %
  3 ─────────────────────────────────────────────
  4 Meier          1000,00      6,75     *
  5 Müller         4000,00     27,01     ****
  6 Schulze        4060,00     27,41     ****
  7 Lehmann        3450,00     23,29     ***
  8 Geiger          301,20      2,03
  9 Kluge          2000,00     13,50     **
 10 ─────────────────────────────────────────────
 11 Summe         14811,20    100,00
 12
 13
 14
 15
 16
 17
 18
 19
 20
BEWEGEN ZEILEN von Zeile: 8    bis vor Zeile: 4    Zeilenanzahl: 1

Bitte eine Zahl eingeben!
Z8S1      "Geiger"                   100% frei     Multiplan: VERUMS.MP
```

Bildschirmausdruck 5-5

Im einzelnen gelten für Eintragungen in diese Felder folgende Regeln:
- In dem Befehlsfeld "von Zeile:" ist das Ausgangsfeld anzugeben. Wenn
  dieses zuvor mit dem Feldzeiger angesteuert wurde, kann hier eine
  Eingabe entfallen.
- In dem Befehlsfeld "bis vor Zeile:" ist die Zeilennummer der neuen
  Zeilenposition anzugeben.
- Durch eine Zifferneingabe im Befehlsfeld "Zeilenanzahl:" können
  mehrere zusammengehörende Zeilen gleichzeitig bewegt werden.

Das Ergebnis nach der Befehlsausführung zeigt der Bildschirmausdruck
5-6.

```
        1           2        3      4      5        6        7        8
   1                Umsatz   Umsatz        Graphik
   2  Name          in DM    in %
   3  ─────────────────────────────────────────────
   4  Geiger         301,20    2,03
   5  Meier         1000,00    6,75        *
   6  Müller        4000,00   27,01        ****
   7  Schulze       4060,00   27,41        ****
   8  Lehmann       3450,00   23,29        ***
   9  Kluge         2000,00   13,50        **
  10  ─────────────────────────────────────────────
  11  Summe        14811,20  100,00
  12
  13
  14
  15
  16
  17
  18
  19
  20
BEFEHL: Text Ausschnitt Bewegen Druck Einfügen Format Gehezu Hilfe Kopie Löschen
   Name Ordnen Pfad Quitt Radieren Schutz Übertragen Verändern Wert Xtern Zusätze
Wählen Sie bitte eine Option oder geben Sie deren Anfangsbuchstaben ein!
Z8S1       "Lehmann"                 100% frei     Multiplan: VERUMS.MP
```

Bildschirmausdruck 5-6

5.3.2 Sortieren von Feldbereichen

Im vorherigen Abschnitt wurde beispielhaft gezeigt, wie Zeilen in einer
Tabelle verschoben werden können. Ein Sortieren von Spalten wäre bei
einer großen Tabelle auf diese Weise allerdings höchst umständlich. Multiplan verfügt deshalb über einen gesonderten Befehl zum spaltenweisen
Ordnen von Feldinhalten.

Das Ordnen einer Tabelle ist allerdings nur dann möglich, wenn alle Felder absolut adressiert oder die Felder mit Namen belegt wurden. Im folgenden sollte für die Spalte 2 der Name "Umsatz" vergeben werden. Dann ist wie folgt vorzugehen: Nach Ansteuern eines Ausgangsfeldes in Spalte 2 ist zunächst der Befehl NAME zu wählen. Anschließend kann der entsprechende Name (hier "Umsatz") eingegeben sowie der gewünschte Bereich festgelegt werden (Z4S2:Z9S2). Zuletzt ist der Befehl mit der RETURN-Taste zu bestätigen. In ähnlicher Form sollten Sie danach die Spalten 3 - 5 mit geeigneten Namen versehen.

5.3.2.1 Sortieren von Textinformationen

In der Musteraufgabe soll die Tabelle nach den Vertreternamen sortiert werden. Dies kann über den Befehl ORDNEN in auf- oder absteigender Folge (alphabetisch) vorgenommen werden. Die Vorgehensweise wird exemplarisch in der Checkliste der Abbildung 5-6 dargestellt.

Sortieren von Textinformationen: Vorgehensweise	
Reihenfolge der Bearbeitung	Tastenfolge
1. Ausgangsfeld für das Sortieren ansteuern	
2. Befehl ORDNEN wählen	o
3. Zeilenbereich eingeben	4 9
4. Sortierfolge festlegen	>
5. Befehl ausführen	

Abb. 5-6: Sortieren von Textinformationen: Vorgehensweise

Eine Angabe der Sortierfolge ist beim 4. Teilschritt meist entbehrlich, da standardmäßig aufsteigend sortiert wird. Nach Ausführung des Befehls (5. Teilschritt) erfolgt dann die gewünschte Sortierung automatisch. Das Ergebnis, das unter dem Dateinamen "UMSSORT1.MP" zu speichern ist, zeigt Bildschirmausdruck 5-7.

```
-1         1         2         3      4      5         6         7         8
 1                 Umsatz    Umsatz         Graphik
 2 Name            in DM     in %
 3 ──────────────────────────────────────────────
 4 Geiger  !        301,20     2,03
 5 Kluge           2000,00    13,50         **
 6 Lehmann         3450,00    23,29         ***
 7 Meier           1000,00     6,75         *
 8 Müller          4000,00    27,01         ****
 9 Schulze         4060,00    27,41         ****
10 ──────────────────────────────────────────────
11 Summe          14811,20   100,00
12
13
14
15
16
17
18
19
20
BEFEHL: Text Ausschnitt Bewegen Druck Einfügen Format Gehezu Hilfe Kopie Löschen
 Name Ordnen Pfad Quitt Radieren Schutz Übertragen Verändern Wert Xtern Zusätze
 Wählen Sie bitte eine Option oder geben Sie deren Anfangsbuchstaben ein!
 Z4S1       "Geiger"                      100% frei    Multiplan: VERUMS.MP
```

Bildschirmausdruck 5-7

5.3.2.2 Sortieren von Zahlen

Auch für das Sortieren von Zahlenwerten ist der **Befehl ORDNEN** zu verwenden. **Varianten und Sortierregeln** im Überblick veranschaulicht Abbildung 5-7.

> Sortieren von Zahleninformationen in einer Tabelle:
> Varianten und Sortierregeln

Varianten

a) aufsteigende Sortierung

	Umsatz
Geiger	301,20
Meier	1000,00
Kluge	2000,00
Lehmann	3450,00

b) absteigende Sortierung

	Umsatz
Lehmann	3450,00
Kluge	2000,00
Meier	1000,00
Geiger	301,20

Sortierregeln

Die einzelnen Zeichen werden im Normalfall wie folgt geordnet:

! " # $ % & ' ( ) * + , - . /   0-9 : ; < = > ? § A-Z ^ _ ` a-z

Abb. 5-7: Sortieren von Zahleninformationen in einer Tabelle: Varianten und Sortierregeln

Nach Wahl des Befehls ORDNEN sind folgende Eintragungen in den Befehlsfeldern notwendig:

ORDNEN der Spalte: 2 von Zeile: 4   bis   9
          Sortierfolge: > (<)

Mit der Wahl des Zeichens "<" wird vorgegeben, daß in absteigender Folge sortiert werden soll (begonnen wird also mit dem größten Wert). Demgegenüber würde bei Wahl des Zeichens ">" mit dem kleinsten Wert in der Sortierfolge begonnen. Einen Überblick über die Vorgehensweise beim Sortieren von Zahleninformationen im vorliegenden Anwendungsbeispiel gibt die Checkliste in Abbildung 5-8.

Sortieren von Zahleninformationen in einer Tabelle: Vorgehensweise	
Reihenfolge der Bearbeitung	Tastenfolge
1. Ausgangsfeld für das Sortieren ansteuern	
2. Befehl ORDNEN wählen	
3. Zeilenbereich eingeben	
4. Sortierfolge festlegen	
5. Befehl ausführen	

Abb. 5-8: Sortieren von Zahleninformationen in einer Tabelle: Vorgehensweise

Das Ergebnis des Sortierens, das unter dem Dateinamen "UMSSORT2.MP" zu speichern ist, zeigt Bildschirmausdruck 5-8.

```
     1            2         3     4     5          6       7       8
  1              Umsatz    Umsatz      Graphik
  2 Name          in DM    in %
  3 ─────────────────────────────────────────────────────────────
  4 Schulze      4060,00    27,41     ****
  5 Müller       4000,00    27,01     ****
  6 Lehmann      3450,00    23,29     ***
  7 Kluge        2000,00    13,50     **
  8 Meier        1000,00     6,75     *
  9 Geiger        301,20     2,03
 10 ─────────────────────────────────────────────────────────────
 11 Summe       14811,20   100,00
 12
 13
 14
 15
 16
 17
 18
 19
 20
BEFEHL: Text Ausschnitt Bewegen Druck Einfügen Format Gehezu Hilfe Kopie Löschen
  Name Ordnen Pfad Quitt Radieren Schutz Übertragen Verändern Wert Xtern Zusätze
Wählen Sie bitte eine Option oder geben Sie deren Anfangsbuchstaben ein!
Z4S2      4060                        100% frei    Multiplan: VERUMS.MP
```

Bildschirmausdruck 5-8

5.4 Vertiefende Übungsaufgaben zum Abschnitt 5

5.4.1 Übungsaufgabe „Kostenplan-Gestaltung"

a) Laden Sie die auf Ihrer Arbeitsdiskette befindliche Datei "Kostenpl.MP" (Hinweis: Diese Tabelle haben Sie als Übungsaufgabe zu Abschnitt 2 gelöst. Sie befindet sich in jedem Fall auf der Diskette, die zu diesem Buch erworben werden kann).

b) Fügen Sie zwischen der 2. und 3. Zeile in der Tabelle eine Leerzeile ein.

c) Gestalten Sie die Tabelle übersichtlicher, indem Sie waagerechte Linien in der 3., 9., 15., 17. und 19. Zeile erzeugen. Ergebnis sollte die im folgenden dargestellte Tabelle sein:

```
Kostenplan

          Januar    Februar      März Endsummen
- - - - - - - - - - - - - - - - - - - - - - - - - - - - -
Material
Rohstoffe    12450    15470     23975     51895
Hilfsstoff    4326     6798     12000     23124
Betr.stoff     450      567       876      1893
Fertigt.      1234     4321      5650     11205
- - - - - - - - - - - - - - - - - - - - - - - - - - - - -

Summe 1      18460    27156     42501     88117


Personal
Löhne        30500    34600     40000    105100
Abgaben      15000    17000     19500     51500
- - - - - - - - - - - - - - - - - - - - - - - - - - - - -

Summe 2      45500    51600     59500    156600
- - - - - - - - - - - - - - - - - - - - - - - - - - - - -

Endsumme     63960    78756    102001    244717
===============================================
PersAnteil    71,1     65,5      58,3      64,0
```

d) Erstellen Sie einen fehlerfreien Ausdruck.

e) Speichern Sie die Tabelle auf Ihrer Arbeitsdiskette unter dem Namen
   "Kostenp2.MP".

5.4.2 Übungsaufgabe „Bewerberentwicklung-Gestaltung"

a) Laden Sie die auf Ihrer Arbeitsdiskette befindliche Datei "Bewer-
   ber.MP".

b) Fügen Sie jeweils eine Leerzeile zwischen den Zeilen 1 und 2 sowie
   den Zeilen 12 und 13 ein.

c) Fügen Sie eine Leerspalte zwischen der vorletzten und letzten Spalte
   der Tabelle ein.

d) Erzeugen Sie waagerechte Linien in den Zeilen 2, 11 und 13.

e) Erzeugen Sie eine senkrechte Linie in der Spalte 6 (nachdem Sie die
   Spaltenbreite zunächst auf 3 Zeichen verringert haben sowie eine
   zentrierende Formatierung gewählt haben).

Ergebnis soll die im folgenden dargestellte Tabelle sein:

	1983	1984	1985	1986	Summe
Berufe					
Bürokfm.	123	143	154	139	559
Bürogehil.	87	76	128	98	389
Indus.kfm.	145	132	122	135	534
Schlosser	234	254	266	270	1024
Laborant	453	421	432	409	1715
Facharb.	211	234	267	344	1056
Summe	1253	1260	1369	1395	5277
Durchnitt	208,8	210,0	228,2	232,5	879,5
kfm.Anteil	28,3	27,9	29,5	26,7	28,1

f) Speichern Sie die Tabelle auf Ihrer Arbeitsdiskette unter dem Namen "Bewerb2.MP".

6 Berechnungen in Tabellen unter Anwendung spezieller Multiplan-Funktionen

Multiplan bietet eine Vielzahl von Funktionen, die die Arbeit mit dem Programm erheblich erleichtern. Einige ausgewählte Funktionen sollen im folgenden Abschnitt detaillierter behandelt werden. Dies sind im einzelnen:

- verschiedene logische Funktionen (einfache logische Abfragen, logische Verknüpfungen sowie Mehrfachauswahl);
- die Suchfunktion;
- die Barwertfunktion (als Beispiel für die Anwendung einer finanzmathematischen Funktion);
- Zeit- und Datumsfunktionen.

6.1 Arbeiten mit logischen Funktionen

Viele Anwendungen der kaufmännischen Praxis sind durch logische Entscheidungen gekennzeichnet. Tabellenkalkulationsprogramme bieten auch in solchen Fällen Unterstützung an, indem sie verschiedene logische Funktionen zur Verfügung stellen. Durch ihre Verwendung kann die Realisierung komplexer Anwendungen meist erst ermöglicht werden.

Anhand von zwei Musteraufgaben soll das Arbeiten mit logischen Funktionen veranschaulicht werden. Dabei wird darauf eingegangen, wie in Multiplan
- mit der WENN-DANN-Funktion operiert werden kann;
- die Booleschen-Operatoren UND bzw. ODER genutzt werden können;
- die Anwendung der Mehrfachauswahl erfolgt.

Musteraufgabe 5: Vertreterprovision

Lernziele:

■ Logische Abfrage zweier Alternativen
■ Fehlernachrichten

86

Folgende Multiplan-Tabelle soll dazu dienen, die Provision der Vertreter
in einer Unternehmung zu ermitteln. Dabei gilt die Regel, daß eine Provision von 5 % aus dem Jahresumsatz dann gezahlt wird, wenn dieser
über 400.000,-- DM liegt. Die Tabelle soll folgendes Aussehen haben:

```
Provisionsermittlung je Vertreter

Name              Jahresumsatz        Provision
- - - - - - - - - - - - - - - - - - - - - - - - - - - - - - - - - -

Meier              350.000,00 DM            0,00 DM

Müller             345.776,00 DM            0,00 DM

Schulze            890.655,00 DM        44.532,75 DM

Lehmann            660.000,00 DM        33.000,00 DM

Schmitz            390.000,00 DM            0,00 DM

Schäfer          1.450.000,00 DM        72.500,00 DM

Käfer              560.000,00 DM        28.000,00 DM

Spätzle            177.999,00 DM            0,00 DM

Thuerbach          378.000,00 DM            0,00 DM
- - - - - - - - - - - - - - - - - - - - - - - - - - - - - - - - - -

Summe            5.202.430,00 DM       178.032,75 DM
===================================================
```

Hinweis:

Die Tabelle ist nach Fertigstellung unter dem Dateinamen "Provisi.MP" zu
speichern.

6.1.1 Logische Abfrage zweier Alternativen

Zur Aufgabenlösung ist wie folgt vorzugehen:

a) Erfassen der Spaltenüberschrift in Zeile 1: Wahl des Befehls TEXT,
   Eingabe der Überschrift, Formatieren der Felder über den Befehl
   FORMAT FELDER für den Feldbereich Z1S1:Z1S3 und Wahl des
   Formatcodes "Zusammen".

b) Erhöhen der Spaltenbreite für die Spalten 1 bis 3 auf 15: Wahl des
   Befehls FORMAT BREITE_DER_SPALTEN und Eingabe der Spaltenbreite 15 sowie Festlegen der Spalten 1 bis 3.

c) Eingabe der Textinformationen (in Spalte 1 und in der 3. Zeile) sowie
   der Zahlenwerte in Spalte 2 (zunächst ohne Kommastellen und ohne
   das Währungssymbol DM). Erzeugen von Unterstreichungslinien mit
   den Befehlen TEXT bzw. KOPIE in Z4, Z14 und Z16. Eingabe der
   Summenformel für das Feld Z15S2.

d) Zur Ermittlung der Provision ist die WENN-Funktion anzuwenden. Diese ist grundsätzlich wie folgt aufzubauen:

WENN (Logisch; Dannwert; Sonstwert)

Ist der logische Wert "wahr" (d. h. ist die Bedingung erfüllt), dann wird die Funktion "Dannwert" ausgeführt (= der an 2. Stelle in der Klammer stehende Wert gesetzt); andernfalls die Funktion "Sonstwert" (= der an letzter Stelle in der Klammer stehende Wert gesetzt). Bedingungen und Werte können dabei Adressen, Konstanten, Formeln und andere Funktionen enthalten.

Einen Überblick über die grundsätzliche Anwendung der WENN-Funktion gibt die Aufstellung in der Abbildung 6-1.

Logische Abfrage von Alternativen (Anwendung
der WENN-DANN-Funktion)

Aufbau der WENN-DANN-Funktion

WENN (Logisch; Dannwert; Sonstwert)

Logisch: anzugeben ist eine logische Bedingung

Dannwert: anzugeben ist der Wert, bei dem die
             Bedingung gilt

Sonstwert: anzugeben ist der Wert, bei dem die
             Bedingung nicht gilt

Beispiele:

WENN (Jahresumsatz > 400000; 5% Provision;0)

WENN (Umsatz > Vorsteuer; Umsatzsteuerschuld;
      Vorsteuerüberhang)

Abb. 6-1: Logische Abfrage von Alternativen

Zur Ermittlung der Provision in Spalte 3 gilt demgemäß bei relativer Adressierung folgender Formelaufbau:

WENN(Z S2>400000;Z S2*0,05;0)

e) Die in Feld Z5S3 mit der WENN-Funktion gebildete Formel kann
nun mit dem Befehl KOPIE achtmal nach unten kopiert werden. Den
gesamten Formelaufbau für die Spalte 3 zeigt einschließlich der
Summenbildung der Bildschirmausdruck 6-1.

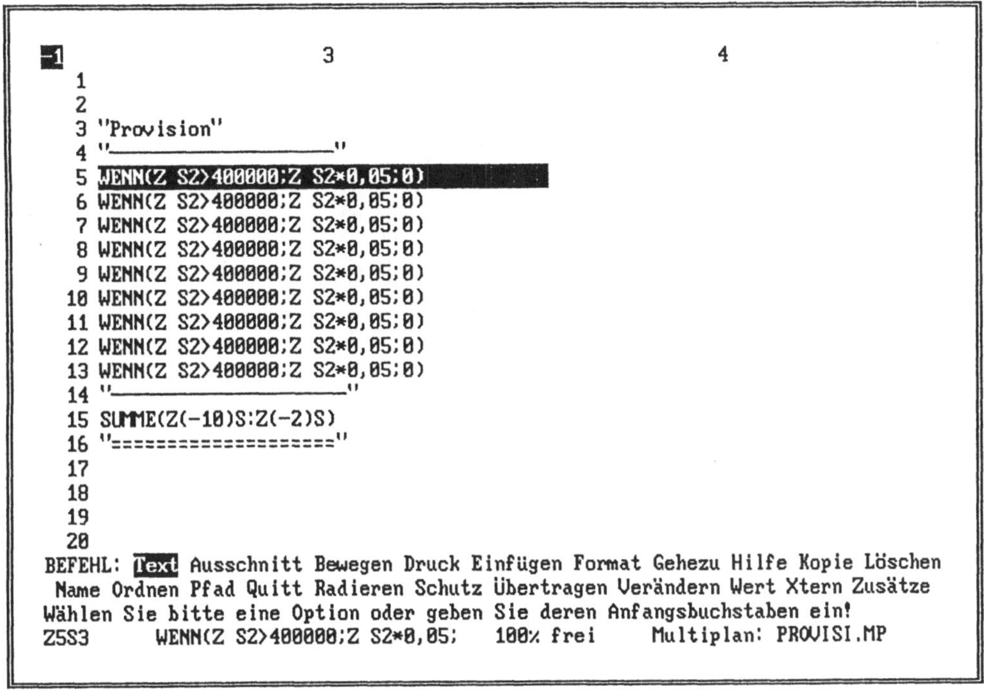

Bildschirmausdruck 6-1

6.1.2 Plausibilitätsprüfungen und Fehlernachrichten

In der Musteraufgabe sollen die Zahlen mit Tausenderpunkten und als
DM-Werte formatiert werden.

a) Tausenderpunkte können durch Wahl des Befehls FORMAT OPTIO-
NEN automatisch erzeugt werden, indem das dort nach der Befehlswahl erscheinende Befehlsfeld auf JA gestellt wird.

b) DM-Formatierung erfolgt durch Wahl des Befehls FORMAT FEL-
DER und Einstellung des Formatcodes "Währung" für den gesamten
Feldbereich (Voraussetzung ist, daß als Währungsformat DM einge-
stellt ist; eine Änderung ist möglich über den Befehl FORMAT
WÄHRUNG).

Nach Ausführung der beiden Befehle ergibt sich die in Bildschirmausdruck 6-2 dargestellte Tabelle.

```
    -1         1            2                3              4         5
     1 Provisionsermittlung je Vertreter
     2
     3 Name          Jahresumsatz   Provision
     4 ─────────────────────────────────────────────
     5 Meier         350.000,00 DM              0,00 DM
     6 Müller        345.776,00 DM              0,00 DM
     7 Schulze       890.655,00 DM         44.532,75 DM
     8 Lehmann       660.000,00 DM         33.000,00 DM
     9 Schmitz       390.000,00 DM              0,00 DM
    10 Schäfer       !!!!!!!!!!!!!!        72.500,00 DM
    11 Käfer         560.000,00 DM         28.000,00 DM
    12 Spätzle       177.999,00 DM              0,00 DM
    13 Thuerbach     378.000,00 DM              0,00 DM
    14 ─────────────────────────────────────────────
    15 Summe         !!!!!!!!!!!!!!       178.032,75 DM
    16 =============================================
    17
    18
    19
    20
  BEFEHL: Text Ausschnitt Bewegen Druck Einfügen Format Gehezu Hilfe Kopie Löschen
   Name Ordnen Pfad Quitt Radieren Schutz Übertragen Verändern Wert Xtern Zusätze
  Wählen Sie bitte eine Option oder geben Sie deren Anfangsbuchstaben ein!
  Z5S2      350000                        100% frei     Multiplan: PROVISI.MP
```

Bildschirmausdruck 6-2

Der Bildschirmausdruck zeigt, daß sich in den Zeilen 10 und 15 *Fehlermeldungen* ergeben (dargestellt durch eine Folge von Ausrufungszeichen). Diese Fehlermeldung bedeutet, daß der Zahlenwert eines Feldes wegen unzureichender Spaltenbreite nicht mehr angezeigt werden kann.

Ein Ausweg stellt in diesem Fall die Erhöhung der Spaltenbreite dar. Über den Befehl FORMAT BREITE_DER_SPALTEN können Sie zum Beispiel die Spaltenbreite auf 20 zu erhöhen. Nach Anpassung der Unterstreichungsstriche ergibt sich dann die gewünschte Tabelle (vgl. Bildschirmausdruck 6-3).

Einen Überblick über die in Multiplan möglicherweise vorkommenden Fehlermeldungen gibt die Zusammenfassung auf Seite 91.

NACHRICHT	BEDEUTUNG
!N/V!	nicht verfügbarer Wert (bei arithmet. Operationen)
!NAME?	Benutzung eines nicht definierten Namens oder Versuch, Text bei Wert einzugeben
!NUM!	der Gebrauch einer arithmetischen Funktion ist ungültig (oder Ergebnis eines Überlaufs)
!DIV/0!	unerlaubte Division durch Null
!ADR!	die gewählte relative Adresse liegt außerhalb der Tabelle oder Verweis auf gelöschte Bereiche
!NULL!	es wurde eine Schnittmenge von zwei Bereichen gebildet, die keine gemeinsamen Felder haben
!PRÜF!	statt einer Ziffer wurde ein Text eingegeben oder umgekehrt
!!!!!!!	der Zahlenwert eines Feldes kann wegen unzureichender Spaltenbreite nicht angezeigt werden (Spalte erweitern oder Formatcode ändern)
!WERT!	Berechnungen nicht möglich
!POS!	Positionsangabe außerhalb der Tabelle

```
    1              2              3              4
 1 Provisionsermittlung je Vertreter
 2
 3 Name          Jahresumsatz      Provision
 4 ─────────────────────────────────────────────────────────
 5 Meier            350.000,00 DM           0,00 DM
 6 Müller           345.776,00 DM           0,00 DM
 7 Schulze          890.655,00 DM      44.532,75 DM
 8 Lehmann          660.000,00 DM      33.000,00 DM
 9 Schmitz          390.000,00 DM           0,00 DM
10 Schäfer        1.450.000,00 DM      72.500,00 DM
11 Käfer            560.000,00 DM      28.000,00 DM
12 Spätzle          177.999,00 DM           0,00 DM
13 Thuerbach        378.000,00 DM           0,00 DM
14 ─────────────────────────────────────────────────────────
15 Summe          5.202.430,00 DM     178.032,75 DM
16 ===========================================================
17
18
19
20
BEFEHL: Text Ausschnitt Bewegen Druck Einfügen Format Gehezu Hilfe Kopie Löschen
   Name Ordnen Pfad Quitt Radieren Schutz Übertragen Verändern Wert Xtern Zusätze
Wählen Sie bitte eine Option oder geben Sie deren Anfangsbuchstaben ein!
Z5S2      350000                     100% frei      Multiplan: PROVISI.MP
```

Bildschirmausdruck 6-3

Musteraufgabe 6: Faktur

Lernziele:

- Anwendung der WENN-DANN-Funktion
- Anwendung logischer Verknüpfungen (UND, ODER)
- Anwendung der Mehrfachauswahl

Das Programm Multiplan kann für das Erstellen von Rechnungen genutzt werden. Im folgenden Beispiel wird von einer Industrieunternehmung ausgegangen, die Textilien ausliefert und dabei die Rabattvergabe von bestimmten Bedingungen abhängig macht.

Maßgebend für die Höhe des gewährten Rabattsatzes sind die Kundenart sowie die gesamte Umsatzhöhe (= Listenpreis). Für die Zuordnung der Kundenart ist die jeweilige Kundennummmer entscheidend: Großhändler können eine Kundennummer bis einschließlich der Zahl 2500 haben, Einzelhändler bis einschließlich 5000. Privatkunden erhalten eine über 5000 liegende Kundennummer zugewiesen.

Im einzelnen gelten folgende Regeln zur Rabattvergabe:
- Handelt es sich um einen Großhändler als Kunden und übersteigt der Umsatz einen Betrag von 300.000,-- (netto), dann wird 5 % Rabatt gewährt.
- Ist der Kunde ein Einzelhändler oder übersteigt der Umsatz 300.000,- (netto), wird 3 % Rabatt gewährt.
- In allen anderen Fällen wird 2 % Rabatt berücksichtigt.

Die Ergebnisausgabe der zu erstellenden Tabelle soll folgende Form haben:

```
RECHNUNG        Rech.-Nr. 4712              Kd.-Nr.      3389
                ...........................................................

                Art.-Nr.  Artikelbezeichnung    Menge  Einzelpreis   Gesamtpreis
                ...........................................................

                3345      Herrenmäntel          150      345,00       51750,00
                3447      Anzüge                125      544,00       68000,00
                4222      Hosen                 350      125,00       43750,00
                6788      Kleider               525      235,00      123375,00
                7445      Blusen                850       88,00       74800,00
                ...........................................................

                                             Listenpreis     361675,00
                                             - Rabatt          10850,25
                                             ...........................

                                             Nettopreis      350824,75
                                             + MwSt.           49115,47
                                             ...........................

                                             Bruttopreis     399940,22
                                             ===========================
```

Hinweise zur Aufgabenlösung:

a) Erhöhen Sie zunächst die Spaltenbreite der Spalte 2 auf 25 Zeichen
   sowie die der Spalten 4 und 5 auf jeweils 15 Zeichen. Geben Sie
   dann die feststehenden Texte und Werte ein.

b) Ermitteln Sie den jeweiligen Gesamtpreis und den Listenpreis.

c) Nun können Sie die Formel für die Ermittlung des Rabattbetrages
   eingeben. Dabei sind die WENN-DANN-Funktion sowie die UND-
   bzw. die ODER-Funktion anzuwenden.

d) Abschließend können die Formeln zur Ermittlung von Nettopreis,
   Mehrwertsteuerbetrag und Bruttopreis eingegeben werden.

e) Testen Sie nun die Aufgabenlösung, indem Sie verschiedene Varian-
   ten "durchspielen":
   - Ersetzen Sie die in Feld Z3S4 eingegebene Kundennummer 3389
     durch die Nummer 1500. Da dies eine Kundennummer für einen
     Großhändler darstellt, müßten sich die Ergebniswerte ab dem Ra-
     battbetrag ändern (als Rabattbetrag ergibt sich dann der Wert
     18083,75).
   - Ändern Sie nun die Kundennummer in die Zahl 6000 und die
     Menge der abgenommenen Blusen auf den Wert 50. In diesem Fall
     dürfte sich nur ein Rabatt von 2 % (= 8738,25) ergeben.

f) Speichern Sie die Tabelle unter dem Dateinamen "Faktur.MP".

6.1.3 Logische Verknüpfungen

Im vorhergehenden Abschnitt wurde die Anwendung der WENN-DANN-
Funktion erläutert. Dabei wurde jedoch bei der logischen Prüfung jeweils
nur eine Bedingung formuliert. Möglich ist aber auch die Verknüpfung
mehrerer Bedingungen. Hier können die logischen Funktionen UND und
ODER Anwendung finden.

a) UND-Funktion

Die UND-Funktion kommt dann infrage, wenn bei Abfragen alle Prüf-
werte aus einer Liste zutreffen. Grundsätzlich gilt folgende Syntax:
UND(Liste).

Beispiel:
In einer Unternehmung erfolgt die Anschaffung neuer Firmenwagen auf
der Grundlage einer Entscheidungsregel. Es soll immer dann ein neuer

Wagen angeschafft werden, wenn der Firmenwagen älter als 3 Jahre ist und der Kilometerstand 100000 km überschritten hat.

Die Bedingung hat also folgendes Aussehen (Annahme: die zugehörigen Felder sind mit Kurznamen JAHR bzw. KM belegt):

UND(JAHR>3;KM>100000).

Diese Formel kann nun in eine WENN-DANN-Bedingung eingebaut werden. Mit UND(LISTE) ist es möglich, die Erfüllung mehrerer Bedingungen als Voraussetzung für die positive Beantwortung einer WENN-Abfrage zu setzen. Soll die Antwortvorgabe "Neukauf" oder "Behalten" ausgegeben werden, so ergibt sich für das Beispiel folgende Formel:

WENN(UND(JAHR>3;KM>100000);"NEUKAUF";"BEHALTEN").

Allgemein gilt:

WENN(UND(LISTE);DANNWERT;SONSTWERT).

b) ODER-Funktion

Die ODER-Funktion kommt dann infrage, wenn bei Abfragen ein Prüfwert aus der Liste zutrifft. Grundsätzlich gilt folgende Syntax: ODER(Liste).

Die Entscheidungsregel des Beispielfalles soll nun ein wenig variiert werden: Es soll immer dann ein neuer Wagen angeschafft werden, wenn der Firmenwagen älter als 3 Jahre ist **oder** der Kilometerstand 100000 km überschritten hat.

Die Bedingung hat dann folgendes Aussehen:

ODER(JAHR>3;KM>100000).

Diese Formel kann nun ebenfalls in eine WENN-DANN-Bedingung eingebaut werden und hat dann folgendes Aussehen:

WENN(ODER(JAHR>3;KM>100000);"NEUKAUF";"BEHALTEN").

Fazit: Sowohl die UND- als auch die ODER-Funktion erlauben die Erfüllung mehrerer Bedinungen als Voraussetzung für die positive Beantwortung einer WENN-Abfrage zu setzen.

6.1.4 Mehrfachauswahl

In der vorliegenden Musteraufgabe sind drei Kundentypen zu unterscheiden, aus denen sich auch unterschiedliche Konsequenzen für die Rabattgewährung ergeben. Damit ergibt sich das Problem der Mehrfachauswahl, die die Verknüpfung mehrerer WENN-DANN-Abfragen erforderlich macht.

Allgemein gilt folgende *formale Regel:*

WENN(Bedingung;Dannwert;WENN(Bedingung;Dannwert;Sonstwert)).

Betrachten wir hierzu zunächst das folgende kleine Beispiel:
In einer Unternehmung erfolgt die Rabattvergabe in Abhängigkeit von der Kundenart (Kundenart 1: Großhändler; Kundenart 2: Einzelhändler). Während Großhändler 5 % Rabatt erhalten, wird Einzelhändlern ein Rabatt von 4 % gewährt. Die Eingabe soll darüber hinaus auf Plausibilität geprüft werden (ansonsten soll eine Fehlermeldung erfolgen).

Für dieses Beispiel ergibt sich folgende Formulierung der Abfrage (Annahmen: im Feld Z10S4 wird der Listenpreis ausgewiesen; dem Feld mit der Angabe der Kundenart ist der Name KA zugewiesen worden):

WENN(KA=1;Z10S4*0,05;WENN(KA=2;Z10S4*0,04;"Fehler")).

Beachten Sie beim Aufbau der Formel den folgenden **Hinweis:** Bei der Eingabe der Formel für Mehrfachabfragen ist darauf zu achten, daß sich die Anzahl öffnender und schließender Klammern entsprechen.

Nach den grundsätzlichen Vorbemerkungen wollen wir nun die Lösung der Musteraufgabe "Faktur" in Angriff nehmen. Im einzelnen bieten sich folgende Teilschritte an:

a) Erfassen des Grundaufbaus der Tabelle

- Erhöhung der Spaltenbreite mit dem Befehl FORMAT BREITE_DER_SPALTEN. Dies gilt für die Spalten 2, 4 und 5.
- Eingabe der Textinformationen mit dem Befehl TEXT und Erfassen der Werte mit dem Befehl WERT.

b) Ermitteln der jeweiligen Gesamtpreise und des Listenpreises

Im einzelnen ergibt sich hier folgender Formelaufbau bzw. folgende Vorgehensweise:
- Aufbau folgender Formel für das Feld Z7S5: ZS(-2)*ZS(-1);
- vierfaches Kopieren der Formel nach unten mit dem Befehl KOPIE NACH_UNTEN und Eingabe der Zahl 4;
- Aufbau der Formel für das Feld Z13S5: SUMME(Z(-6)S:Z(-2)S)

Nach der Befehlsausführung ergibt sich die Tabelle, die im Bildschirmausdruck 6-4 dargestellt ist.

```
 ▉1         1              2              3         4            5
   1 RECHNUNG
   2
   3 Rech.-Nr. 4712                    Kd.-Nr.          3389
   4 ────────────────────────────────────────────────────────────────
   5 Art.-Nr.  Artikelbezeichnung        Menge    Einzelpreis   Gesamtpreis
   6 ────────────────────────────────────────────────────────────────
   7 3345      Herrenmäntel              150        345,00       51750,00
   8 3447      Anzüge                    125        544,00       68000,00
   9 4222      Hosen                     350        125,00       43750,00
  10 6788      Kleider                   525        235,00      123375,00
  11 7445      Blusen                    850         88,00       74800,00
  12 ────────────────────────────────────────────────────────────────
  13                                          Listenpreis       361675,00
  14                                          - Rabatt         ▉▉▉▉▉▉▉▉▉
  15 ────────────────────────────────────────────────────────────────
  16                                          Nettopreis
  17                                          + MwSt.
  18 ────────────────────────────────────────────────────────────────
  19                                          Bruttopreis
  20                                          ===============================
BEFEHL: [Text] Ausschnitt Bewegen Druck Einfügen Format Gehezu Hilfe Kopie Löschen
   Name Ordnen Pfad Quitt Radieren Schutz Übertragen Verändern Wert Xtern Zusätze
Wählen Sie bitte eine Option oder geben Sie deren Anfangsbuchstaben ein!
Z14S5                            100% frei      Multiplan: FAKTUR.MP
```

Bildschirmausdruck 6-4

c) Ermittlung des Rabattbetrages über Mehrfachauswahl

Zur Ermittlung des Rabattbetrages ist der Aufbau einer komplexen Formel erforderlich. Diese soll nun in Teilschritten erarbeitet werden.

Betrachten wir zunächst die Ermittlung des Rabattbetrages bei Großhändlern. Hier gilt die UND-Funktion, da ein Rabattsatz von 5 % gewährt wird, wenn die entsprechende Kundennummer eingegeben wurde und als Umsatz ein Betrag von 300000,-- überschritten wird:

UND(Z3S4<=2500;Z13S5>300000).

In Verbindung mit der WENN-DANN-Funktion bedeutet dies folgende Bedingung:

WENN(UND(Z3S4<=2500;Z13S5>300000);Z13S5*0,05;Sonstwert).

Der Sonstwert ist im Beispielfall noch offen, da dieser davon abhängt, ob der Kunde Einzelhändler oder Privatkunde ist. Für den Einzelhändler kann die ODER-Funktion Anwendung finden:

ODER(Z3S4>2500;Z3S4<=5000;Z13S5>300000)

bzw.

WENN(ODER(Z3S4>2500;Z3S4<=5000;Z13S5>300000);Z13S5*0,0,03;
    Sonstwert).

Für den gesamten Formelaufbau bietet sich nun der Aufbau einer Formel mit Mehrfachabfrage an. So muß z. B. zunächst mit einer WENN-Bedingung der Rabattsatz abgefragt werden, der für Kundennummern gilt, die kleiner oder gleich 2500 sind; anschließend wird - an Stelle des Sonstwertes - durch eine weitere WENN-Bedingung der Rabattsatz abgefragt, der für Kundennummern gilt, die zwischen 2501 und 5000 liegen. Trifft auch diese Bedingung nicht zu, gilt in jedem Fall der Rabattsatz von 2%.

Formal richtig lautet die Formel:
WENN(UND(Z3S4<=2500;Z13S5>300000);Z13S5*0,05;WENN(ODER(Z3S
4>2500; Z3S4<=5000;Z13S5>300000);Z13S5*0,03;Z13S5*0,02))

d) Ermittlung von Nettopreis, Mehrwertsteuer und Bruttopreis

In den jeweiligen Feldern sind folgende Formeln zu erfassen:

Feld Z16S5: Z13S5 - Z14S5
Feld Z17S5: Z16S5*0,14
Feld Z19S5: Z16S5+Z17S5

Das Ergebnis zeigt Bildschirmausdruck 6-5.

```
 ▉1          1                2                3         4           5
 1 RECHNUNG
 2
 3 Rech.-Nr. 4712                        Kd.-Nr.            3389
 4 --------------------------------------------------------------------
 5 Art.-Nr.  Artikelbezeichnung          Menge     Einzelpreis  Gesamtpreis
 6 --------------------------------------------------------------------
 7 3345      Herrenmäntel                150       345,00       51750,00
 8 3447      Anzüge                      125       544,00       68000,00
 9 4222      Hosen                       350       125,00       43750,00
10 6788      Kleider                     525       235,00       123375,00
11 7445      Blusen                      850        88,00       74800,00
12 --------------------------------------------------------------------
13                                                 Listenpreis  361675,00
14                                                 - Rabatt      10850,25
15
16                                                 Nettopreis   350824,75
17                                                 + MwSt.       49115,47
18
19                                                 Bruttopreis  399940,22
20 ====================================================================
BEFEHL: Text Ausschnitt Bewegen Druck Einfügen Format Gehezu Hilfe Kopie Löschen
   Name Ordnen Pfad Quitt Radieren Schutz Übertragen Verändern Wert Xtern Zusätze
Wählen Sie bitte eine Option oder geben Sie deren Anfangsbuchstaben ein!
Z19S5     Z(-3)S+Z(-2)S                  100% frei    Multiplan: FAKTUR.MP
```

Bildschirmausdruck 6-5

e) Testen von Ergebnisvarianten

- Nach Eingabe der Kundennummer 1500 in Feld Z3S4 ergibt sich ein
  Bruttopreis von 391694,03.
- Nach Eingabe der Kundennummer 6000 in Feld Z3S4 und der Menge
  50 in Z11S3 ergibt sich ein Bruttopreis von 322091,90.

f) Speichern der Tabelle

Das Speichern der Tabelle erfolgt durch Wahl der Befehls ÜBERTRA-
GEN SPEICHERN und Eingabe des Dateinamens "FAKTUR.MP".

6.1.5 Logische Funktionen im Überblick

Wie das Anwendungsbespiel zeigt, kann durch die Nutzung logischer
Funktionen das Einsatzspektrum von Multiplan erweitert werden. Die
wesentlichen logischen Funktionen, die auch in Kombination verwendet
werden können, sind:

FUNKTION	BEDEUTUNG
FALSCH()	liefert den logischen Wert "falsch"
ISTFEHL(W)	ist der abgefragte Wert W ein Fehlerwert, dann ergibt sich der logische Wert "wahr"
ISTNV(W)	ist der abgefragte Wert W der Fehlerwert NV!, dann ergibt sich der logische Wert "wahr"
NICHT(L)	Ergebnis ist der entgegengesetzte Wert des logischen Wertes L
ODER(Liste)	der logische Wert "wahr" ergibt sich, wenn wenigsten ein Wert der Liste "wahr" ist
UND(Liste)	der logische Wert "wahr" ergibt sich, wenn alle Werte der Liste "wahr" sind (sonst "falsch")
WAHR()	liefert den logischen Wert "wahr"
WENN(Logisch; Dannwert; Sonstwert)	ist der logische Wert "wahr" (die Bedingung erfüllt), dann wird die Funktion "Dannwert" ausgeführt; andernfalls die Funktion "Sonstwert"

6.2 Möglichkeiten eines gezielten Zugriffs auf Feldinhalte

In vielen kaufmännischen Anwendungsfällen müssen aufgrund von vorgegebenen oder ermittelten Werten bestimmte Zuordnungen getroffen werden. Dabei ist häufig ein Wert aus einer Wertetabelle herauszusuchen.

Typische Beispiele sind:
- das Zuordnen von Rabattsätzen aufgrund einer bestimmten Umsatzhöhe;
- das Zuordnen von Provisionssätzen für Vertreter oder Verkäufer auf der Grundlage von Verkaufswerten.

Für derartige Fälle bietet Multiplan eine besondere Unterstützung an: die Funktion SUCHEN(). Am Beispiel der folgenden Musteraufgabe "Provisionsermittlung" soll die Anwendung der Suchfunktion näher erläutert werden.

Musteraufgabe 7: Provisionsermittlung

Lernziel:

■ Anwendung der Funktion SUCHEN

Es ist eine Tabelle zu erstellen, die eine Berechnung der Vertreterprovision auf der Grundlage der folgenden Provisionsstaffel ermöglicht:

Monatsumsätze ab 20000,-- DM	4 % Provision
Monatsumsätze ab 30000,-- DM	5 % Provision
Monatsumsätze ab 40000,-- DM	6 % Provision
Monatsumsätze ab 50000,-- DM	7 % Provision
Monatsumsätze ab 60000,-- DM	8 % Provision

Die Ergebnisausgabe für die Provisionsabrechnung soll folgende Form haben:

```
                    Vertreter-Provisionsabrechnung

Vertreter-          Monats-     Provisions-    Provisions-
name                Umsatz          Satz           Betrag
- - - - - - - - - - - - - - - - - - - - - - - - - - - - - -

Meier               30420           5            1521,00
Müller              45500           6            2730,00
Schulze             38675           5            1933,75
Lehmann             28220           4            1128,80
Geiger              66425           8            5314,00
Kluge               41000           6            2460,00
- - - - - - - - - - - - - - - - - - - - - - - - - - - - - -

Summen:             250240                      15087,55
============================          ================
```

Hinweise zur Aufgabenlösung:

a) Erhöhen Sie zunächst die Spaltenbreite der ersten vier Spalten auf 15 Zeichen, und geben Sie dann die Texte und die Umsatzwerte der einzelnen Vertreter ein. Ermitteln Sie anschließend den insgesamt erzielten Umsatz.

b) Erfassen Sie in einem gesonderten Teil des Arbeitsblattes die Provisionsstaffel nach folgendem Muster (ab Zeile 21):

Provisionsstaffel

	Monats- Umsatz	Provisions- Satz
ab	20000	4
ab	30000	5
ab	40000	6
ab	50000	7
ab	60000	8

c) Ermitteln Sie unter Anwendung der Suchfunktion den zugehörigen Provisionssatz, und weisen Sie das Ergebnis in der Spalte 3 aus.

d) Anschließend ist der Provisionsbetrag zu ermitteln und in Spalte 4 auszuweisen.

e) Speichern Sie die Tabelle unter dem Dateinamen "Verprov.MP".

6.2.1 Bedeutung und Regeln bei Nutzung der Suchfunktion

Die Funktion SUCHEN() bietet die Möglichkeit, aus einer sortierten Wertetabelle einen bestimmten zugehörigen Wert herauszufinden. Die allgemeine Formulierung der Funktion lautet:

SUCHEN(N;Bereich).

Die in der Klammer stehenden Angaben haben folgende Bedeutung:
- N kennzeichnet einen Zahlenwert, der die Grundlage für eine Suche in einer Wertetabelle bildet;
- Mit Bereich ist der Tabellenbereich gemeint, in dem sich die Wertetabelle befindet.

Gesucht wird der größte Wert, der kleiner oder gleich N ist. Das Ergebnis kann ein Zahlenwert, ein Textwert oder ein logischer Wert sein. Voraussetzung ist, daß die zu prüfenden Zahlenwerte in aufsteigender Folge sortiert sind. Die Art der Suche hängt von der Form des Bereiches (der Wertetabelle) ab. Es gelten folgende Regeln:
- Hat der Bereich mehr Zeilen als Spalten, wird der Wert in der ersten Spalte gesucht. Ergebnis ist der Wert des letzten Feldes in der gefundenen Zeile.

- Hat der Bereich mehr Spalten als Zeilen, werden Zeilen und Spalten
  für den Suchvorgang ausgetauscht. Der Wert wird also in diesem Fall
  in der ersten Zeile gesucht. Ergebnis ist dann der Wert des letzten
  Feldes in der gefundenen Spalte.

Dies wird mit einem kleinen *Beispiel* veranschaulicht. Betrachten Sie folgende Wertetabelle:

	1	2	3	4	5
1					
2		17	21	30	40
3		4500	5000	6500	8000

Beispiele für die Suchfunktion	Ergebnis
a) SUCHEN(17;Z2S2:Z3S5)	4500
b) SUCHEN(23;Z2S2:Z3S5)	5000
c) SUCHEN(48;Z2S2:Z3S5)	8000
d) SUCHEN(15;Z2S2:Z3S5)	NV!

Im Beispiel umfaßt die Tabelle mehr Spalten als Zeilen. Multiplan sucht
deshalb in der 1. Zeile des Bereiches nach dem Wert N. Wird N gefunden
(im 1. Fall der Wert 17) oder das letzte Feld mit einem Wert kleiner als
N (z. B. ist im 2. Fall 21 < N), so ist der Wert des untersten Feldes dieser
Spalte das Ergebnis der Funktion (hier 4500 bzw. 5000). Sind die Werte
aller Felder der ersten Zeile kleiner als N (im Beispiel von N = 48), so
wird die letzte Spalte des Bereiches verwendet. Sind die Werte aller Felder in der ersten Zeile größer als N (im Beispiel N = 15), so wird der
Fehlerwert NV! als Ergebnis geliefert.

6.2.2 Lösung der Musteraufgabe mit Hilfe der Suchfunktion

Für die Lösung der Musteraufgabe "Provisionsermittlung" bietet sich die
Anwendung der Funktion SUCHEN() an. Im einzelnen sind folgende
Teilschritte zur Aufgabenlösung erforderlich:

a) Erfassen des Grundaufbaus der Tabelle

- Erhöhung der Breite der Spalten mit dem Befehl FORMAT
  BREITE_DER_SPALTEN auf 15 Zeichen für die Spalten 1 - 4.

- Erfassen der Tabellenüberschrift mit dem Befehl TEXT und anschließendes zusammenhängendes Formatieren der Überschrift mit dem Befehl FORMAT FELDER und Einstellen des Formatcodes auf die Option "Zusammen".
- Erfassen der Spaltenüberschriften 1 - 4 und rechtsbündige Ausrichtung der Überschriften der Spalten 2 - 4 durch anschließende Wahl des Befehls FORMAT FELDER und Einstellen der Ausrichtung "Rechts".
- Ermittlung der Summe für die Monatsumsätze in Feld Z13S2 über den Befehl WERT und Eingabe der Summenformel.

Ergebnis des Erfassens sollte die Tabellendarstellung des Bildschirmausdrucks 6-6 sein.

```
 ≡1         1            2            3            4           5
   1                Vertreter-Provisionsabrechnung
   2
   3 Vertreter-           Monats-  Provisions-  Provisions-
   4 name                 Umsatz          Satz       Betrag
   5 ─────────────────────────────────────────────────────────
   6 Meier                 38428 ████████████████
   7 Müller                45588
   8 Schulze               38675
   9 Lehmann               28228
  10 Geiger                66425
  11 Kluge                 41888
  12 ─────────────────────────────────────────────────────────
  13 Summen:              258248
  14 ==============================      ================
  15
  16
  17
  18
  19
  20
BEFEHL: Text Ausschnitt Bewegen Druck Einfügen Format Gehezu Hilfe Kopie Löschen
  Name Ordnen Pfad Quitt Radieren Schutz Übertragen Verändern Wert Xtern Zusätze
Wählen Sie bitte eine Option oder geben Sie deren Anfangsbuchstaben ein!
  Z6S3                              100% frei      Multiplan: VERPROV.MP
```

Bildschirmausdruck 6-6

b) Erfassen der Provisionsstaffel

Zu diesem Zweck ist der Feldzeiger zunächst auf das gewünschte Feld Z21S1 zu positionieren. Anschließend können über den Befehl TEXT die Textinformationen und über den Befehl WERT die Zahlen erfaßt werden (vgl. Bildschirmausdruck 6-7).

```
     1          1            2           3            4        5
    21 Provisionsstaffel
    22
    23                    Monats-      Provisions-
    24                    Umsatz         Satz
    25
    26 ab               20000              4
    27 ab               30000              5
    28 ab               40000              6
    29 ab               50000              7
    30 ab               60000              8
    31
    32
    33
    34
    35
    36
    37
    38
    39
    40
 BEFEHL: Text Ausschnitt Bewegen Druck Einfügen Format Gehezu Hilfe Kopie Löschen
    Name Ordnen Pfad Quitt Radieren Schutz Übertragen Verändern Wert Xtern Zusätze
 Wählen Sie bitte eine Option oder geben Sie deren Anfangsbuchstaben ein!
 Z26S3      4                        100% frei     Multiplan: VERPROV.MP
```

Bildschirmausdruck 6-7

c) Anwendung der Suchfunktion

Für die Ermittlung des Provisionssatzes, der für den jeweiligen Vertreter
aufgrund des erzielten Umsatzes zur Anwendung gelangt, ist ein Zugriff
auf die Provisionsstaffel notwendig. Die Suchfunktion kann folglich im
Feld Z6S3 Anwendung finden.

N ist in diesem Fall der jeweilige Vertreterumsatz (hier ausgewiesen in
Z6S2); die Wertetabelle befindet sich im Feldbereich Z26S2:Z30S3. Folg-
lich lautet die nach Ansteuerung des Ergebnisfeldes Z6S3 und Wahl des
Befehls WERT einzugebende Formel:

SUCHEN(Z6S2;Z26S2:Z30S3).

Da in diesem Fall der Bereich mehr Zeilen als Spalten hat, wird der Wert
N in der ersten Spalte gesucht. Im Beispiel wäre dies die Umsatzhöhe ab
300000, so daß als Ergebnis der Wert des letzten Feldes in der gefundenen Zeile ausgewiesen wird (hier der Wert 5).

Um ein Kopieren der Formel auch für die anderen Vertreter vornehmen
zu können, empfiehlt sich eine relative Adressierung der Umsatzhöhe.
Demnach bietet sich folgender Formelaufbau an:

104

SUCHEN(ZS(-1);Z26S2:Z30S3).

Diese Formel kann nun mit dem Befehl KOPIE NACH_UNTEN fünfmal
nach unten kopiert werden.

d) Ermittlung des Provisionsbetrages

Die Provisionsbeträge werden unter Berücksichtigung des ausgewiesenen
Provisionsatzes und des erzielten Monatsumsatzes ermittelt.

e) Speichern der fertigen Tabelle

Für das Speichern der Tabelle ist der Befehl ÜBERTRAGEN SPEI-
CHERN zu wählen und der Dateiname "Verprov.MP" einzugeben.

6.3 Arbeiten mit finanzmathematischen Funktionen

Tabellenkalkulationsprogramme stellen insbesondere für Anwendungen
aus dem finanzmathematischen Bereich vielfältige Funktionen zur Verfügung, die die Finanz- und Investitionsplanung erleichtern.

Im folgenden soll anhand einer Musteraufgabe exemplarisch die Nutzung
finanzmathematischer Funktionen veranschaulicht werden. Ausgewählt
wurde dafür die Barwertfunktion.

Musteraufgabe 8: Investitionsanalyse

Lernziel:

■ Anwendung der Funktion BARWERT

Folgende Multiplan-Tabelle soll dazu dienen, die Vorteilhaftigkeit einer
Investition nach der Barwertmethode zu ermitteln. Einem aufzubringen-
den Gesamtinvestitionsbetrag werden dabei die in den Jahren der Nutzung erwarteten Erträge gegenübergestellt.

Es gelten folgende Rahmenbedingungen für den Tabellenaufbau:
a) in der Zeile 3 ist der aufzubringende Gesamtinvestitionsbetrag anzugeben

b) Zeile 4 enthält den beabsichtigten Nutzungszeitraum in Jahren (maximal wird ein Zeitraum von 10 Jahren unterstellt)
c) Zeile 5 nimmt den erwarteten Zinssatz auf.
d) Die in den Jahren der Nutzung erwarteten Erträge (Einnahmen) werden in den Zeilen 8 - 17 eingegeben (im Beispielfall soll von einer Einnahme von 15.000,-- DM im 1. Jahr sowie jährlich um 15 % steigenden Einnahmen ausgegangen werden).
e) In Zeile 19 soll der errechnete Barwert ausgewiesen werden.
f) In Zeile 20 soll schließlich angegeben werden, ob sich als Folge des Vergleichs von Barwert und Gesamtinvestition eine Investition lohnt.

```
Investitionsanalyse nach der Barwertmethode
*******************************************
Gesamtinvestition (in DM)        70000,00
Zeitraum (in Jahren)                    5
Zinssatz                              9,5
*******************************************
Erwartete Einnahmen:
1. Jahr                          15000,00
2. Jahr                          17250,00
3. Jahr                          19837,50
4. Jahr                          22813,13
5. Jahr                          26235,09
6. Jahr
7. Jahr
8. Jahr
9. Jahr
10. Jahr
*******************************************
Barwert:                         75728,11
Investitionsentscheidung:        Ja
```

Speichern Sie die erstellte Tabelle unter dem Dateinamen "Barwert.MP"!

6.3.1 Anwendung der Barwertfunktion

Ein erst nach Jahren erzielter Ertrag hat heute einen geringeren Wert. Dieser heutige Wert wird in der Sprache der Finanzmathematik Barwert oder Gegenwartswert genannt. Das Berechnen des Barwertes wird Abzinsen oder Diskontieren genannt und setzt die Annahme eines Zinssatzes voraus. Danach gilt folgende Abzinsungsformel:

Barwert = Kapital/Zinsfaktor hoch Jahre.

Der Abzinsungsfaktor ergibt sich aus folgender *Formel*: 1 + p/100.

Multiplan stellt für die Ermittlung des Barwertes eine besondere Funktion zur Verfügung, die folgenden Aufbau hat:

BARWERT(Zins;Liste).

Mit dieser Funktion kann der Gegenwartswert des künftigen Rückflusses aus einer Kapitalanlage ermittelt werden. Dabei ist unter **Zins** die angenommene Verzinsung zu verstehen, während unter dem Begriff *Liste* die Reihe der erwarteten Rückflüsse anzugeben ist.

Notwendig ist, daß ein Name für die Liste vergeben wird oder ein Bereich angegeben wird (vgl. Abbildung 6-2).

Anwendung der Funktion BARWERT

Beispiel

	1	2
1	Zinssatz	9,5
2		
3	Erwartete	
4	Einnahmen	
5	1. Jahr	15000,00
6	2. Jahr	17250,00
7	3. Jahr	19837,50
8	4. Jahr	22813,13
9	5. Jahr	26235,09

Liste (z. B. als ERTRAG benannt)

Lösung

BARWERT (Z1S2%;Z5S2:Z9S2) oder
BARWERT (Z1S2%;ERTRAG)

Abb. 6-2: Anwendung der Funktion BARWERT

6.3.2 Lösung der Musteraufgabe „Barwert"

Zur Aufgabenlösung ist wie folgt vorzugehen:

a) Grundaufbau der Tabelle

Für die 1. Spalte soll die Spaltenbreite auf 30 Zeichen erhöht werden.
Dies kann über Wahl der Befehls FORMAT BREITE_DER_SPALTEN
und Eingabe der Zeichenanzahl 30 erfolgen.

Anschließend kann die Tabellenüberschrift mit dem Befehl TEXT eingegeben werden. Notwendig ist hierbei eine zusammenhängende Feldformatierung über den Befehl FORMAT FELDER.

Danach können die übrigen Textinformationen sowie die feststehenden
Zahlenwerte eingegeben werden.

b) Aufbau der Formeln zur Ertragsermittlung

In den Feldern Z9S2:Z12S2 sind die Erträge für die einzelnen Jahre zu
ermitteln. Dabei gilt folgender Formelaufbau:
Z(-1)S*1,15. Die relative Adressierung ermöglicht es, die Formel lediglich im Feld Z9S2 einzugeben. Anschließend kann diese dreimal nach
unten kopiert werden.

c) Namensvergabe für den Tabellenbereich

Der Tabellenbereich, der die Ertragswerte enthält, sollte anschließend mit
einem Namen belegt werden. Im Beispielfall ist hierzu zunächst das Ausgangsfeld Z8S2 anzusteuern und dann der Befehl NAME aufzurufen.
Nun kann für den Bereich Z8:17S2 der Name "Ertrag" vergeben werden.

d) Ermittlung des Barwertes

Im Feld Z19S2 ist gemäß der Aufgabenstellung der Barwert zu ermitteln.
Hier kann nun die finanzmathematische Funktion Barwert genutzt wer-
den. Die Formel hat folgenden Aufbau:
BARWERT(Z5S2%;Ertrag).

e) Ausweis der Investitionsentscheidung

Im Feld Z20S2 ist schließlich auszuweisen, ob die Investition getätigt werden soll (Anzeige: Ja) oder nicht (Anzeige: Nein). Dazu ist folgende Formel einzugeben:
WENN(Z19S2>Z3S2;"Ja";"Nein").

Das Ergebnis nach Ausführung des Befehls ist die gewünschte Tabelle. Die Ansätze zur Formeldarstellung werden in Bildschirmausdruck 6-8 ausgewiesen.

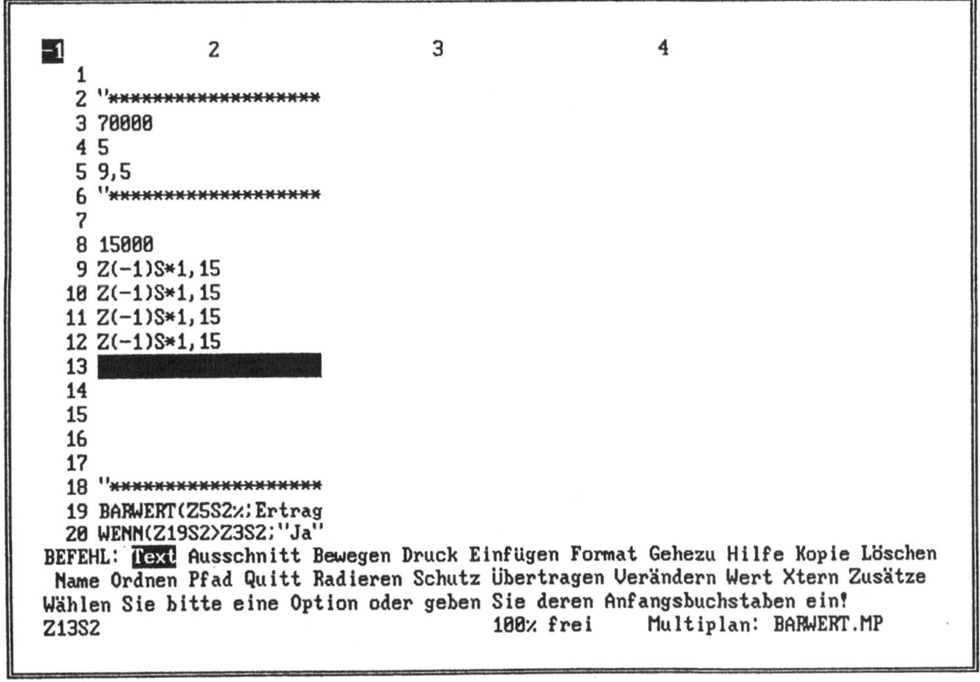

Bildschirmausdruck 6-8

6.3.3 Finanzmathematische Funktionen im Überblick

Einen Überblick über die wichtigsten in Multiplan verfügbaren finanzmathematischen Funktionen gibt die folgende Zusammenstellung:

FUNKTION	BEDEUTUNG
BARWERT(Zins;Liste)	ermittelt den Gegenwartswert des künftigen Rückflusses aus einer Kapitalananlage; Zins = angenommene Verzinsung; Liste = Reihe der erwarteten Rückflüsse
GW(zins;zzr;rmz;zw;f)	ermittelt wird der Gegenwartswert eines konstanten Cash-Flows. Das wahlfreie Argument f (= Fälligkeit) gibt an, ob die Zahlungen am Anfang (f=1) oder am Ende des Zeitraums (f=0) fällig sind. Der Vorgabewert ist 0.
ZW(zins;zzr;rmz;gw;f)	ermittelt den zukünftigen Wert eines Cash-Flows. Vorgabewerte sind GW = 0 und f =0.
ZZR(zins;rmz;gw;zw;f)	ermittelt die Zahl der Zeiträume (Cash-Flow); d. h. die Anzahl der Zahlungen.
RMZ(zins;zzr;gw;zw;f)	berechnet werden die regelmäßigen Zahlungen (Cash-Flow)
ZINS(zzr;rmz;gw;zw;f; Schätzwert)	berechnet den Zinsatz je Zeitraum bei regelmäßigen Zahlungen
IKV(Liste; Schätzwert)	berechnet die internen Kapitalverrechnungssätze einer Liste von Cash-Flows
QUIKV(Liste;Investitionssatz;Reinvest.satz)	qualifizierte Ermittlung des internen Kapitalverrechnungssatzes einer Liste von Cash-Flows

6.4 Arbeiten mit Datum und Zeit

Ab der Version 3.0 verfügt Multiplan über die Datentypen Datum und Uhrzeit und damit auch über eine Datums- und Zeitarithmetik. Die Anwendungsmöglichkeiten des Programms haben sich dadurch erheblich erhöht.

Sinnvolle Anwendungsfälle für das Arbeiten mit Zeit und Datum in Tabellen können sein:
- gezielte Überwachung von Zahlungsterminen;
- taggenaue Berechnung von Zinsen;
- Berechnung von zeitabhängigen Löhnen.

Musteraufgabe 9: Mahnung

Lernziele:

- Eingeben von Datum und Uhrzeit
- Formatieren von Datums- und Zeitangaben
- Nutzung der Zeit- und Datumsarithmetik
- Arbeiten mit Zeit- und Datumsfunktionen

Zur Überprüfung des rechtzeitigen Zahlungseinganges soll eine Tabelle erstellt werden, die
a) unter Berücksichtigung von Rechnungsdatum und Zahlungsziel das Fälligkeitsdatum ermittelt und
b) durch Zugriff auf das aktuelle Datum in einer Spalte ausweist, ob eine Mahnung geschrieben werden muß, weil das Fälligkeitsdatum überschritten wurde.

Ergebnis soll die folgende Tabelle sein:


```
Aktuelle Mahnliste

aktuelles Datum     10.4.87
                    -----------


Kunde             Rechnungs-   Zahlungsziel    Fälligkeit   Mahnung
                  datum        (in Tagen)
----------------------------------------------------------------------
Karl Salzer KG    12-Dez-86         75         25-Feb-87       Ja
Max Schmidt       28-Dez-86         90         28-Mär-87       Ja
Erwin Moll OHG    10-Jan-87         60         11-Mär-87       Ja
Franz Maas        20-Feb-87         90         21-Mai-87       Nein
Hubert Schwarz    22-Feb-87         45          8-Apr-87       Ja
Karl Weber        27-Feb-87         75         13-Mai-87       Nein
```

Hinweise zur Aufgabenlösung:

a) Zunächst sind die Textinformationen einzugeben.
b) Anschließend können die feststehenden Werte in Spalte 3 (= Zahlungsziel in Tagen) erfaßt werden.
c) Geben Sie danach das aktuelle Datum in Z4S2 und die Rechnungsdaten in Z10S2-Z15S2 ein. Die Datumseingaben sollten in der Form "t.m.jj" erfolgen.
d) Formatieren Sie die Rechnungsdaten in der gewünschten Darstellungsform "t-mmm-jj".
e) Ermitteln Sie die Fälligkeitsdaten in Spalte 4.
f) Weisen Sie in Spalte 5 in Textform aus, ob eine Mahnung zu erstellen ist oder nicht.
g) Speichern Sie die fertige Tabelle unter dem Dateinamen "Mahnung.MP".

Vor Lösung der Muster-Aufgabe "Mahnung" empfiehlt es sich, zunächst anhand einfacher Übungen die Varianten zur Eingabe und Formatierung von Datums- und Zeitangaben kennenzulernen.

6.4.1 Eingeben von Datum und Uhrzeit

Die Eingabe von Datum und Uhrzeit erfolgt bei Multiplan im Text-Modus. Nach Auslösung des Befehls TEXT (durch Betätigen der Taste <T>) kann ein Datum oder die Uhrzeit in einem der vorgegebenen Standardformate eingegeben werden.

a) Eingabe eines Datums

Zur Eingabe eines Datums stehen fünf Standardvarianten zur Verfügung. Die möglichen Formate zeigt am Beispiel des Datums "29. April 1987" die folgende Aufstellung:

Datum mit Tag, Monat (als Ziffer) und Jahr:	29.4.87
Datum mit Tag und Monat (als Ziffer):	29.4
Datum mit Tag, Monat (als 3 Buchstaben) und Jahr:	29-Apr-87
Datum mit Tag und Monat (als 3 Buchstaben):	29-Apr
Datum mit Monat und Jahr:	Apr-87

Bei der Eingabe des Datums prüft Multiplan die Plausibilität der Eingabe. So würde z. B. die Eingabe "30.2." oder "30-Feb" nicht als eine Datumseingabe akzeptiert. Bei plausibler Datumseingabe, wird das Datum auf dem Bildschirm in dem eingegebenen Format rechtsbündig angezeigt, sofern das Feld kein besonderes Datumsformat enthält.

Das eingegebene Datum wird in Form einer Seriennummer (einer Zahl zwischen 1 und 65380) gespeichert und als solche in der Statuszeile angezeigt. Für das Beispiel würde folgende Seriennummer angezeigt: 31896.

b) Eingabe der Uhrzeit

Nach Auslösung des Befehls TEXT kann eine Zeit (z. B. 17.56 am Nachmittag) in einem der folgenden Formate eingegeben werden:

Uhrzeitangabe in Stunden und Minuten: 17:56
Uhrzeitangabe in Stunden, Minuten und Sekunden: 17:56:00
Uhrzeitangabe mit Abkürzung AM bzw. PM: 5:56:00 PM
(AM = ante meridiem = vormittags; PM = post meridiem = nachmittags)

Bei plausibler Zeiteingabe wird die Uhrzeit auf dem Bildschirm in dem eingegebenen Format rechtsbündig angezeigt, es sei denn, das Feld enthält keine Zeitformatierung. Die eingegebene Zeit wird in Form einer Seriennummer (einer Zahl zwischen 1 und 65380) gespeichert und als solche in der Statuszeile angezeigt.

c) Kombinierte Eingabe von Datum und Uhrzeit

Natürlich besteht auch die Möglichkeit, Datum und Uhrzeit in kombinierter Form in einem Feld einzugeben. Dies erfolgt standardmäßig in folgendem Format:

t.m.jj h:mm   =   29.4.87 17:56

d) Übung zur Eingabe von Datum und Uhrzeit

Um die Eingabe von Datum und Uhrzeit zu testen, führen Sie mit einem leeren Arbeitsblatt bitte folgende Zwischenübung durch. Erhöhen Sie zunächst die Breite der 1. Spalte auf 30 Zeichen und geben Sie danach in dieser Spalte
- das Datum "10.Mai 1987" in den 5 Varianten ein
- die Zeit "8 Uhr 20 vormittags" in den drei Varianten ein
- Datum und Uhrzeit als Kombination ein.

Die Eingabe muß dann das Aussehen aufweisen, wie es in Bildschirmausdruck 6-9 gezeigt wird.

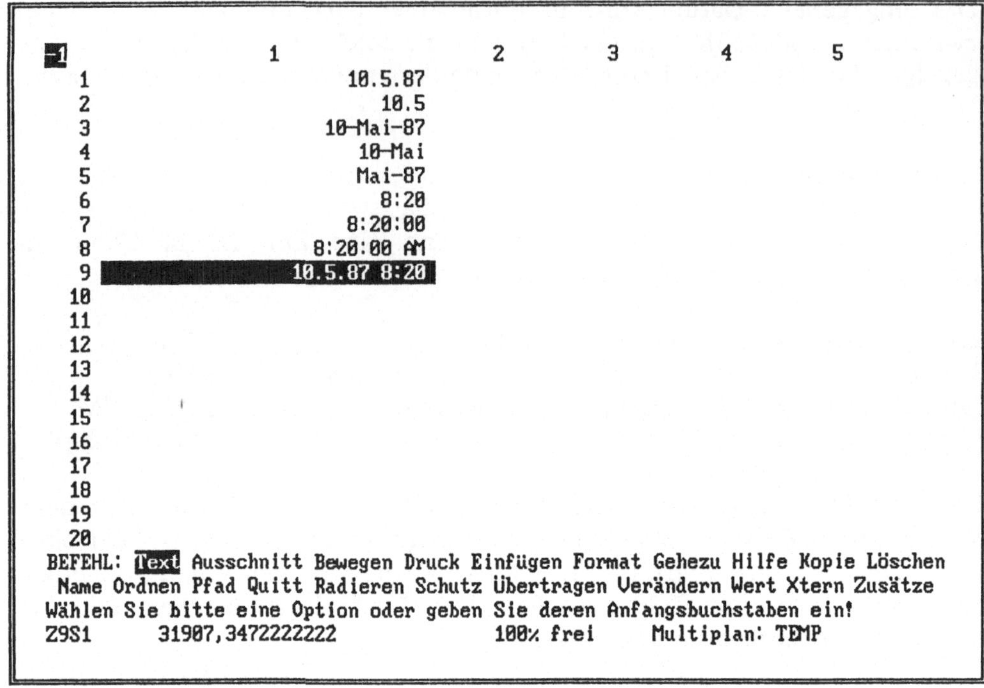

Bildschirmausdruck 6-9

6.4.2 Automatische Anzeige des aktuellen Datums

Multiplan bietet auch die Möglichkeit, automatisch das aktuelle Datum anzuzeigen. Hierzu dient die Funktion JETZT (). Bei Anwendung dieser Funktion erscheint die serielle Zahl für das heutige Datum und die momentane Zeit in dem jeweiligen Feld.

Setzen Sie nun die Übung fort und testen Sie im Feld Z10S1 die Funktion JETZT() einmal aus. Das dazu erforderliche Vorgehen gibt die Checkliste in Abbildung 6-3 wieder.

Reihenfolge der Bearbeitung	Tastenfolge
1. Ausgangsfeld ansteuern	▼ ► ▲ ◄
2. Befehl zur Formeleingabe aufrufen	W oder =
3. Funktion eingeben	JETZT()
4. Befehl ausführen	↵

Abb. 6-3: Automatische Anzeige des aktuellen Datums

114

Nach Ausführung des Befehls muß auf Ihrem Bildschirm die Seriennummer für das aktuelle Datum erscheinen (sofern in Ihrem Computer
keine automatische Uhr integriert ist, müßten Sie allerdings beim Starten
des Betriebssystems die korrekte Angabe von Datum und Uhrzeit vorgenommen haben).

6.4.3 Formatieren von Datums- und Zeitangaben

Felder, die eine Seriennummer für die Datumsangabe anzeigen oder unmittelbar Datums-/Zeiteingaben enthalten, können mit dem Befehl
FORMAT ZEIT_DATUM FELDER formatiert bzw. im Format geändert
werden.

Angeboten werden folgende zehn Standardformate:
h:mm; h:mm AM/PM; h:mm:ss; h:mm:ss AM/PM; mmm-jj; t-mmm; t-
mmm-jj; t.m; t.m.jj; t.m.jj h:mm

Die Seriennummer in Feld Z10S1 soll nun im Format *"t.m.jj h:mm"* formatiert werden. Dann ist folgendermaßen vorzugehen:

Reihenfolge der Bearbeitung	Tastenfolge
1. Ausgangsfeld ansteuern (z. B. Z1S10)	<Richtungstasten>
2. Befehl FORMAT ZEIT_DATUM Felder wählen	<F> <Z> <F>
3. Befehlsfeld "Format:" ansteuern	<TAB>
4. Auswahl eines vorgegebenen Formates	<Richtungstasten>
5. Befehl ausführen	<RETURN>

Nach Auslösung des Teilschrittes 4 würden sich auf dem Bildschirm die
in Bildschirmausdruck 6-10 dargestellten Zeit-/Datumsformate ergeben.

```
KEINS
h:mm
h:mm AM/PM
h:mm:ss
h:mm:ss AM/PM
mmm-jj
t-mmm
t-mmm-jj
t.m
t.m.jj
t.m.jj h:mm


FORMAT ZEIT_DATUM Felder: Z10S1        Format: KEINS

Geben Sie bitte das Zeit-/Datumsformat ein oder wählen Sie von der Liste!
Z10S1     JETZT()                      100% frei     Multiplan: TEMP
```

Bildschirmausdruck 6-10

Wird der Befehl ausgeführt, würde z. B. für die Seriennummer 31891,745787037 die Anzeige "24.4.87 17:57" erscheinen. Testen Sie doch einmal für die Zeilen 11 - 20 sämtliche Standardformate von Multiplan in der vorgegebenen Reihenfolge.

6.4.4 Definition eigener Datums- und Zeitformate

Als Multiplan-Benutzer hat man die Möglichkeit, eigene Datums- und Zeitformate zu definieren und in die Auswahlliste aufzunehmen. Die Liste besteht dann aus den zehn Standardformaten und den selbst definierten Sonderformaten.

Beispiel: Es soll der Tag bei der Anzeige in einem Feld ausgeschrieben sein (etwa: Fre,24 April 1987).

Die Definition eigener Formate kann sowohl über den Befehl FORMAT ZEIT_DATUM FELDER als auch über den Befehl FORMAT ZEIT_DATUM ERSETZEN erfolgen.

a) Anwendung des Befehls FORMAT ZEIT_DATUM FELDER

Die grundsätzliche Vorgehensweise zeigt die Checkliste in Abbildung 6-4.

Definition eigener Datums- und Zeitformate	
Reihenfolge der Bearbeitung	Tastenfolge
1. Ausgangsfeld ansteuern	
2. Befehl FORMAT ZEIT_DATUM FELDER wählen	F Z F
3. Eingabe im Befehlsfeld "Format:" vornehmen	ttt,t mmm jjjj
4. Befehl ausführen	

Abb. 6-4: Definition eigener Datums- und Zeitformate

b) Anwendung des Befehls FORMAT ZEIT_DATUM ERSETZEN

Mitunter möchte man im nachhinein ein in einer Tabelle festgelegtes Datums-/Zeitformat umwandeln. Im Unterschied zu Fall a) wird hier nach Ausführung des Befehls jedes vorkommende erste Format durch das Format ersetzt, das im Befehlsfeld "durch:" angegeben wurde.

Beispiel: Alle im Format "t.m.jj h:mm" angezeigten Daten sollen durch das Format "ttt,t mmmm jjjj" ersetzt werden. Dann ist wie in Abbildung 6-5 vorgegeben vorzugehen.

Globales Ändern festgelegter Datums-/Zeitformate	
Reihenfolge der Bearbeitung	Tastenfolge
1. Befehl FORMAT ZEIT_DATUM ERSETZEN wählen	(F) (Z) (E)
2. Zeit-/Datumsformat wählen, das geändert werden soll (falls nicht angezeigt)	(↓) (→) (↑) (←)
3. Befehlsfeld "durch:" ansteuern	(⇥)
4. Neues Format eingeben	ttt,t mmm jjjj
5. Befehl ausführen	(↵)

Abb. 6-5: Globales Ändern festgelegter Datums-/Zeitformate

Nach der Befehlsausführung ändern sich die Formate aller Felder der Tabelle, die das Ursprungsformat enthielten. Das neu definierte Format befindet sich nun (wie Sie durch eine Kontrolle feststellen können) in der Liste der Zeit-/Datumsformate.

Ein Löschen definierter Sonderformate aus der Formatliste ist über den Befehl FORMAT ZEIT_DATUM ERSETZEN möglich. Soll z. B. das definierte Sonderformat "ttt,t mmmm jjjj" aus der Formatliste entfernt werden, ist wie folgt vorzugehen:

Reihenfolge der Bearbeitung	Tastenfolge
1. FORMAT ZEIT_DATUM ERSETZEN wählen	<F> <Z> <E>
2. Sonderformat angeben	ttt,t mmmm jjjj
3. Befehlsfeld "durch:" ansteuern	<TAB>
4. Angabe "Keins" auswählen	<Richtungstasten>
5. Befehl ausführen	<RETURN>

6.4.5 Nutzung der Datums- und Zeitarithmetik

Nun können Sie anhand der Musteraufgabe "Mahnung" noch einmal die zuvor erläuterte Möglichkeit der Eingabe und Formatierung der Datums- und Zeitinformationen anwenden und beispielhaft kennenlernen, wie Daten und Zeiten in Berechnungen verwendet werden.

In folgenden Teilschritten kann die Lösung realisiert werden:

a) Eingabe sämtlicher Textinformationen (Kopf der Mahnliste, Spaltenüberschriften, Kundennamen) über den Befehl TEXT.

b) Eingabe der Wertinformationen in der Spalte 3 (Zahlungsziel in Tagen) über den Befehl WERT.

c) Eingabe der Datumsinformationen über den Befehl TEXT in dem gewünschten Format "t.m.jj". Dies gilt sowohl für die Eingabe des aktuellen Datums als auch für die Rechnungsdaten. Bezüglich des aktuellen Datums sei darauf hingewiesen, daß im Beispielfall aus Gründen
   der Einheitlichkeit und Nachvollziehbarkeit der Lösung zwar das
   Datum "10.4.87" eingegeben werden sollte. In der Praxis bietet sich
   hier jedoch die Anwendung der Funktion JETZT() an, so daß nach
   dem Aufruf immer das aktuelle Datum automatisch erzeugt wird.

d) Über den Befehl FORMAT ZEIT_DATUM FELDER können nun
   die Daten der Rechnung (in Spalte 2) einheitlich in der gewünschten
   Form "t-mmm-jj" angezeigt werden.

e) Es wurde bereits ausführlich erläutert, daß Multiplan Datum und
   Uhrzeit intern als normale Dezimalzahlen speichert. Damit ist die
   Voraussetzung geschaffen, auch arithmetische Operationen mit Da-
   tums-/Zeitfeldern durchzuführen bzw. ein Datum oder eine Zeit in
   einer Formel zu verwenden. Um das jeweilige Fälligkeitsdatum für
   die einzelnen Kundenrechnungen zu ermitteln, muß im Anwendungsbeispiel zum Rechnungsdatum das jeweilige Zahlungsziel addiert
   werden. Damit ergibt sich folgende Formel für das Feld Z10S4, die
   dann nach unten kopiert werden kann:
   ZS(-2)+ZS(-1).
   Ist das Ergebnisfeld als Zeit-/Datumsfeld formatiert, dann erfolgt
   eine taggenaue Anzeige des Fälligkeitsdatums in diesem Feld.

f) Der Nachweis, ob eine Mahnung zu erstellen ist, ergibt sich aus einem Vergleich des ermittelten Fälligkeitsdatums mit dem in Feld
   Z4S2 ausgewiesenen aktuellem Datum. Die Lösung erfolgt dann mit-
   tels der WENN-DANN-Funktion. Für das Feld Z10S5 ergibt sich somit folgende Formel, die ebenfalls nach unten kopiert werden kann:
   WENN(ZS(-1)>Z4S2;"Nein";"Ja").

g) Abschließend kann die Aufgabe mit dem Befehl ÜBERTRAGEN
   SPEICHERN unter dem Dateinamen "Mahnung.MP" gespeichert werden.

Die Bildschirmanzeige nach Durchführung sämtlicher Teilschritte zeigt
Bildschirmausdruck 6-11.

```
  -1        1            2            3            4          5
  1 Aktuelle Mahnliste
  2
  3
  4 aktuelles Datum      10.4.87
  5                      ──────────────
  6
  7 Kunde                Rechnungs-   Zahlungsziel  Fälligkeit  Mahnung
  8                         datum     (in Tagen)
  9 ──────────────────────────────────────────────────────────────────
 10 Karl Salzer KG       12-Dez-86          75     25-Feb-87      Ja
 11 Max Schmidt          28-Dez-86          90     28-Mär-87      Ja
 12 Erwin Moll OHG       10-Jan-87          60     11-Mär-87      Ja
 13 Franz Maas           20-Feb-87          90     21-Mai-87     Nein
 14 Hubert Schwarz       22-Feb-87          45      8-Apr-87      Ja
 15 Karl Weber           27-Feb-87          75     13-Mai-87     Nein
 16
 17
 18
 19
 20
BEFEHL: Text Ausschnitt Bewegen Druck Einfügen Format Gehezu Hilfe Kopie Löschen
  Name Ordnen Pfad Quitt Radieren Schutz Übertragen Verändern Wert Xtern Zusätze
Wählen Sie bitte eine Option oder geben Sie deren Anfangsbuchstaben ein!
  Z14S3      45                       100% frei     Multiplan: MAHNUNG.MP
```

Bildschirmausdruck 6-11

Einen Überblick über die Formeldarstellung für die Spalten 4 und 5 liefert Bildschirmausdruck 6-12.

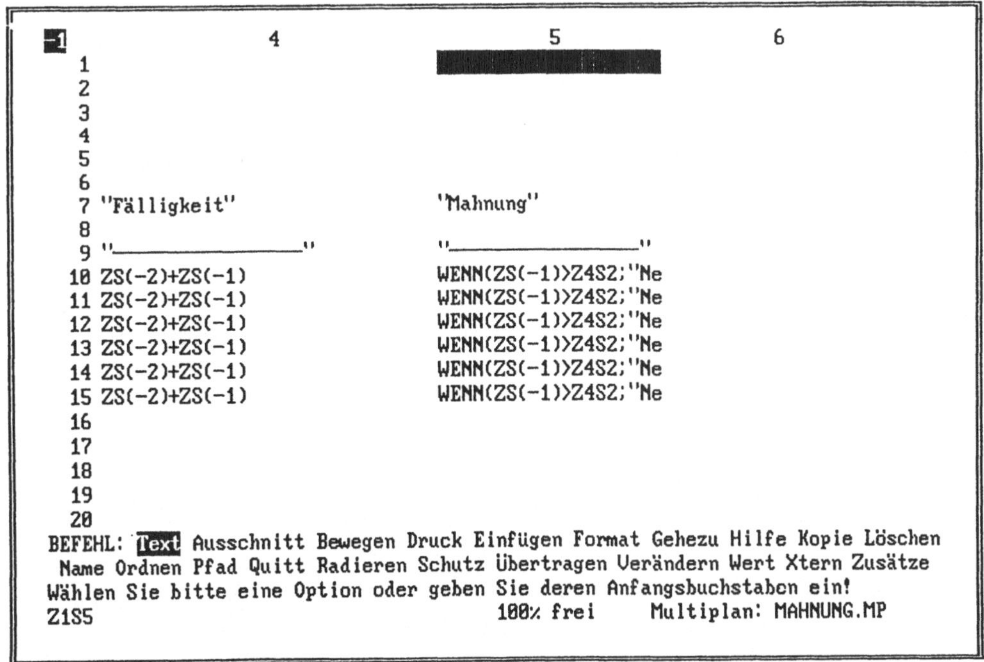

```
  -1               4                    5                  6
  1
  2
  3
  4
  5
  6
  7 "Fälligkeit"             "Mahnung"
  8
  9 "______________"         "______________"
 10 ZS(-2)+ZS(-1)            WENN(ZS(-1)>Z4S2;"Ne
 11 ZS(-2)+ZS(-1)            WENN(ZS(-1)>Z4S2;"Ne
 12 ZS(-2)+ZS(-1)            WENN(ZS(-1)>Z4S2;"Ne
 13 ZS(-2)+ZS(-1)            WENN(ZS(-1)>Z4S2;"Ne
 14 ZS(-2)+ZS(-1)            WENN(ZS(-1)>Z4S2;"Ne
 15 ZS(-2)+ZS(-1)            WENN(ZS(-1)>Z4S2;"Ne
 16
 17
 18
 19
 20
BEFEHL: Text Ausschnitt Bewegen Druck Einfügen Format Gehezu Hilfe Kopie Löschen
  Name Ordnen Pfad Quitt Radieren Schutz Übertragen Verändern Wert Xtern Zusätze
Wählen Sie bitte eine Option oder geben Sie deren Anfangsbuchstaben ein!
  Z1S5                                  100% frei     Multiplan: MAHNUNG.MP
```

Bildschirmausdruck 6-12

6.4.6 Datums- und Zeitfunktionen im Überblick

Multiplan verfügt über eine Reihe von Funktionen, die das Arbeiten mit
Daten und Zeiten erleichtern. Eine solche Funktion haben wir bereits für
die Anzeige des aktuellen Datums kennengelernt. In der folgenden Übersicht sind die weiteren Datums- und Zeitfunktionen zusammengefaßt und
erläutert, die Multiplan bietet:

Funktion (Syntax)	Erläuterung
DATUM (Zeit;Monat;Tag)	das angegebene Datum wird in eine serielle Zahl umgewandelt, um in Formeln genutzt werden zu können
DATWERT(Z)	der Text wird in eine serielle Datumszahl umgewandelt
JAHR(N)	die Zahl N wird in ein Jahresdatum umgewandelt
JETZT()	angezeigt wird die serielle Zahl des momentanen Datums und der aktuellen Zeit
MINUTE(N)	wandelt N in eine Minutenangabe um
MONAT(N)	wandelt N in eine Monatsangabe um
SEKUNDE(N)	wandelt N in eine Sekundenangabe um
STUNDE(N)	wandelt N in eine Stundenangabe um
TAG(N)	wandelt N in ein Tagesdatum um
WOCHENTAG(N)	wandelt N in ein Wochentagsdatum um
ZEIT(Stunde;Minute;Sekunde)	gibt die serielle Zahl der angegebenen Zeit wieder
ZEITWERT()	wandelt den Text in eine serielle Zeitzahl um

6.5 Vertiefende Übungsaufgabe zum Abschnitt 6

6.5.1 Übungsaufgabe „Rechnungsschreibung"

Richten Sie nachfolgende Multiplan-Tabelle ein, die aufgrund der Eingabedaten "Stückzahl" und "Stückpreis" den Brutto-Rechnungsbetrag ermittelt. Dabei ist folgende Bedingung zu beachten: bei Warenlieferungen, bei
denen die Abnahme 100 Stück übersteigt, wird ein Mengenrabatt von 15
% in Abzug gebracht.

```
Rechnungsschreibung
**********************************************  *
Eingabebereich                                 *
Stückzahl:    ·        98       154       100  *
Stückpreis:         25,00     25,00     25,00   *
**********************************************  *


Warenwert        2450,00   3850,00   2500,00
Rabatt              0,00    577,50      0,00
- - - - - - - - - - - - - - - - - - - - - - -
Nettobetrag      2450,00   3272,50   2500,00
MWSt              343,00    458,15    350,00
- - - - - - - - - - - - - - - - - - - - - - -
Bruttobetrag     2793,00   3730,65   2850,00
=============================================
```

Hinweis:

Speichern Sie die erstellte Tabelle auf Ihrer Arbeitsdiskette mit dem Dateinamen "RECH.MP".

6.5.2 Übungsaufgabe „Summarische Zinsrechnung"

Die summarische Zinsrechnung bietet die Möglichkeit, die Zinsen für
mehrere Kapitalien mit verschiedener Laufzeit, aber gleichem Zinssatz,
in einer Rechnung zu ermitteln. In der folgenden Aufstellung sind die
Verzugszinsen und der Überweisungsbetrag eines Schuldner zur ermitteln.
Dabei gelten folgende Rahmenbedingungen:
Vier Rechnungen mit unterschiedlichen Fälligkeitstagen sollen zum 30.06
ausgeglichen werden. Zu berücksichtigen sind 6 % Verzugszinsen und
14% Umsatzsteuer.

	1	2	3	4
1	Summarische Zinsrechnung			
2				
3	Stichtag	30.6.87		
4				
5				
6	Re.beträge	Fälligkeit	Zinstage	Zinszahlen
7	3100,00	28.12.86	184	5704
8	550,00	2.2.87	148	814
9	2155,50	17.3.87	105	2263
10	1570,00	1.6.87	29	455
11	....			
12	7375,50	Summen		9236
13	153,93	Verzugszinsen		
14	21,55	Umsatzsteuer		
15	....			
16	7550,98	Überweisung		

Teilschritte zur Lösung der Übungsaufgabe:

a) Erhöhen Sie zunächst die Spaltenbreite für alle vier Spalten auf 15 Zeichen. Die Datumseingaben in der Spalte 2 sind im Format t.m.jj einzugeben.

b) Ermitteln Sie danach die Zinstage als Differenz zum Stichtag.

c) Geben Sie anschließend in Spalte 4 die Formel für die Ermittlung der Zinszahlen ein. Grundsätzlich wird die Zinszahl nach folgender Formel ermittelt:
Zinszahl = 1 % des Kapitals x Tage.

d) Ermitteln Sie anschließend die Summen für die Rechnungsbeträge und die Zinszahlen.

e) Im Feld Z13S1 ist die Formel zur Ermittlung der Verzugszinsen zu erfassen. Allgemein gilt:
Zinsen = Summe der Zinszahlen / Zinsteiler.

f) Im Feld Z14S1 ist die Umsatzsteuer auszuweisen.

g) Im Feld Z16S1 ist der Überweisungsbetrag zu ermitteln.

h) Speichern Sie abschließend die Tabelle unter dem Namen SUMM-ZINS.MP.

7 Erleichterung des Arbeitens mit Multiplan

7.1 Arbeiten mit der Fenstertechnik

Ein Kennzeichen moderner Computersoftware ist die Möglichkeit, den Bildschirm in verschiedene Ausschnitte aufzuteilen und damit quasi mehrere "Unter-Bildschirme" zur Verfügung zu stellen, in denen ein unabhängiges Arbeiten möglich ist. Mit dieser allgemein als Fenstertechnik bezeichneten Arbeitsweise können bei der praktischen Arbeit mitunter erhebliche Vorteile realisiert werden.

Im Rahmen von Tabellenkalkulationsanwendungen sind vor allem zwei Beispiele zu nennen, die den Einsatz der Fenstertechnik nahelegen:

a) Erhöhung der Übersicht bei umfangreichen Tabellen. Durch das Aufteilen des Bildschirms in mehrere Fenster kann die Übersicht bei der Auswertung umfangreicher Tabellen erhöht werden. So lassen sich etwa Zahlenwerte aus verschiedenen Perioden am Bildschirm nebeneinander anzeigen und somit schnell vergleichen.

b) Vereinfachung von Kopiervorgängen. Die Fenstertechnik erleichtert es, Tabellenbereiche von einer Tabelle in eine andere aktuelle Tabelle zu kopieren. Voraussetzung hierzu ist allerdings, daß in den Fenstern verschiedene Dateien vorhanden sein können (in Multiplan ab der Version 3.0 möglich).

Unterschiede bestehen bei Tabellenkalkulationsprogrammen bezüglich der Anzahl und der Art der einrichtbaren Fenster. Die Varianten zur Aufteilung des Bildschirms zeigt Abbildung 7-1.

> **Fenstertechnik: Varianten für das Einrichten
> von Fenstern**

(1) Horizontale Aufteilung

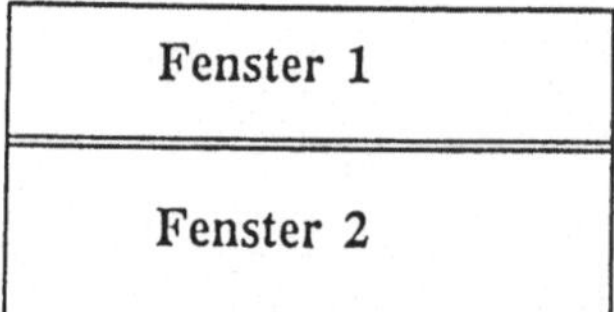

(2) Vertikale Aufteilung

(3) Mischform von (1) und (2)

Abb. 7-1: Fenstertechnik

Die folgende Musteraufgabe soll die verschiedenen Varianten der Fenstertechnik verdeutlichen bzw. es soll das Arbeiten mit Fenstern geübt werden.

Musteraufgabe 10: Fenster

Lernziele:

- Teilen von Ausschnitten
- Ausschnitte wechseln
- Ausschnitte gestalten

- Ausschnitte verbinden
- Ausschnittverbindungen herstellen/auflösen
- Ausschnitte löschen

Die Fenstertechnik trägt dazu bei, auch in umfangreichen Tabellen immer den Überblick zu behalten. Diese Vorteile soll die folgende Aufgabe verdeutlichen.

a) Laden Sie zunächst die auf Ihrer Diskette befindliche Datei "FI-JAHR87.MP" (Hinweis: Sofern Sie nicht über die zu diesem Buch erhältliche Arbeitsdiskette verfügen, müssen Sie die Tabelle zunächst so erfassen, wie sie in Kapitel 9 des Buches dargestellt ist).

b) Richten Sie drei Ausschnitte ein, so daß die erste Spalte und die letzte Summenspalte immer im Blickfeld bleiben (vgl. Bildschirmausdruck 7-1).

```
 -1                      1      -2        6        7     3        14
   1 Übersicht zur Finanzierung (Is  1                    1
   2                                  2                    2
   3                                  3      MAI     JUNI  3      GESAMT
   4 EINNAHMEN                        4                    4
   5 Forderungen                      5   1337,06  1403,91 5    17508,84
   6 Bank/Kasse                       6    636,69   668,53 6     8113,73
   7 Warenlager                       7    334,26   350,98 7     4377,22
   8 ───────────────────────────      8 ────────────────── 8 ──────────
   9 Gesamt                           9   2308,01  2423,42 9    29999,79
  10                                 10                   10
  11 AUSGABEN                        11                   11
  12 Verbindlichkeiten               12    988,49   906,12 12   10886,47
  13 Lagerkosten                     13     50,00    50,00 13     600,00
  14 Lohn                            14    121,55   127,63 14    1591,71
  15 Material                        15     60,78    63,81 15     795,86
  16 ───────────────────────────    16 ────────────────── 16 ──────────
  17 Gesamt                          17   1220,82  1147,56 17   13874,04
  18                                 18                   18
  19 Brutto-Ertrag                   19   1087,19  1275,86 19   16125,75
  20 Verwaltungskosten               20    100,00   100,00 20    1200,00
BEFEHL: Text Ausschnitt Bewegen Druck Einfügen Format Gehezu Hilfe Kopie Löschen
   Name Ordnen Pfad Quitt Radieren Schutz Übertragen Verändern Wert Xtern Zusätze
Wählen Sie bitte eine Option oder geben Sie deren Anfangsbuchstaben ein!
Z1S14                                98% frei    Multiplan: FIJAHR87.MP
```

Bildschirmausdruck 7-1

c) Blenden Sie in den 3. Ausschnitt die Summenspalte ein.

d) Wechseln Sie in den 2. Ausschnitt, und blenden Sie die Monate Mai und Juni ein.

e) Stellen Sie eine Verbindung zwischen den Ausschnitten her, so daß
ein synchrones Rollen des Bildschirms möglich wird.

f) Umrahmen Sie den 1. Ausschnitt.

g) Löschen Sie die Ausschnitte 2 und 3.

7.1.1 Ausschnitte einrichten

Multiplan ermöglicht ein Aufteilen des Bildschirms in maximal 8 Ausschnitte. Hierzu ist der Befehl AUSSCHNITT TEILEN zu wählen. Dabei
werden drei Unterbefehle angezeigt: "Waagerecht", "Senkrecht" und "Bezeichnung".

Im vorliegenden Anwendungsfall muß die *Variante SENKRECHT* gewählt werden. Sie ermöglicht ein Teilen des Ausschnittes ab der angegebenen Spalte. Zunächst soll die aktive Tabelle ab Spalte 2 in einen Ausschnitt unterteilt werden. Das dazu erforderliche Vorgehen veranschaulicht die Checkliste in Abbildung 7-2.

<table>
<tr><td colspan="2">Fenstertechnik: Vorgehensweise beim Einrichten
von Fenstern mit Multiplan</td></tr>
<tr><td>Reihenfolge der Bearbeitung</td><td>Tastenfolge</td></tr>
<tr><td>1. Ausgangsfeld Z1S2 ansteuern</td><td>▼ ▶ ▲ ◀</td></tr>
<tr><td>2. Befehl AUSCHNITT TEILEN
SENKRECHT wählen</td><td>A T S</td></tr>
<tr><td>3. Spaltennummer eingeben oder
Vorschlag übernehmen</td><td>2 ↵</td></tr>
<tr><td>4. u. U. Verbindungsstatus ändern</td><td>J oder N</td></tr>
<tr><td>5. Befehl ausführen</td><td>↵</td></tr>
</table>

Abb. 7-2: Fenstertechnik: Vorgehensweise beim Einrichten von Fenstern
mit Multiplan

Nach Ausführung des Befehls wird ein neuer Ausschnitt neben der Spalte
2 eingerichtet. Beide Ausschnitte erhalten automatisch eine entsprechende
Ausschnittnummer, die oben links angezeigt wird; der Feldzeiger befindet sich dann im 2. Fenster. In ähnlicher Form können Sie den Ausschnitt 3 einrichten. Zu diesem Zweck ist das Feld Z1S4 anzusteuern und
der Befehl AUSSCHNITT TEILEN SENKRECHT auszuführen.

Die übrigen Varianten für das *Einrichten von Ausschnitten* werden in der Musteraufgabe nicht benötigt. Ihre Anwendung erfolgt in analoger Form.

Die *Variante WAAGERECHT* ermöglicht ein Teilen des Ausschnittes ab der angegebenen Zeile. Soll z. B. die aktive Tabelle ab der Zeile 15 in einen Ausschnitt unterteilt werden, ist wie folgt vorzugehen:

Reihenfolge der Bearbeitung	Tastenfolge
1. Befehl AUSSCHNITT TEILEN WAAGERECHT wählen	<A><T><W>
2. Zeilennummer eingeben	<15>
3. Befehl ausführen	<RETURN>

Nach der Befehlsausführung ergibt sich ein neuer Ausschnitt unterhalb der Zeile 15. Um ein gleichzeitiges "Rollen" der Zeilen in beiden Ausschnitten zu ermöglichen, können diese miteinander verbunden werden (Anwort "Ja" bei "verbunden" wählen).

Die *Variante BEZEICHNUNG* bietet die Möglichkeit, die Zeilen- und Spaltenbezeichnungen von der übrigen Tabelle abzutrennen. Nach Wahl des Befehls müssen Zeilenanzahl und Spaltenanzahl eingegeben werden.

7.1.2 Ausschnitte wechseln

Für das Arbeiten mit der Fenstertechnik ist die Kenntnis der *Ablaufsteuerung* zwischen den *verschiedenen Fenstern* notwendig. Dies kann entweder das *Wechseln* zwischen den *Fenstern* oder das *Rollen* des *Bildschirms* betreffen.

Um gezielte Eingaben vornehmen zu können, ist ein *Wechseln* zwischen den einzelnen *Fenstern* unumgänglich. Multiplan bietet hierfür zwei Möglichkeiten:

1. Anwendung des Befehls GEHEZU AUSSCHNITT;
2. Verwendung der Funktionstaste <F1>.

1. Anwendung des Befehls GEHEZU AUSSCHNITT

Mit dem Befehl GEHEZU AUSSCHNITT kann ein angegebenes Feld in die linke obere Ecke eines bestimmten Ausschnittes bewegt werden. **Beispiel:** Das Feld Z7S3 soll im Ausschnitt Nummer 2 aktiviert werden.

Reihenfolge der Bearbeitung	**Tastenfolge**
1. Befehl GEHEZU AUSSCHNITT wählen	<G><A>
2. Ausschnittnummern eingeben	<2>
3. Zeilen- und Spaltennummer eingeben	<TAB><7><TAB><3>
4. Befehl ausführen	<RETURN>

2. Verwendung der Funktionstaste <F1>

Testen Sie anschließend anhand des Anwendungsbeispiels das Wechseln zwischen verschiedenen Bildschirmausschnitten mit der Funktionstaste <F1> aus. Gehen sie zunächst zum 3. Fenster und holen Sie anschließend mit den Richtungstasten die 14. Spalte auf dem Bildschirm. Steuern Sie danach das zweite Fenster an (Hinweis: durch zweimaliges Betätigen der Funktionstaste <F1>). Mit der Richtungstaste <Nach Rechts> können Sie sich nun die 6. und 7. Spalte auf dem Bildschirm anzeigen lassen und so die Aufgabenstellung wie gefordert lösen.

7.1.3 Ausschnittverbindung herstellen / auflösen

Ausschnitte, die mit dem Befehl AUSSCHNITT TEILEN gebildet wurden, können nachträglich noch miteinander verbunden werden. Dies hat den Vorteil, daß die Inhalte der Zeilen oder Spalten synchron verschoben werden können (gleichzeitiges "Rollen" des Bildschirms).

Anzuwenden ist der Befehl AUSSCHNITT VERBINDEN. Nach Betätigen der Tastenfolge <A> und <V> erscheinen drei Antwortfelder:

1. *Auschnitt_Nummer:* vorgeschlagen wird der aktive Ausschnitt;
2. *mit Ausschnitt_Nummer:* vorgeschlagen wird der Ausschnitt, der bei der Teilung angesprochen wurde;
3. *verbunden:* Ja (Nein).

Es können zwei beliebige Ausschnittnummern bei den ersten beiden Befehlsfeldern eingegeben werden. Allerdings ist zu beachten, in welche Richtung verbunden wird; z. B. kann ein senkrecht gebildeter Ausschnitt nicht mit einem waagerecht gebildeten verbunden werden.

Zur *Lösung des Anwendungsbeispiels* können zuerst die Fenster 1 und 2 und dann die Fenster 2 und 3 miteinander verbunden werden. Testen Sie anschließend einmal die Wirkungsweise beim Rollen des Bildschirms (z. B. durch Betätigen der Taste <PgDn>).

Verbindungen von Ausschnitten können mit dem Befehl AUSSCHNITT VERBINDEN auch wieder aufgehoben werden (Ausnahme: Ausschnitt-verbindungen, die mit dem Befehl AUSSCHNITT TEILEN BEZEICH-NUNG hergestellt wurden). Zu diesem Zweck muß der Verbindungssta-tus auf "Nein" eingestellt werden.

7.1.4 Ausschnitte gestalten

Eingerichtete Ausschnitte können auch für Übersichtszwecke optisch un-terschiedlich gestaltet werden. So können Ausschnitte mit einer Umrah-mung versehen werden sowie Ausschnittelemente zur Hervorhebung un-terschiedlich gefärbt werden (interessant bei Verwendung von Farbbild-schirmen).

Die Möglichkeiten der Ausschnittgestaltung zeigt im Überblick Abbil-dung 7-3.

Um die Übersicht für den Benutzer zu erhöhen, bietet
Multiplan verschiedene Möglichkeiten der Tabellengestaltung

(1) Umrahmen von Ausschnitten

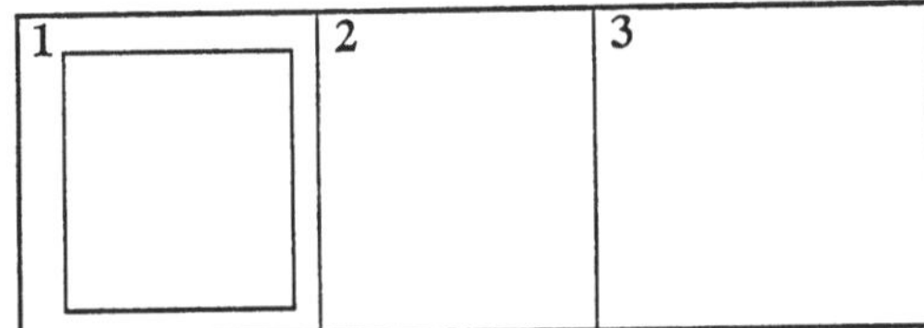

(2) Färben von Ausschnitten

Ausschnittteile, die mit Farben versehen werden
können, sind:
a) Vordergrund (= Text)
b) Hintergrund
c) Rahmen

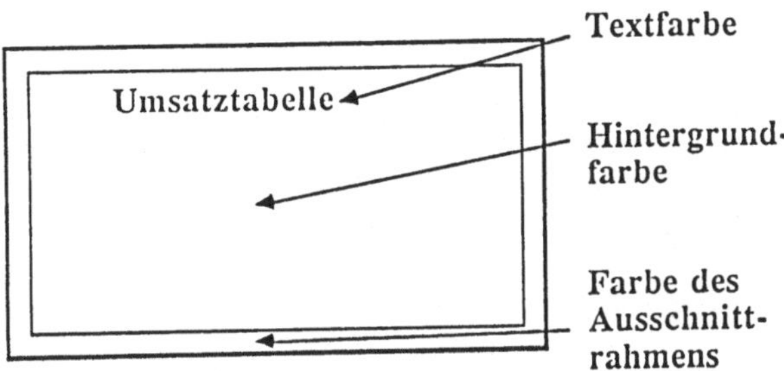

Abb. 7-3: Fenstertechnik: Ausschnitte gestalten

7.1.4.1 Umrahmen von Ausschnitten

Dazu ist wie folgt vorzugehen:

Reihenfolge der Bearbeitung	Tastenfolge
1. Befehl AUSSCHNITT UMRAHMEN wählen	<A> <U>
2. Eingabe im Befehlsfeld "ändern in Auschnitt_Nummer" vornehmen	z. B. <1>
3. Befehl bestätigen	<RETURN>

Sind verschiedene Ausschnitte vorhanden, kann durch eine Eingabe der Ausschnitt-Nr. gezielt festgelegt werden, für welchen Ausschnitt eine Umrahmung erfolgen soll. Nach Auslösen des Befehls entfällt durch den Rahmen an jedem Rand des Ausschnitts eine Zeile bzw. Spalte (der verfügbare Platz für das Anzeigen von Werten wird folglich vermindert).

Zur Lösung der Teilaufgabe f) ist der 1. Ausschnitt mit der Funktionstaste <F1> anzusteuern. Das Ergebnis für den Beispielfall zeigt der Bildschirmausdruck 7-2.

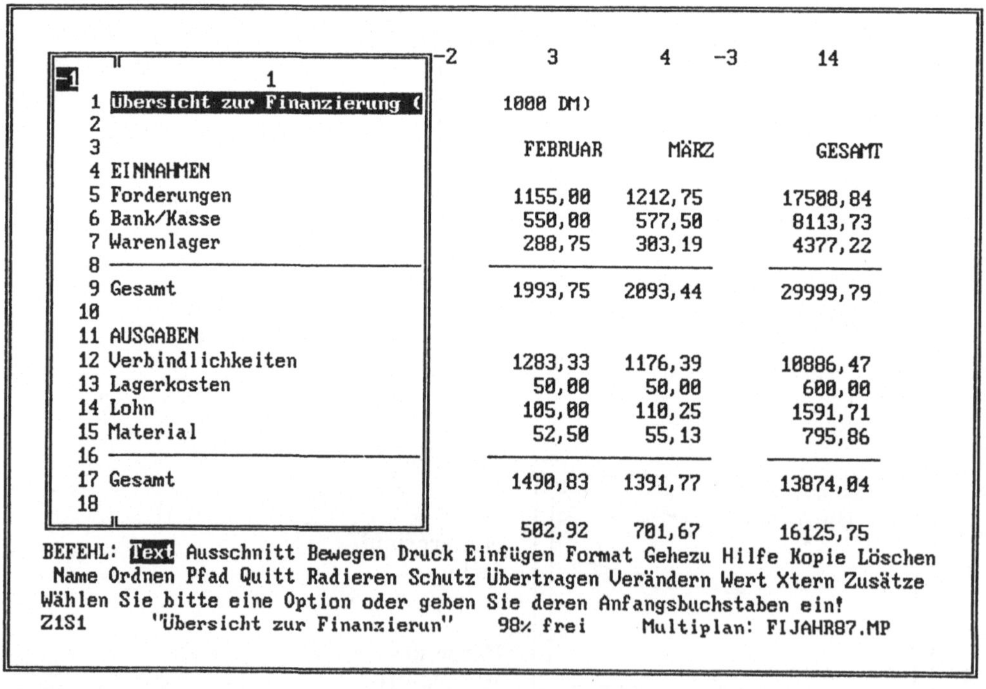

```
          ⌐1       1          -2        3        4     -3       14
     1  Übersicht zur Finanzierung (      1000 DM)
     2
     3                                 FEBRUAR     MÄRZ          GESAMT
     4  EINNAHMEN
     5  Forderungen                    1155,00   1212,75      17508,84
     6  Bank/Kasse                      550,00    577,50       8113,73
     7  Warenlager                      288,75    303,19       4377,22
     8  ─────────────────────────      ────────  ────────     ────────
     9  Gesamt                         1993,75   2093,44      29999,79
    10
    11  AUSGABEN
    12  Verbindlichkeiten              1283,33   1176,39      10886,47
    13  Lagerkosten                      50,00     50,00        600,00
    14  Lohn                            105,00    110,25       1591,71
    15  Material                         52,50     55,13        795,86
    16  ─────────────────────────      ────────  ────────     ────────
    17  Gesamt                         1490,83   1391,77      13874,04
    18
                                        502,92    701,67      16125,75
BEFEHL: [Text] Ausschnitt Bewegen Druck Einfügen Format Gehezu Hilfe Kopie Löschen
   Name Ordnen Pfad Quitt Radieren Schutz Übertragen Verändern Wert Xtern Zusätze
Wählen Sie bitte eine Option oder geben Sie deren Anfangsbuchstaben ein!
Z1S1        "Übersicht zur Finanzierun"      98% frei      Multiplan: FIJAHR87.MP
```

Bildschirmausdruck 7-2

Soll eine vorhandene Umrahmung eines Ausschnittes wieder aufgehoben werden, so ist in gleicher Weise vorzugehen wie bei der Einrichtung des Rahmens.

7.4.1.2 Färben von Ausschnitten

Zur optischen Unterstützung können bei Farbbildschirmen zwischen *16 Farben* mit den Kennziffern 0 - 15 für den Text, den Ausschnitthintergrund sowie den Ausschnittrahmen gewählt werden.

Reihenfolge der Bearbeitung	Tastenfolge
1. Befehl AUSSCHNITT FARBE wählen	<A> <F>
2. Farbkennziffern eingeben oder auswählen	
- für Text (z. B. für blau)	<1> <TAB>
- für Ausschnitthintergrund; z. B. gelb	<6> <TAB>
- für Ausschnittrahmen; z. B. für rot	<4>
3. Befehl ausführen	<RETURN>

Hinweis: Die Farbwahl kann auch durch Betätigen der Richtungstasten erfolgen.

7.1.5 Ausschnitte löschen

Wurden mehrere Ausschnitte eingerichtet, können diese später je nach Wunsch wieder gelöscht werden. Soll z. B. der zweite Ausschnitt gelöscht werden, dann ist so vorzugehen, wie dies in der Checkliste (vgl. Abbildung 7-4) dargestellt ist.

Fenstertechnik: Vorgehensweise für das Löschen
eines Ausschnittes

Reihenfolge der Bearbeitung	Tastenfolge
1. Befehl AUSCHNITT LÖSCHEN wählen	A L
2. Ausschnitt-Nummer angeben (die aktive Ausschnitt-Nummer wird vorgeschlagen)	2
3. Befehl ausführen	⏎

Abb. 7-4: Fenstertechnik: Vorgehensweise für das Löschen eines Ausschnittes

Sind nach dem Löschen noch mehrere Fenster vorhanden, dann werden die Ausschnitte automatisch neu durchnumeriert. Wird der Befehl AUS-SCHNITT LÖSCHEN gewählt, obwohl nur ein Ausschnitt vorhanden ist, wird der Befehl ignoriert.

7.1.6 Fenstertechnik mit mehreren unterschiedlichen Tabellen

Während in früheren Multiplan-Versionen die Fenstertechnik lediglich für unterschiedliche Teile einer Tabelle genutzt werden konnte, bieten sich ab der Version 3.0 erweiterte Möglichkeiten.

Ab dieser Version können auch voneinander unabhängige Tabellen in den Hauptspeicher geladen werden und diese in verschiedenen Fenstern am Bildschirm bearbeitet werden. Damit eröffnen sich neue Möglichkeiten, um etwa Daten zwischen verschiedenen Tabellen auszutauschen. Bei-spielsweise werden jetzt Werte und Formeln direkt sichtbar von einer Tabelle in eine andere übertragen und wirken sich Veränderungen in den Quelltabellen sofort sichtbar auf die Zieldaten aus.

Das Arbeiten mit unterschiedlichen Tabellen ist vor allem für die Daten-übernahme aus anderen Tabellen interessant. Der Kopierbefehl kann dann relativ komfortabel genutzt werden. Nach Aufteilung des Bild-schirms muß ein bestimmter Feldbereich angesteuert und durch Wahl des Befehls KOPIE VON sowie über Wechseln des Ausschnittes mit der Funktionstaste <F1> der Kopiervorgang vollzogen werden.

Da die Problematik einer Tabellenverknüpfung in Kapitel 9 gesondert angesprochen wird, soll hierauf jetzt nicht näher eingegangen werden.

7.2 Arbeiten mit Makros

Beim Arbeiten mit Tabellenkalkulationsprogrammen sind häufig wieder-kehrende Arbeitsvorgänge keine Seltenheit. Um wiederholte Eingaben überflüssig zu machen, können in Multiplan mehr oder weniger umfang-reiche Makros definiert werden.

Grundsätzlich gelten drei *Teilschritte* für das Arbeiten mit *Makros*:

1. Definieren und Schreiben des Makrobefehls;

2. Benennen und Speichern des Makrobefehls;

3. Ausführen des Makros.

In der folgenden Aufgabe soll der Aufbau und die Nutzung eines Makros veranschaulicht werden. Dabei wird zunächst von typischen Grundfunktionen ausgegangen. Es sei jedoch darauf hingewiesen, daß die Anwendung von Makros auch in komplexeren Situationen möglich ist. Beispiele sind etwa:

a) der *Aufbau sog. interaktiver Makros.* In diesem Fall kann beim Schreiben des Makros durch Eingabe von "?" ein Dialog mit dem Benutzer veranlaßt werden.

b) der *Aufbau selbstausführender Makrobefehle* (sog. Autoexec-Makros). In diesem Fall prüft Multiplan bei jedem Laden einer neuen Tabelle zunächst, ob ein entsprechendes Makro vorhanden ist, daß dann sofort ausgeführt wird (z. B. ein Fortschreibungsmakro bei Mahntabellen).

c) der Aufbau von *Makros mit Befehlsworten.* Multiplan bietet die Möglichkeit, Befehlsworte in Makros einzufügen, um so eigene Menüs zusammenzustellen. Beispielsweise können mit dem Befehl 'WE Bedingungen mit definierten Sprungbefehlen zur Ausführung gebracht werden.

Musteraufgabe 11: Standardsort

Lernziele:

- Schreiben eines Makros
- Benennen eines Makros
- Ausführen eines Makros

Die Geschäftsleitung einer Unternehmung wünscht, daß die täglich zu erstellende Umsatztabelle der Mitarbeiter, die nach der Dauer der Betriebszugehörigkeit geordnet ist, regelmäßig nach folgenden zwei Kriterien sortiert und auf einem Drucker ausgegeben wird:
1. eine alphabetische Sortierung und
2. eine Sortierung nach der erzielten Umsatzhöhe.

Um die Arbeit zu vereinfachen, soll für die Problemlösung ein Makro geschrieben werden.

Lösen Sie die Aufgabe in folgenden Teilschritten:

a) Laden Sie die auf Ihrer Arbeitsdiskette befindliche Datei VER-
   UMS.MP (Hinweis: Mit dieser Tabelle haben Sie bereits in Kapitel 5
   beim Erlernen der Sortiermöglichkeiten von Multiplan gearbeitet).

b) Schreiben Sie das Makro in einem geeigneten Feld der Tabelle.

c) Nehmen Sie eine geeignete Benennung des Makros vor (z. B. SOR-
   TUMS), und legen Sie einen Tastenschlüssel fest (z. B. TS).

d) Führen Sie den Makrobefehl aus.

e) Speichern Sie die Tabelle mit dem Makro anschließend unter dem
   Dateinamen VERUMS2.MP.

7.2.1 Schreiben eines Makrobefehls

In einem Makro sind die immer wieder vorkommenden Tastenfolgen
einmal im voraus abgespeichert. Es liegt deshalb nahe, daß man sich
zunächst für die angestrebte Problemlösung die jeweiligen Tastenfolgen
vergegenwärtigt.

Insbesondere zu Beginn der Nutzung von Makros erscheint es zweck-
mäßig, die Tastenfolgen (= 1. Buchstabe des notwendigen Befehlswortes)
erst einmal gesondert zu notieren. Eine Besonderheit ergibt sich für bestimmte Funktionstasten; diese werden durch einen Apostroph gefolgt
von 2 Buchstaben gekennzeichnet. Beispiele sind:
'RT für <RETURN>;
'LT für <Leertaste>;
'UN für Unterbrechen bzw. Taste <ESC> sowie
'TAB für <TAB> - Taste.

Im *Beispielfall* gilt folgende *Abfolge* der Makrobefehle:

Tastenfunktion	Tastenanschlag
Befehl ORDNEN	o
Spalte angeben	1
Nächstes Befehlsfeld ansteuern	'TB
Zeilenanfang angeben	4
Nächstes Befehlsfeld ansteuern	'TB

Tastenfunktion	Tastenanschlag
Endbegrenzung der Sortierung	9
Befehl ausführen	'RT
Befehl DRUCK OPTIONEN	DO
Angabe des zu druckenden Bereiches	Z1S1:Z11S5
Befehlsausführung	'RT
Druckbefehl auslösen	'RT
Befehl ORDNEN	o
Spalte angeben	2
Nächstes Befehlsfeld ansteuern	'TB
Zeilenanfang angeben	4
Nächstes Befehlsfeld ansteuern	'TB
Endbegrenzung der Sortierung	9
Nächstes Befehlsfeld ansteuern	'TB
Sortierart ändern	<
Befehl ausführen	'RT
Befehl DRUCK DRUCKER	dd
Druckbefehl auslösen	'RT

Die in der Spalte Tastenanschlag festgelegten Zeichen stellen das Makro dar, das nun entsprechend einzugeben ist. Dabei gilt es, folgende grundsätzliche *Regeln* zu beachten:

a) Die Eingabe des Makros muß in einem Feld der Tabelle erfolgen, das außerhalb der eigentlichen Tabellenbegrenzung liegt.
b) Innerhalb eines Makros dürfen keine Leerzeichen vorkommen.
c) Die Länge eines Makros ist pro Feld auf 255 Zeichen beschränkt. Allerdings kann ein Makro auch über mehrere Felder hinweg aufgebaut werden.

Wie wird nun das Makro eingegeben? Im Beispielfall soll das Makro in Feld Z20S1 der Tabelle erfaßt werden. Dazu ist grundsätzlich folgender Ablauf notwendig:

Reihenfolge der Bearbeitung	**Tastenfolge**
1. Erfassungsfeld ansteuern (hier Z20S1)	<Richtungstasten>
2. Befehl TEXT wählen	<T>
3. Makrobefehl eingeben	....
4. Eingabe beenden	<RETURN>

Allerdings ist das Niederschreiben des Makros in der oben erarbeiteten Form recht zeitaufwendig. Eine Vereinfachung bietet die Taste *<F5>*. Bei Nutzung dieser Taste (der Taste *"Makro verändern"*) ist eine unmittelbare Aufzeichnung gegeben, wenn die entsprechenden Befehls- und Funktionstasten betätigt werden. Modifiziert ergibt sich somit der in Abbildung 7-5 wiedergegebene Ablauf.

Ablauf beim Schreiben eines Makros	
Reihenfolge der Bearbeitung	**Tastenfolge**
1. Erfassungsfeld ansteuern (muß außerhalb der aktiven Tabelle liegen)	▼ ► ▲ ◄
2. Befehl TEXT wählen	T
3. Einschalten von "Makro verändern"	F5
4. Tasten für Makrobefehl betätigen	....
5. Ausschalten von "Makro verändern"	F5
6. Eingabe beenden	↵

Abb. 7-5: Ablauf beim Schreiben eines Makros

Nach Betätigen der Taste <F5> erscheint im 3. Teilschritt in der Statuszeile die Anzeige MV (für: Makro verändern). Soll beim Eingeben des Makros die Rücktaste zur Korrektur genutzt werden, dann muß durch erneutes Betätigen der Taste <F5> die Funktion "Makro verändern" wieder ausgeschaltet werden.

Zu Orientierungszwecken über den gesamten Aufbau des Makros ist der folgende Bildschirmausdruck wiedergegeben (vgl. Bildschirmausdruck 7-3). Im oberen Teil ist die Beispieltabelle enthalten, während das Makro, das in Feld Z20S1 aufgebaut wird, in der Menüzeile angegeben ist.

```
    1        1         2         3      4      5         6        7        8
    1                Umsatz    Umsatz          Graphik
    2 Name            in DM     in %
    3 ─────────────────────────────────────────────────────────
    4 Meier          1000,00     6,75      *
    5 Müller         4000,00    27,01      ****
    6 Schulze        4060,00    27,41      ****
    7 Lehmann        3450,00    23,29      ***
    8 Geiger          301,20     2,03
    9 Kluge          2000,00    13,50      **
   10 ─────────────────────────────────────────────────────────
   11 Summe         14811,20   100,00
   12
   13
   14
   15
   16
   17
   18
   19
   20
 TEXT:  o1'TB4'TB9' RTdoZ1S1:Z11S5' RT' RTo2' TB4'TB9' TB<' RTdd' RT

 Bitte Text eingeben!
 Z20S1                                   100% frei  MV Multiplan: VERUMS.MP
```

Bildschirmausdruck 7-3

Eine weitere Variante, die hier aber nicht näher behandelt werden soll,
ist der integrierte *Makrorecorder*. Hier brauchen die Befehlsfolgen nicht
mehr einzeln festgelegt und eingegeben werden. Bei Anwendung des Ma-
krorecorders werden alle Befehle direkt bei der Arbeit aufgezeichnet
(ähnlich einem Kassettenrecorder). Dazu ist folgendes Vorgehen notwendig:

Reihenfolge der Bearbeitung	**Tastenfolge**
1. Feldzeiger auf gewün. Makrofeld setzen	<Richtungstasten>
2. Befehl NAME wählen	<N>
3. Name RECORD eingeben	RECORD <TAB>
4. Bereich festlegen (beliebig)	:Z80S1 <TAB>
5. Makro definieren	<J> <RETURN>
6. Anfang der Tabelle ansteuern	<HOME>
7. Taste "Makro Recorder" betätigen	<UMSCHALT>-<F7>
8. Befehlsfolge eingeben	.....
9. Aufzeichnung beenden	<UMSCHALT>-<F7>

Nach Beendigung der Aufzeichnung sollte der für das Makro vergebene
Name RECORD in einen geeigneten anderen Namen geändert werden.

7.2.2 Benennen des Makrobefehls

Ist das Makro vollständig erfaßt, dann sollte es mit einem Namen versehen werden. Dies erleichtert das Wiederauffinden eines Makros und ermöglicht ein Kopieren des Makros in eine andere Tabelle.

Für das Benennen eines Makros muß der Befehl NAME gewählt werden.
Dabei gilt die in Abbildung 7-6 dargestellte Reihenfolge der Bearbeitung.

Benennen eines Makrobefehls

Reihenfolge der Bearbeitung	Tastenfolge
1. Befehl NAME wählen	N
2. Namen für das Makro eingeben	Sortums ⏎
3. Feldbereich eingeben oder übernehmen	Z20S1 ⏎
4. Makro kennzeichnen	J ⏎
5. Tastenschlüssel eingeben	TS
6. Befehl ausführen	⏎

Abb. 7-6: Benennen eines Makrobefehls

Für die Namensvergabe im Teilschritt 2 gelten die für die Vergabe von
Namen üblichen Regeln (Beginn mit einem Buchstaben, nur zusammenhängende Wörter, max. 31 Zeichen). Bei der Eingabe des Tastenschlüssels in Teilschritt 5 ist zu beachten, daß maximal eine zweistellige
Kurzbezeichnung eingegeben werden kann, wobei Zahlenwerte nicht
möglich sind.

Der Bildschirmausdruck 7-4 zeigt die Befehlsfelder mit den für den
Beispielfall ausgefüllten Informationen.

```
      1        1          2          3      4      5          6        7        8
      1                Umsatz     Umsatz          Graphik
      2 Name           in DM      in %
      3 ─────────────────────────────────────────────────────────────────────────
      4 Meier         1000,00       6,75      *
      5 Müller        4000,00      27,01      ****
      6 Schulze       4060,00      27,41      ****
      7 Lehmann       3450,00      23,29      ***
      8 Geiger         301,20       2,03
      9 Kluge         2000,00      13,50      **
     10 ─────────────────────────────────────────────────────────────────────────
     11 Summe        14811,20     100,00
     12
     13
     14
     15
     16
     17
     18
     19
     20 o1'TB4'TB9
 NAME: Namen eingeben: Sortums                        Bereich: Z20S1
                          Makro:(Ja)Nein      Tastenschlüssel: TS
 Geben Sie bitte einen Tastenschlüssel ein!
 Z20S1      "o1'TB4'TB9'RTdoZ1S1:Z11S5"   100% frei    Multiplan: VERUMS.MP
```

Bildschirmausdruck 7-4

7.2.3 Starten eines Makros

Für das *Aufrufen und Ausführen eines Makros* gibt es prinzipiell zwei
Möglichkeiten:

1. Wahl des Befehls GEHEZU MAKRO;

2. Wahl der ALT-Tastenkombination.

Soll das Makro mit dem Befehl GEHEZU MAKRO ausgeführt werden,
dann ist die Kenntnis des zuvor festgelegten Makronamens wichtig. Den
Ablauf im Beispielfall veranschaulicht Abbildung 7-7.

Aufrufen und Ausführen eines Makros	

Reihenfolge der Bearbeitung	Tastenfolge
1. Befehl GEHEZU MAKRO wählen	(G) (M)
2. Makronamen eingeben oder auswählen	Sortums
3. Befehl ausführen	(⏎)

Abb. 7-7:
Aufrufen und
Ausführen eines
Makros

Ein schnellerer Weg ist das Betätigen einer definierten ALT-Tastenkombination. Hierzu ist die Kenntnis des bei der Benennung des Makros vergebenen Tastenschlüssels notwendig. Durch Betätigen der Tastenkombination ALT-TS wird das Makro automatisch ausgelöst.

Ergebnis ist in beiden Fällen, daß die zwei folgenden, nach unterschiedlichen Kriterien sortierten Tabellen ausgedruckt werden:

```
            Umsatz    Umsatz      Graphik
Name        in DM     in %

......................................................

Geiger       301,20     2,03
Kluge       2000,00    13,50      **
Lehmann     3450,00    23,29      ***
Meier       1000,00     6,75      *
Müller      4000,00    27,01      ****
Schulze     4060,00    27,41      ****

......................................................

Summe      14811,20   100,00


            Umsatz    Umsatz      Graphik
Name        in DM     in %

......................................................

Schulze     4060,00    27,41      ****
Müller      4000,00    27,01      ****
Lehmann     3450,00    23,29      ***
Kluge       2000,00    13,50      **
Meier       1000,00     6,75      *
Geiger       301,20     2,03

......................................................

Summe      14811,20   100,00
```

7.3 Spezielle Möglichkeiten der Ablaufsteuerung und Kontrolle

7.3.1 Einstellungen zur leichteren Dateneingabe

Insbesondere bei umfangreichen Tabellen tritt häufig der Wunsch auf, die Dateneingabe zu beschleunigen. Durch Wahl des Befehls ZUSÄTZE besteht die Möglichkeit, Abweichungen von den vorhandenen Standards vorzunehmen. Nach Wahl dieses Befehls ergibt sich das in Bildschirmausdruck 7-5 dargestellte Befehlsmenü.

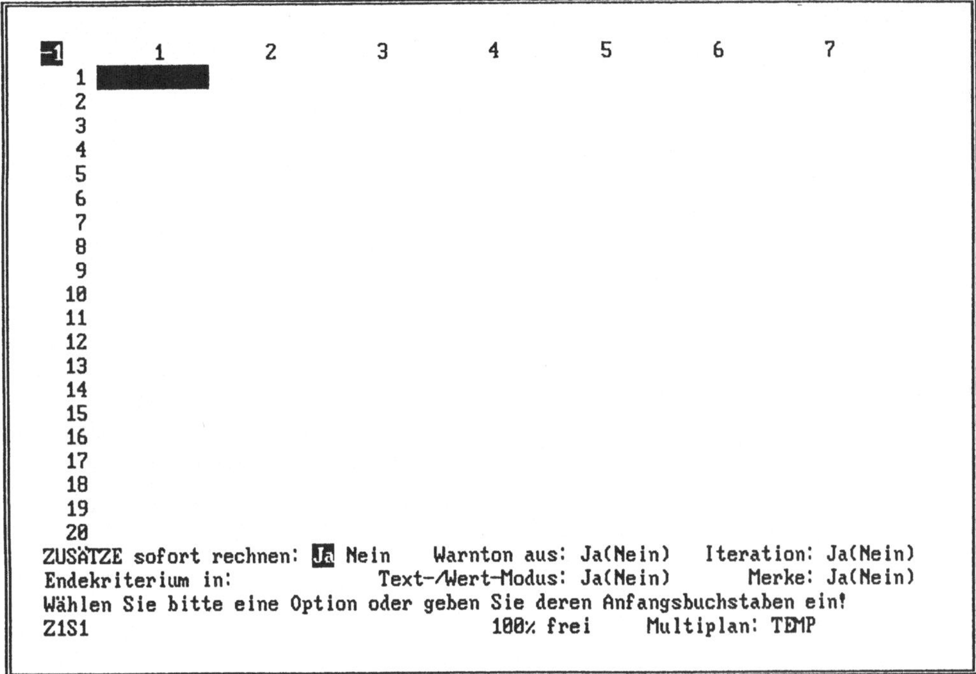

Bildschirmausdruck 7-5

Interessant im Hinblick auf eine Erleichterung der Dateneingabe sind die folgenden drei Befehlsfelder:

a) sofort rechnen
b) Text-/Wert-Modus
c) Merke

a) Ein-/Ausschalten der Neuberechnung

Im Normalfall wird nach der Eingabe einer Formel bzw. bei der Änderung von Werten unmittelbar das neue Ergebnis für die Tabelle durchgerechnet. Die Zeit, die Multiplan hierfür benötigt, hängt unter anderem von der Anzahl der für die Berechnung verwendeten Felder sowie von der Komplexität der Formeln ab. Bei umfangreichen und komplexen Tabellen kann es mitunter somit nach einer Eingabe erhebliche Zeit beanspruchen, bis die Neuberechnung erfolgt ist und die Erfassung fortgesetzt werden kann.

Um unnötige Wartezeiten zu vermeiden, kann die sofortige Neuberechnung ausgeschaltet werden. Dazu ist das in Abbildung 7-8 gezeigte Vorgehen notwendig.

Reihenfolge der Bearbeitung	Tastenfolge
1. Wahl des Befehls ZUSÄTZE	Z
2. Änderung im Befehlsfeld "sofort rechnen:"	N
3. Ausführung des Befehls	⏎

Abb. 7-8: Ein-/Ausschalten der Neuberechnung

Bei allen folgenden Eingaben wird nun zunächst die Tabelle nicht jedesmal neu durchgerechnet. Möchte man die Ergebnisse sehen, so muß die Funktionstaste <F4> (= Neuberechnung) betätigt werden. Eine neue Berechnung wird außerdem automatisch bei Wahl des Befehls ÜBERTRAGEN SPEICHERN vorgenommen.

b) Festlegen eines Eingabemodus für Text und Wert

Beim Wechsel von Text- und Werteingaben muß vor der Eingabe eines Textes gesondert der Befehl TEXT aufgerufen werden. Um zu verhindern, daß vor jeder Eingabe genau spezifiziert werden muß, ob ein Text oder ein Wert eingegeben wird, kann über den Befehl ZUSÄTZE im Befehlsfeld "Text-/Wert-Modus:" eine Änderung vorgenommen werden. Dazu ist ein Vorgehen entsprechend Abbildung 7-9 erforderlich.

Reihenfolge der Bearbeitung	Tastenfolge
1. Befehl ZUSÄTZE wählen	Z
2. Befehlsfeld "Text-/Wert-Modus:" ansteuern	4 x ⇄
3. Modus auf "Ja" einstellen	J
4. Befehl ausführen	⏎

Abb. 7-9: Festlegen eines Eingabemodus für Text und Wert

Nun befindet man sich immer im Eingabemodus. Ein Rücksprung zum Hauptmenü ist mit Betätigen der Taste <ESC> möglich.

c) Feldzeigerrichtung für die Eingabe festlegen

Eine weitere Beschleunigung der Eingabe ist für den Fall möglich, daß
eine bestimmte Folge von Informationen in einer Zeile oder Spalte einzugeben ist. In diesem Fall kann die Feldzeigerbewegung vom System
gespeichert werden (vgl. Abbildung 7-10).

Festlegen der Feldzeigerrichtung für Eingabefolgen

Reihenfolge der Bearbeitung	Tastenfolge
1. Befehl ZUSÄTZE wählen	(Z)
2. Befehlsfeld "Merke:" ansteuern	5 x (→)
3. Modus auf "Ja" einstellen	(J)
4. Befehl ausführen	(↵)

Abb. 7-10: Festlegen der Feldzeigerrichtung für Eingabefolgen

Nun merkt sich Multiplan die jeweilige Richtung der Dateneingabe. Jede
Dateneingabe, die mit <RETURN> beendet wird, hat ein Weiterspringen
des Feldzeigers um ein Feld in die voreingestellte Richtung zur Folge.

7.3.2 Rücksprung zur Betriebssystemebene

Manchmal besteht der Wunsch, Betriebssystembefehle auszulösen, ohne
das Programm verlassen zu müssen. Anlässe dafür können etwa sein:

- das Bedürfnis, sich einen detaillierten Überblick über Inhalt und
  Speicherkapazität der Arbeitsdiskette zu verschaffen;

- die Notwendigkeit, eine neue Arbeitsdiskette zu formatieren, weil der
  vorhandene Speicherplatz auf der benutzten Diskette für die erstellte
  Tabelle nicht ausreicht.

Der Rücksprung in das Betriebssystem kann bei Multiplan durch Wahl
des Befehls PFAD BETRIEBSSYSTEM realisiert werden. Bei Nutzung
dieses Befehls kann ein Betriebssystembefehl ausgelöst werden, ohne daß
das Programm Multiplan verlassen werden muß.

Grundsätzlich bieten sich zwei Varianten bei der Anwendung des Befehls
an:
1. Es soll nur ein DOS-Befehl ausgelöst werden;
2. Für eine bestimmte Problemlösung müssen mehrere DOS-Befehle
nacheinander ausgelöst werden.

1. Auslösen eines bestimmten DOS-Befehls

Im Detail ergibt sich folgender Ablauf, wenn ein bestimmter DOS-Befehl
ausgelöst werden soll (z. B. die Einsichtnahme auf das Inhaltsverzeichnis
der Diskette im Laufwerk B):

Rücksprung in die Betriebssystemebene	
Reihenfolge der Bearbeitung	Tastenfolge
1. Wahl des Befehls PFAD BETRIEBSSYSTEM	P B
2. Eingabe des DOS-Befehls	dir b:
3. Befehlsauslösung	⏎
4. Ersetzen der Programmdiskette durch die DOS-Diskette und Bestätigen des Wechsels	J
5. Rückkehr ins Programm mit beliebiger Taste	Leertaste
6. Einlegen der MP-Programmdiskette und Bestätigen des Wechsels	J

Abb. 7-11: Rücksprung in die Betriebssystemebene

Grundsätzlich kann diese Vorgehensweise nicht nur für das Aufrufen eines DOS-Befehls genutzt werden. So kann z. B. im zweiten Teilschritt
statt des DOS-Befehls auch ein anderes Anwendungsprogramm aufgerufen werden. Nach Durchführung des letzten Teilschrittes erfolgt wieder
eine Rückkehr an die Stelle, an der das Programm verlassen wurde.

Die Teilschritte 4 und 6 sind erforderlich, wenn sich das Betriebssystem
DOS nicht auf der Programmdiskette befindet.

2. Auslösen einer Folge von DOS-Befehlen

Mitunter sollen mehrere DOS-Befehle nacheinander ausgelöst werden. Dann ist zunächst der Befehl COMMAND im Teilschritt 2 einzugeben. Eine Rückkehr in das Programm erfolgt durch Eingabe der Anweisung EXIT. In keinem Fall sollte Multiplan neu gestartet werden.

7.3.3 Kontroll- und Berichtsfunktionen

Voraussetzung für ein korrektes Arbeiten mit dem Programm ist natürlich ein richtiger Formelaufbau. Nicht plausible Formeln werden von Multiplan häufig unmittelbar erkannt. In diesem Fall wird in dem jeweiligen Formelfeld eine Fehlernachricht angezeigt.

Ein typischer Fehler besteht darin, daß eine Koordinate der Formel auf einen Wert verweist, der nicht mit arithmetischen Operationen bearbeitet werden kann. Um diesen Fehler schnell herausfinden zu können, werden in Multiplan ab der Version 3.0 Hilfsmittel zum Kontrollieren von Formeln angeboten.

Über den Befehl PFAD KONTROLLE lassen sich zum einen sämtliche Formelzusammenhänge übersichtlich am Bildschirm darstellen und Verknüpfungen bis zum Ursprung zurückverfolgen. Mit dieser *Kontrollfunktion* wird die oft umständliche Fehlersuche erheblich vereinfacht und es lassen sich Formeln schnell auf ihre Richtigkeit überprüfen. Die Kontrolloptionen im Überblick zeigt Abbildung 7-12.

Kontrolloptionen in Multiplan

Nachprüfen von Formeln	Prüfen von Feldern
Befehl Pfad Kontrolle Formeln	Befehl Pfad Kontrolle Bezüge
<u>Anwendung:</u>	<u>Anwendung:</u>
• Sicherstellung, daß ein Ergebnis richtig berechnet wurde • Feststellen von Fehlerursachen	• Prüfung, ob sich das Löschen oder Verschieben eines Feldes nicht auf andere Felder auswirkt

Abb. 7-12: Kontrolloptionen in Multiplan

Zum anderen steht ein besonderer Befehl zur Verfügung, der es dem Benutzer ermöglicht, einen ausführlichen Bericht über mögliche Fehlerquellen, Querverweise oder verwendete Namen bereitzustellen. Dies kann auf einem Drucker oder in einer besonderen Datei erfolgen. Hierzu ist der Befehl PFAD AUSGABE anzuwenden.

Einen Überblick über die Möglichkeiten der Berichtsausgabe gibt Abbildung 7-13.

Berichtsfunktionen in Multiplan		
Tabellen dokumentieren	Felder und Bereiche identifizieren	Fehlermöglichkeiten nachprüfen
Ergebnis:		
Bericht über alle Felder, auf die sich Felder, die Formeln beinhalten, beziehen (sog. Querverweise)	Bericht über alle Namen von Feldern, Bereichen und Makros	Ausgabe von Fehlerstatistiken einer Tabelle
Befehle:		
(a) PFAD AUSGABE DRUCKER QUERVERWEIS	PFAD AUSGABE DRUCKER NAMEN	PFAD AUSGABE DRUCKER ÜBERBLICK
(b) PFAD AUSGABE DATEI QUERVERWEIS	PFAD AUSGABE DATEI NAMEN	PFAD AUSGABE DATEI ÜBERBLICK

Abb. 7-13: Berichtsfunktionen in Multiplan

Musteraufgabe 12: Kontrolle

Lernziele:

- Formeln kontrollieren
- Beziehungen in Formeln oder zwischen Feldern nachvollziehen

Laden Sie die Tabelle VERUMS.MP, die auf Ihrer Arbeitsdiskette gespeichert ist, und nehmen Sie folgende Prüfungen vor:

a) Prüfen Sie den Formelaufbau in Feld Z11S2.

b) Lassen Sie sich die Bezüge der Formel in Feld Z11S2 anzeigen.

a) Formelaufbau prüfen

Nach dem Laden der Tabelle ist zunächst einmal das Feld Z11S2 anzusteuern, dessen Formelinhalt einer Prüfung unterzogen werden soll. Anschließend muß der Befehl PFAD KONTROLLE FORMELN aufgerufen werden. Der Bildschirm wird dann in zwei Fenster aufgeteilt (vgl. Bildschirmausdruck 7-6).

```
Formel in Z11S2:
Z(-7)S+Z(-6)S+Z(-5)S+Z(-4)S+Z(-3)S+Z(-2)S



Wert: 14811,2                    Angezeigter Wert: 14811,20
Format: Stnd. Fest(2)
Felder mit dem Namen Z(-7)S: Z4S2



Formel in Z4S2:
1000



Wert: 1000                       Angezeigter Wert: 1000,00
Format: Stnd. Fest(2)

PFAD KONTROLLE FORMELN Feld: Z11S2

Drücken Sie eine Richtungstaste oder UNTERBRECHEN!
Z11S2     Z(-7)S+Z(-6)S+Z(-5)S+Z(-4)S     100% frei     Multiplan: VERUMS.MP
```

Bildschirmausdruck 7-6

Das *obere Fenster* enthält bezogen auf das kontrollierte Feld Angaben zu der Formel mit ihrem Wert (hier: 14811,20) und dem angezeigten Format (hier: Stnd. Fest(2)). Gleichzeitig markiert die Bildschirmmarke eine Koordinate der Formel. Diese Marke kann unter Nutzung der Richtungstasten zwischen den Koordinaten der Formel hin und her bewegt werden.

Im *unteren Fenster* werden Angaben über die im oberen Fenster hervorgehobene Positionsangabe gemacht (im Beispiel zum Feld Z4S2). Im einzelnen werden der Inhalt, der Wert und das Format des Feldes angezeigt. Der Inhalt kann dabei entweder ein Wert (im Beispiel 1000) oder wieder eine Formel sein.

Besondere Bedeutung für die Formelkontrolle kommt nun den Richtungstasten zu:

- Mit den Richtungstasten "Nach rechts" bzw. "Nach links" kann die Bildschirmmarke zwischen den Koordinaten bewegt werden. Das Ergebnis nach Betätigen der Richtungstaste "Nach rechts" zeigt Bildschirmausdruck 7-7. Enthält das Feld im oberen Fenster keine Formel, dann bleibt das untere Fenster leer.

```
┌──────────────────────────────────────────────────────────────────┐
│  ┌──────────────────────────────────────────────────────────────┐ │
│  │ Formel in Z11S2:                                             │ │
│  │ Z(-7)S+Z(-6)S+Z(-5)S+Z(-4)S+Z(-3)S+Z(-2)S                    │ │
│  │                                                              │ │
│  │                                                              │ │
│  │ Wert: 14811,2              Angezeigter Wert: 14811,20        │ │
│  │ Format: Stnd. Fest(2)                                        │ │
│  │ Felder mit dem Namen Z(-6)S: Z5S2                            │ │
│  └──────────────────────────────────────────────────────────────┘ │
│  ┌──────────────────────────────────────────────────────────────┐ │
│  │ Formel in Z5S2:                                              │ │
│  │ 4000                                                         │ │
│  │                                                              │ │
│  │                                                              │ │
│  │ Wert: 4000                 Angezeigter Wert: 4000,00         │ │
│  │ Format: Stnd. Fest(2)                                        │ │
│  └──────────────────────────────────────────────────────────────┘ │
│  PFAD KONTROLLE FORMELN Feld: Z11S2                                │
│                                                                    │
│  Drücken Sie eine Richtungstaste oder UNTERBRECHEN!                │
│  Z11S2      Z(-7)S+Z(-6)S+Z(-5)S+Z(-4)S    100% frei    Multiplan: VERUMS.MP │
└──────────────────────────────────────────────────────────────────┘
```

Bildschirmausdruck 7-7

- Mit der Richtungstaste "Nach unten" kann zu dem Feld gesprungen werden, dessen Inhalt im unteren Bildschirmfenster angezeigt wird. Dies kann solange wiederholt werden, bis kein Verweis auf ein Feld mehr vorhanden ist. Mit der Richtungstaste "Nach oben" kann jederzeit wieder zurückgesprungen werden.

Die Erläuterung der Richtungstasten macht deutlich, daß mit ihrer Hilfe eine Formelkette bis zum Ende verfolgt werden kann und so Fehler leicht aufgedeckt werden können. Die Kette der geprüften Formeln würde dabei in einer Zeile unter den Fenstern angezeigt.

Zusammenfassend kann somit folgender Ablauf festgehalten werden:

Reihenfolge der Bearbeitung	Tastenfolge
1. Feldzeiger auf das Formelfeld bewegen	<Richtungstasten>
2. Befehl PFAD KONTROLLE FORMELN aufrufen	<P> <K> <F>
3. Befehl ausführen	<RETURN>
4. a) bestimmte Koordinate in der Formel ansteuern	<Pfeiltaste links> <Pfeiltaste rechts>
b) Feld im unteren Fenster ansteuern	<Pfeil nach unten>
c) Rücksprung	<Pfeil nach oben>
5. Kontrolle beenden	<ESC>

Eine Prüfung von Bereichen ist nicht möglich. In Teilschritt 4 stellen die Varianten a - c jeweils Alternativen dar.

b) Formelbezüge anzeigen

Um zu verhindern, daß durch Löschen oder Verschieben eines Feldes nicht vorhersehbare Folgen für andere Felder auftreten, kann der Befehl PFAD KONTROLLE BEZÜGE genutzt werden. Der Bildschirm wird ebenso wie beim Befehl PFAD KONTROLLE FORMELN in zwei Fenster aufgeteilt (vgl. Bildschirmausdruck 7-8).

```
Felder mit der Verwendung Z11S2:
Z4S3       Z5S3       Z6S3       Z7S3       Z8S3       Z9S3




Wert: 14811,2                         Angezeigter Wert: 14811,20
Format: Stnd. Fest(2)


Formel in Z9S3:
Z9S2/Z11S2*100




Wert: 13,5032948039322                Angezeigter Wert: 13,50
Format: Stnd. Fest(2)

PFAD KONTROLLE BEZÜGE Feld: Z11S2

Drücken Sie eine Richtungstaste oder UNTERBRECHEN!
Z11S2      Z(-7)S+Z(-6)S+Z(-5)S+Z(-4)S   100% frei      Multiplan: VERUMS.MP
```

Bildschirmausdruck 7-8

Im oberen Fenster erscheint nun eine Liste der Koordinaten (Zeilen-
/Spaltenkombinationen), die in der Formel des Feldes (hier Z11S2) vorkommen. Die Bildschirmmarke ist dabei auf eine Koordinate positioniert.

Im unteren Fenster werden Angaben über die im oberen Fenster hervorgehobene Positionsangabe gemacht (im Beispiel zum Feld Z9S3). Im einzelnen werden der Inhalt, der Wert und das Format des Feldes angezeigt.

Auch beim Herstellen von Formelbezügen kommt den Richtungstasten
eine besondere Bedeutung zu:

- Mit den Richtungstasten "Nach rechts" bzw. "Nach links" kann die
  Bildschirmmarke zwischen den Koordinaten bewegt werden.
- Mit der Richtungstaste "Nach unten" kann zu dem Feld gesprungen
  werden, dessen Koordinaten gerade angezeigt werden. Dies kann solange wiederholt werden, bis in einem Feld keine Formel mehr, sondern eine Zahl steht. Mit der Richtungstaste "Nach oben" kann jederzeit wieder zurückgesprungen werden.

7.4 Vertiefende Übungsaufgaben zum Abschnitt 7

7.4.1 Übungsaufgabe „Umsatzvergleich"

Laden Sie die auf Ihrer Arbeitsdiskette befindliche Datei UMSATZ.MP und führen Sie folgende Veränderungen durch:

a) Umrahmen Sie die Tabelle.

b) Teilen Sie die Tabelle wie nachfolgend dargestellt in zwei Ausschnitte.

Ergebnis sollte die Bildschirmdarstellung der Abbildung 7-9 sein.

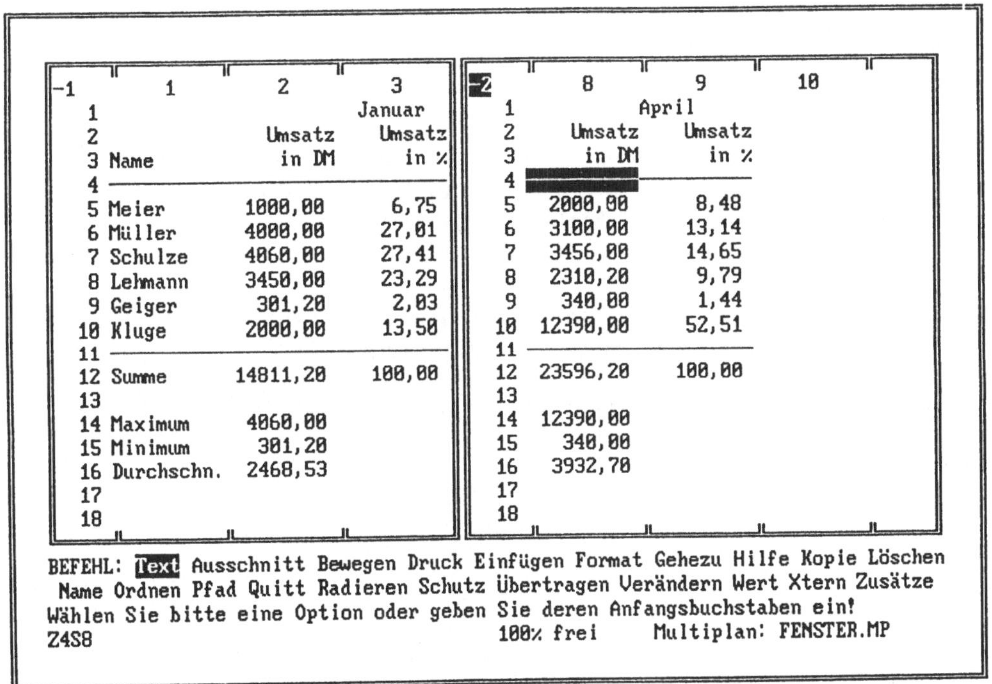

Bildschirmausdruck 7-9

7.4.2 Übungsaufgabe „Druckvorlage"

Für die Druckausgabe bestimmter Tabellentypen (z. B. alle Rechnungen
mit Rabattermittlung), soll ein einheitliches Format verwendet werden.
Um das ausführliche Eingeben umfangreicher Druckoptionen und Randbegrenzungen zu vermeiden, bietet sich das Erstellen eines entsprechenden Makros an.

Sie sollten dies z. B. anhand der Tabelle "Staffel.MP" testen, die sich auf
der Arbeitsdiskette befindet.

Folgende Anforderungen an den Ausdruck sollen definiert werden:
- Ausdruck mit Zeilen-/Spaltennummern;
- Ausdruck in komprimierter Form (Schmalschrift);
- Ausdruck mit einem oberen Rand von 2 Zeilen;
- Druckbreite von 132 Zeichen;
- Drucklänge von 30 Zeilen;
- Seitenlänge von 72 Zeilen.

Hinweise zur Aufgabenlösung:

a) Um die Aufgabe lösen zu können, sollte zunächst das folgende Ka-
   pitel "Besonderheiten bei der Druckausgabe" durchgearbeitet werden.
   Anschließend kann das Makro vorbereitet und erfaßt (z.B. in Feld
   Z30S1) werden.

b) Speichern Sie das Makro unter dem Namen "Druckvorlage" und verwenden Sie als Tastenschlüssel die Abkürzung "DV".

c) Führen Sie den Makrobefehl zu Testzwecken aus.

d) Speichern Sie die Tabelle mit dem Makro auf Ihrer Arbeitsdiskette
   unter dem Dateinamen "STAFFELM.MP".

8 Besonderheiten bei der Druckausgabe

Zum Drucken von Tabellen verfügt Multiplan über verschiedene Druckbefehle. Diese erlauben auch, Sonderwünschen Rechnung zu tragen.

Liegen *keine besonderen Anforderungen* vor, dann kann der Druckvorgang einfach durch Auslösen des Befehls DRUCK DRUCKER realisiert werden. Ergebnis ist dann die Ausgabe der gesamten Tabelle, die sich im internen Speicher befindet. Dabei wird die auf dem Bildschirm angezeigte Zeilen-/Spaltennumerierung nicht mit ausgegeben.

Grundsätzlich druckt Multiplan so viele Spalten auf eine Seite, wie ohne Randüberschreitung möglich sind. Sofern nicht alle Zeilen einer Tabelle auf einer Seite aufgenommen werden können, werden die restlichen Zeilen bei Verwendung derselben Spalten auf einer neuen Seite ausgedruckt. Erst danach wird auf einer weiteren Seite die nächste Gruppe von Spalten ausgegeben.

Häufig werden *besondere Anforderungen an den Tabellenausdruck* gestellt. Dazu gehören beispielsweise:

a) Es soll nicht die gesamte Tabelle, sondern nur ein Teil der Tabelle ausgedruckt werden.
b) Die Tabelle soll in komprimierter Form (Schmalschrift) gedruckt werden.
c) Die Tabelle soll zur besseren Orientierung mit ihren jeweiligen Zeilen- und Spaltennummern ausgedruckt werden.
d) Aus Dokumentationsgründen soll die Tabelle nicht mit den für den Anwendungsfall gültigen Ergebnissen, sondern mit den zugehörigen Formeln ausgedruckt werden.
e) Aus Übersichtsgründen sollen die ausgedruckten Tabellen in einer gesonderten Kopf- und/oder Fußzeile mit einem festen Text versehen werden.
f) Eine mehrere Seiten umfassende Tabelle soll entsprechend der Reihenfolge seitennumeriert werden.

Musteraufgabe 13: Drucken

Lernziele:

- Einstellen von Randbegrenzungen
- Drucken von Tabellen in komprimierter Form
- Formeldruck
- Drucken von Tabellen-Teilbereichen
- Drucken einer Tabelle mit Kopfzeilen
- Drucken einer Tabelle mit automatischer Paginierung

Laden Sie die Tabelle "FIJAHR87.MP" und lösen Sie folgende Aufgaben:

a) Legen Sie sinnvolle Randbegrenzungen für den Ausdruck fest und drucken Sie die Tabelle in Normalschrift (10 Zeichen pro Zoll) aus.

b) Drucken Sie die Tabelle in komprimierter Form (Schmalschrift) aus. Ändern Sie dazu die notwendige Seitenbreite auf 132 Zeichen.

c) Fertigen Sie zu Dokumentationszwecken einen Ausdruck der Tabelle mit den Formeln und den jeweiligen Zeilen-/Spaltennummern an (die Schmalschrift sollte beibehalten werden).

d) Erstellen Sie einen Teilausdruck der Tabelle, indem Sie die Werte des 1. Halbjahres (ohne Summenspalte) ausgeben.

e) Drucken Sie anschließend die gesamte Tabelle in Normalschrift mit folgenden Merkmalen aus:
   - Kopfzeile mit dem Text "Finanzjahr 1987: Firma Fritz Melzer KG";
   - Seitennummer in der Fußzeile.

8.1 Festlegen von Druck-Randbegrenzungen (Seitenlayout)

Je nach Papierformat (z. B. Endlospapier oder Einzelblätter) ergeben sich unterschiedliche Anforderungen an die Druckausgabe. Multiplan bietet deshalb die Möglichkeit, den Ausdruck dem jeweiligen Papierformat und der jeweils gewünschten Seitenaufteilung anzupassen.

Eine gesonderte Festlegung des Seitenlayouts ist möglich über den Befehl DRUCK RANDBEGRENZUNG. Nach Wahl des Befehls erscheint das im Bildschirmausdruck 8-1 dargestellte Menü.

```
  1                    1              2         3          4          5
  1 Übersicht zur Finanzierung (Ist-Werte in 1000 DM)
  2
  3                              JANUAR   FEBRUAR      MÄRZ      APRIL
  4 EINNAHMEN
  5 Forderungen               1100,00   1155,00   1212,75    1273,39
  6 Bank/Kasse                 300,00    550,00    577,50     606,38
  7 Warenlager                 275,00    288,75    303,19     318,35
  8 ──────────────────────────────────────────────────────────────────
  9 Gesamt                    1675,00   1993,75   2093,44    2198,12
 10
 11 AUSGABEN
 12 Verbindlichkeiten         1400,00   1283,33   1176,39    1078,36
 13 Lagerkosten                 50,00     50,00     50,00      50,00
 14 Lohn                       100,00    105,00    110,25     115,76
 15 Material                    50,00     52,50     55,13      57,88
 16 ──────────────────────────────────────────────────────────────────
 17 Gesamt                    1600,00   1490,83   1391,77    1302,00
 18
 19 Brutto-Ertrag              75,00    502,92    701,67     896,12
 20 Verwaltungskosten         100,00    100,00    100,00     100,00
DRUCK RANDBEGRENZUNG: links: 5        oben: 2        Druckbreite: 68
          Drucklänge: 66     Seitenlänge: 70         Einrücken: 0
Bitte eine Zahl eingeben!
Z1S1      "Übersicht zur Finanzierun"      98% frei     Multiplan: FIJAHR87.MP
```

Bildschirmausdruck 8-1

Die Bedeutung der *Angaben zur Randbegrenzung* wird erkennbar, wenn die jeweils gültige Maßeinheit beachtet wird:

Angabe des linken Randes:	in Zeichen
Angabe der oberen Randbegrenzung:	in Zeilen
Druckbreite:	max. Anzahl der Zeichen in einer Zeile
Drucklänge:	max. Anzahl der Zeilen auf einer Seite
Seitenlänge:	Länge des Papiers in Zeilen
Einrückung:	in Zeichen

Ein Teil der Angaben (etwa bezüglich des linken Randes) wird von den individuellen Wünschen bestimmt. Darüber hinaus gibt es aber auch zwingend notwendige Angaben in Abhängigkeit vom verwendeten Papierformat sowie der vom Drucker erzeugten Zeichen (Zeichen pro Zoll).

Grundsätzlich gilt:
- Eine Seite hat eine *Breite* von *83 Zeichen*, wenn der Drucker
  10 Zeichen pro Zoll druckt (bei *Schmalschrift* ergibt sich eine Seiten-
  breite von *132 Zeichen*).
- Eine Seite A4 hat eine *Länge* von *70 Zeilen* (bei Verwendung von
  Endlospapier muß die Seitenlänge auf *72 Zeilen* eingestellt werden).

Beispiel:

Im folgenden soll die Tabelle "FIJAHR87.MP" auf einer Seite im Format
A4 gedruckt werden. Es ist dabei ein oberer und unterer Abstand von
jeweils 3 Zeilen und ein linker Abstand von 8 Zeichen zu wählen. In
diesem Fall sind nach Wahl des Befehls DRUCK RANDBEGRENZUNG
folgende Eingaben notwendig:

Links: 8   Oben: 3   Druckbreite: 68
Drucklänge: 64   Seitenlänge: 70   Einrückung: 0

Das sich ergebende Seitenlayout für dieses Beispiel wird in Abbildung 8-
1 veranschaulicht.

Abb. 8-1: Drucken: Beispiel für ein Seitenlayout

Bei der Festlegung des Seitenlayouts empfiehlt sich die Beachtung folgender Hinweise:

- Mit der Festlegung der Druckbreite und des linken Randes wird automatisch der *rechte Rand* bestimmt. Er ergibt sich als Differenz aus der Seitenbreite (hier: 83 Zeichen) und der Summe von Druckbreite und linkem Rand (hier: 76 Zeichen). Folglich bleibt im Beispielfall ein rechter Rand von 7 Zeichen.

- Mit der Festlegung der oberen Randbegrenzung und der Drucklänge wird automatisch der *untere Rand* bestimmt. Dieser ergibt sich als Differenz aus der Seitenlänge (hier: 70 Zeilen) und der Summe von Drucklänge und oberem Rand (hier: 67 Zeilen). Folglich bleibt im Beispielfall ein unterer Rand von 3 Zeilen.

- Das *Befehlsfeld "Einrücken:"* wird im Zusammenhang mit dem Befehl PFAD AUSGABE genutzt. Dabei ist die Anzahl der Zeichen anzugeben, die beim Ausdrucken von Übersichtsberichten pro auszudruckender Ebene eingerückt werden sollen.

- Beachten Sie, daß vorgenommene Änderungen zunächst *gespeichert* bleiben. Wird ein erneuter Druckbefehl aufgerufen, gelten die zuletzt im Befehlsfeld DRUCK RANDBEGRENZUNG eingestellten Werte.

Nach Ausführung des Befehls DRUCK RANDBEGRENZUNG springt das Programm wieder zum Druckbefehl zurück. Durch Betätigen der Taste <RETURN> kann nun der Druck ausgelöst werden. Ergebnis ist ein drei Seiten umfassender Ausdruck der gesamten Tabelle. Die erste Seite gibt Ausdruck 8-1 wieder.

8.2 Veränderung der Zeichendarstellung beim Druck

Die erstellten Tabellen können mitunter recht umfangreich sein. Um den Druckpapierumfang zu reduzieren und die Übersichtlichkeit der Darstellung zu erhöhen, bieten sich zwei Möglichkeiten an:
1. der *komprimierte Tabellendruck* (Ausdruck in Schmalschrift);
2. die *Auszeichnung bestimmter Feldinhalte* (z. B. mit Fettdruck oder Doppeldruck).

```
Übersicht zur Finanzierung (Ist-Werte in 1000 DM)

                               JANUAR     FEBRUAR       MÄRZ
EINNAHMEN
Forderungen                 1100,00     1155,00     1212,75
Bank/Kasse                   300,00      550,00      577,50
Warenlager                   275,00      288,75      303,19
-------------------------------------------------------------
Gesamt                      1675,00     1993,75     2093,44

AUSGABEN
Verbindlichkeiten           1400,00     1283,33     1176,39
Lagerkosten                   50,00       50,00       50,00
Lohn                         100,00      105,00      110,25
Material                      50,00       52,50       55,13
-------------------------------------------------------------
Gesamt                      1600,00     1490,83     1391,77

Brutto-Ertrag                 75,00      502,92      701,67
Verwaltungskosten            100,00      100,00      100,00
Steuerpfl. Ertrag            -25,00      402,92      601,67
-------------------------------------------------------------
Steuern (30 %)                -7,50      120,88      180,50
=============================================================
Netto-Ertrag                  82,50      382,04      521,17
```

Ausdruck 8-1

Die notwendige Druckersteuerung kann durch Wahl des Befehls DRUCK OPTIONEN erreicht werden. Einen Eindruck über das OPTIONEN-Menü gibt Bildschirmausdruck 8-2.

```
-1            1            2         3         4         5
 1 Übersicht zur Finanzierung (Ist-Werte in 1000 DM)
 2
 3                    JANUAR   FEBRUAR     MÄRZ     APRIL
 4 EINNAHMEN
 5 Forderungen       1100,00   1155,00   1212,75   1273,39
 6 Bank/Kasse         300,00    550,00    577,50    606,38
 7 Warenlager         275,00    288,75    303,19    318,35
 8 ----------------------------------------------------------
 9 Gesamt            1675,00   1993,75   2093,44   2198,12
10
11 AUSGABEN
12 Verbindlichkeiten 1400,00   1283,33   1176,39   1078,36
13 Lagerkosten         50,00     50,00     50,00     50,00
14 Lohn               100,00    105,00    110,25    115,76
15 Material            50,00     52,50     55,13     57,88
16 ----------------------------------------------------------
17 Gesamt            1600,00   1490,83   1391,77   1302,00
18
19 Brutto-Ertrag       75,00    502,92    701,67    896,12
20 Verwaltungskosten  100,00    100,00    100,00    100,00
DRUCK OPTIONEN: Bereich: Z1:25S1:14 Steuerzeichen: ^r
  Anschluß: prn  Formeln: Ja(Nein)   Z/S-Nummern: Ja(Nein)   Währung: DM
 Geben Sie bitte die Position eines Felds oder Tabellenbereichs ein!
 Z1S1     "Übersicht zur Finanzierun"   98% frei    Multiplan: FIJAHR87.MP
```

Bildschirmausdruck 8-2

Zur Veränderung der Zeichendarstellung beim Druck ist das Befehlsfeld
"Steuerzeichen:" mit der Taste <TAB> anzusteuern. Einzugeben sind dann
die zutreffenden Druckersteuerzeichen. Sie hängen im Detail vom verwendeten Computersystem ab.

Im Beispielfall soll die Tabelle "FIJAHR87.MP" in Schmalschrift ausgedruckt werden. In der Regel wird Schmalschrift durch die Kombination
<^> und <o> ausgelöst. Das anschließende Zurückstellen auf Normalschrift erfolgt durch Eingabe der Kombination <^> <r>.

Zunächst kann die Seitenbreite über den Befehl DRUCK RANDBEGRENZUNG auf 132 Zeichen eingestellt werden (sollen die Randeinstellungen beibehalten werden, muß die Druckbreite auf 117 Zeichen
eingestellt werden). Danach ist wie in Abbildung 8-2 dargestellt vorzugehen.

Drucken: Zeichendarstellung ändern	
Reihenfolge der Bearbeitung	**Tastenfolge**
1. Befehl DRUCK OPTIONEN wählen	D O
2. Befehlsfeld "Steuerzeichen:" ansteuern	⇄
3. Steuerzeichen für Schmalschrift eingeben	^ o
4. Befehl ausführen	⏎
5. Druckbefehl auslösen	⏎

Abb. 8-2: Drucken: Zeichendarstellung ändern

Das Ergebnis des Druckvorganges ist ein zwei Seiten umfassender Ausdruck der gesamten Tabelle. Die erste Seite gibt der Ausdruck 8-2 wieder.

In ähnlicher Form kann auch eine *Auszeichnung von Feldinhalten* erfolgen. In diesem Fall muß im Befehlsfeld "Bereich:" der entsprechende
Feldbereich definiert werden und anschließend im Befehlsfeld "Steuerzeichen:" die gewünschte Eingabe erfolgen; z. B.:

^[E für Fettdruck;
^[G für Doppeldruck.

Übersicht zur Finanzierung (Ist-Werte in 1000 DM)

	JANUAR	FEBRUAR	MÄRZ	APRIL	MAI	JUNI	JULI	AUGUST
EINNAHMEN								
Forderungen	1100,00	1155,00	1212,75	1273,39	1337,06	1403,91	1474,11	1547,81
Bank/Kasse	300,00	550,00	577,50	606,38	636,69	668,53	701,95	737,05
Warenlager	275,00	288,75	303,19	318,35	334,26	350,98	368,53	386,95
Gesamt	1675,00	1993,75	2093,44	2198,12	2308,01	2423,42	2544,59	2671,81
AUSGABEN								
Verbindlichkeiten	1400,00	1283,33	1176,39	1078,36	988,49	906,12	830,61	761,39
Lagerkosten	50,00	50,00	50,00	50,00	50,00	50,00	50,00	50,00
Lohn	100,00	105,00	110,25	115,76	121,55	127,63	134,01	140,71
Material	50,00	52,50	55,13	57,88	60,78	63,81	67,00	70,36
Gesamt	1600,00	1490,83	1391,77	1302,00	1220,82	1147,56	1081,62	1022,46
Brutto-Ertrag	75,00	502,92	701,67	896,12	1087,19	1275,86	1462,97	1649,35
Verwaltungskosten	100,00	100,00	100,00	100,00	100,00	100,00	100,00	100,00
Steuerpfl. Ertrag	-25,00	402,92	601,67	796,12	987,19	1175,86	1362,97	1549,35
Steuern (30 %)	-7,50	120,88	180,50	238,84	296,16	352,76	408,89	464,81
Netto-Ertrag	82,50	382,04	521,17	657,28	791,03	923,10	1054,08	1184,55

Ausdruck 8-2

8.3 Ausdruck einer Tabelle für Dokumentationszwecke (Formeldruck, Druck mit Zeilen-/Spaltennummern)

Werden bestimmten Feldern einer Tabelle Formeln zugeordnet, so gibt der Computer beim Druck grundsätzlich die zugehörigen Ergebnisse aus. Zur Überprüfung des Tabellenaufbaus und zu Dokumentationszwecken kann aber auch der Ausdruck der Felder mit ihren Formeln wichtig sein. Ergänzend bietet es sich darüber hinaus in diesem Fall an, auch die zugehörigen Zeilen-/Spaltennummern mit ausdrucken zu lassen.

a) Ausdruck einer Tabelle mit zugehörigen Formeln

Um statt der Ergebnisse die Formeln einer Tabelle ausdrucken zu können, ist im Befehl DRUCK OPTIONEN das Befehlsfeld "Formeln:" anzusteuern und die Antwort "Ja" zu wählen.

Nach Ausführung des Druckbefehls wird die Tabelle nicht mehr mit den Ergebnisdaten ausgegeben, sondern es erscheinen in den Ergebnisfeldern die Formeln der Tabelle:
- eingegebene Textinformationen werden in Anführungszeichen dargestellt;
- Zahleneingaben in Normalform.

Um ausreichend Platz für die Formeldarstellung zu haben, erfolgt dabei automatisch eine Verdopplung der Spaltenbreite. Es bietet sich deshalb an, den Ausdruck in komprimierter Form (Schmalschrift) vorzunehmen.

b) Ausdruck einer Tabelle mit den zugehörigen Zeilen-/Spaltennummern

Auch der Ausdruck einer Tabelle mit Zeilen-/Spaltennummern erfolgt über den Befehl DRUCK OPTIONEN. Dazu ist das Befehlsfeld "Z/S-Nummern" anzusteuern und die Option "Ja" einzustellen.

Zur *Lösung* der Beispielaufgabe sind nach Wahl des Befehls DRUCK OPTIONEN die Befehlsfelder wie folgt auszufüllen:

Befehlsfeld "Steuerzeichen:": Eingabe ^o,
Befehlsfeld "Formeln:" Einstellung "Ja" sowie
Befehlsfeld "Z-/S-Nummern:": Einstellung "Ja".

Ausdruck 8-3 gibt die erste von vier Seiten nach Auslösen des Druckbefehls wieder.

```
                          1                                    2                3

 1 "Übersicht zur Finanzierung (Ist-Werte in 1000 DM)"

 2

 3                                                     "JANUAR"          "FEBRUAR"

 4 "EINNAHMEN"

 5 "Forderungen"                                       1100              1155

 6 "Bank/Kasse"                                        300               550

 7 "Warenlager"                                        275               288,75

 8 "------------------------------------"             "-----------------  "-----------------
                                                       -----------------  -----------------
                                                       -"                 -"

 9 "Gesamt"                                            SUMME(Z(-4)S:Z(-2)S SUMME(Z(-4)S:Z(-2)S
                                                       )                  )

10

11 "AUSGABEN"

12 "Verbindlichkeiten"                                 1400              1283,33

13 "Lagerkosten"                                       50                50

14 "Lohn"                                              100               105

15 "Material"                                          50                52,5

16 "----------------------------------"               "-----------------  "-----------------
                                                       -----------------"  -----------------"

17 "Gesamt"                                            SUMME(Z(-5)S:Z(-2)S SUMME(Z(-5)S:Z(-2)S
                                                       )                  )

18

19 "Brutto-Ertrag"                                     Z(-10)S-Z(-2)S    Z(-10)S-Z(-2)S

20 "Verwaltungskosten"                                 100               100

21 "Steuerpfl. Ertrag"                                 Z(-2)S-Z(-1)S     Z(-2)S-Z(-1)S

22 "----------------------------------"               "-----------------  "-----------------
                                                       -----------------"  -----------------"

23 "Steuern (30 %)"                                    Z(-2)S*0,3        Z(-2)S*0,3

24 "=================================="               "================= "=================
                                                       ============="     ============="

25 "Netto-Ertrag"                                      Z(-6)S-Z(-2)S     Z(-6)S-Z(-2)S
```

Ausdruck 8-3

8.4 Drucken von Teilen einer Tabelle

Mitunter besteht der Wunsch, nicht die gesamte Tabelle, sondern nur einen bestimmten Bereich einer Tabelle auszudrucken. Dies ist mit Multiplan möglich. Dazu muß der Befehl DRUCK OPTIONEN gewählt und im Befehlsfeld "Bereich:" eine Konkretisierung der auszudruckenden Tabellen-Teilbereiche vorgenommen werden.

In der Beispielaufgabe sollen die Werte des 1. Halbjahres (ohne Summenspalte) gedruckt werden. Eingegeben werden kann dann: Z3S1:Z25S7. Alternativ ist der Bereich auch durch Ansteuern mit Richtungstasten definierbar, wenn zuvor ein Ausgangsfeld angesteuert wurde.

Nach Ausführung des Befehls DRUCK OPTIONEN erfolgt ein Sprung zu
dem Befehl DRUCK. Durch Auslösung des Befehls DRUCKER wird
dann nur der zuvor definierte Tabellenbereich gedruckt. Den Ablauf im
Überblick zeigt die Checkliste in Abbildung 8-3.

Drucken: Teile einer Tabelle drucken	
Reihenfolge der Bearbeitung	Tastenfolge
1. Befehl DRUCK OPTIONEN wählen	(D) (O)
2. Bereichsangabe eingeben	Z1S1:Z25S7
3. Befehl ausführen	↵
4. Druckbefehl auslösen	↵

Abb. 8-3: Drucken: Teile einer Tabelle drucken

Nach Ausführung des Druckbefehls ergibt sich die in Ausdruck 8-4 dargestellte Tabelle. Wenn allerdings Änderungen an der Grundeinstellung
von DRUCK OPTIONEN vorgenommen wurden (z. B. die Befehlsfelder
Z/S-Nummern bzw. Formeln auf "Ja" eingestellt sind), müßte dies natürlich vorher noch geändert werden.

```
                    JANUAR   FEBRUAR    MÄRZ    APRIL     MAI     JUNI
EINNAHMEN
Forderungen         1100,00  1155,00  1212,75  1273,39  1337,06  1403,91
Bank/Kasse           300,00   550,00   577,50   606,38   636,69   668,53
Warenlager           275,00   288,75   303,19   318,35   334,26   350,98
                    --------------------------------------------------------
Gesamt              1675,00  1993,75  2093,44  2198,12  2308,01  2423,42

AUSGABEN
Verbindlichkeiten   1400,00  1283,33  1176,39  1078,36   988,49   906,12
Lagerkosten           50,00    50,00    50,00    50,00    50,00    50,00
Lohn                 100,00   105,00   110,25   115,76   121,55   127,63
Material              50,00    52,50    55,13    57,88    60,78    63,81
                    --------------------------------------------------------
Gesamt              1600,00  1490,83  1391,77  1302,00  1220,82  1147,56

Brutto-Ertrag         75,00   502,92   701,67   896,12  1087,19  1275,86
Verwaltungskosten    100,00   100,00   100,00   100,00   100,00   100,00
Steuerpfl. Ertrag    -25,00   402,92   601,67   796,12   987,19  1175,86
                    --------------------------------------------------------
Steuern (30 %)        -7,50   120,88   180,50   238,84   296,16   352,76
                    ========================================================
Netto-Ertrag          82,50   382,04   521,17   657,28   791,03   923,10
```

Ausdruck 8-4

8.5 Drucken von Tabellen mit Kopf- und Fußzeilen

Multiplan bietet die Möglichkeit, Tabellen mit bestimmten Kopf- und Fußzeilen auszudrucken. Dies ist insbesondere bei Tabellen sinnvoll, die mehrere Druckseiten umfassen.

Die Tabelle in der Musteraufgabe soll mit der Kopfzeile "Finanzjahr 1987: Firma Fritz Melzer KG" ausgedruckt werden. Dazu ist die Vorgehensweise, die in Abbildung 8-4 gezeigt ist, notwendig:

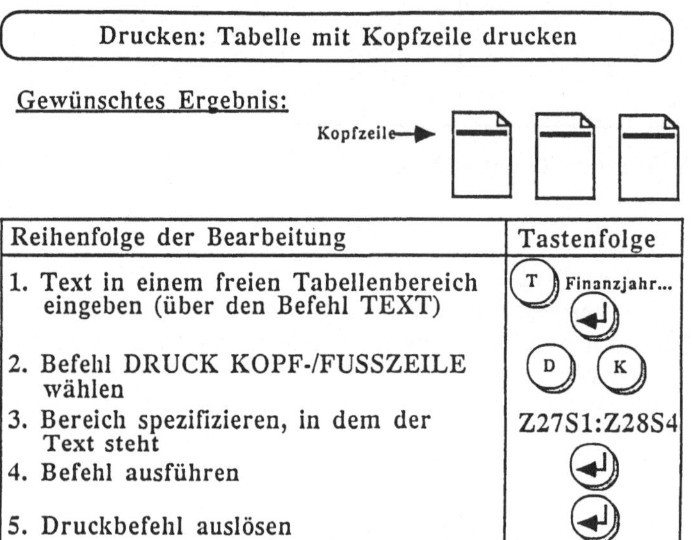

Abb. 8-4: Drucken: Tabelle mit Kopfzeile drucken

Um korrekte Eintragungen in den Befehlsfeldern vornehmen zu können, sollten Sie folgende Hinweise beachten:
- Es empfiehlt sich, im Teilschritt 1 den Text für die Kopfzeile in einem Teil des elektronischen Arbeitsblattes zu speichern, der normalerweise nicht benötigt wird (z. B. im Feldbereich Z27S1:4).
- Bei der Bereichsdefinition in Teilschritt 3 (vgl. Abbildung 8-4) sollte eine zusätzliche Zeile definiert werden, so daß zwischen der Kopfzeile und der Tabelle eine Leerzeile erscheint.
- Beim Ausdruck wird der Text der Kopfzeile unmittelbar unter der in DRUCK OPTIONEN festgelegten Randbegrenzung gedruckt.
- Bei der Texteingabe kann durch vorherige Eingabe eines bestimmten Steuerzeichens die Ausrichtung der Kopfzeile festgelegt werden; dabei gilt: &L = linksbündig; &R = rechtsbündig; &M = zentriert.

In analoger Form kann die Tabelle auch mit einer Fußzeile ausgedruckt werden. In diesem Fall muß beim Befehl DRUCK KOPF-/FUSSZEILE eine Bereichsangabe im Befehlsfeld "Fußzeile:" erfolgen. Beim Ausdruck wird der Text der Fußzeile dann unmittelbar über der in DRUCK OPTIONEN festgelegten Randbegrenzung des unteren Druckrandes gedruckt.

Eine Tabelle kann auch gleichzeitig sowohl mit einer festen Kopf- als auch einer festen Fußzeile versehen werden.

8.6 Druck einer Tabelle mit Seitennummern

Bei Tabellen, die mehrere Seiten umfassen, ist zur genaueren Orientierung für den Benutzer ein Ausdruck mit den jeweiligen Seitennummern sinnvoll. Die Seitennummer kann mit Multiplan sowohl am oberen als auch am unteren Rand in der jeweiligen Kopf-/Fußzeile ausgedruckt werden.

Im folgenden Beispiel soll die Seitennummer in arabischen Ziffern am oberen Rand der Tabelle angegeben werden. Dann ist das in Abbildung 8-5 skizzierte Vorgehen notwendig.

Drucken: Tabelle mit Seitennummern drucken

Reihenfolge der Bearbeitung	Tastenfolge
1. Feldzeiger außerhalb der Tabelle positionieren (z. B. auf Z30S1)	↓ → ↑ ←
2. Befehl TEXT wählen	T
3. Text zur Seitennumerierung und Steuerzeichen &S eingeben	Seite &S
4. Befehl DRUCK KOPF-/FUSSZEILE wählen	D K
5. Im Befehlsfeld "Kopfzeile:" Bereich angeben, der die Textzeile enthält	Z30S1
6. Befehl ausführen	↵
7. Druckbefehl auslösen	↵

Abb. 8-5: Drucken: Tabelle mit Seitennummern drucken

Hinweis: Soll die Seitennummer am unteren Rand der Tabelle erscheinen, muß das Befehlsfeld "Fußzeile:" mit der Taste <TAB> angesteuert werden und hier das Tabellenfeld angegeben werden.

Wurde mit dem Befehl DRUCK KOPF-/FUSSZEILE festgelegt, daß ein Ausdruck mit Seitennummern erfolgen soll, dann beginnt die Numerierung grundsätzlich mit der Ziffer 1, wobei als Numerierungsformat arabische Ziffern ausgegeben werden. Dies kann jedoch geändert werden:

a) Änderung der Zahl, mit der die Numerierung beginnen soll:
Nach Wahl des Befehls DRUCK KOPF-/FUSSZEILE ist das Befehlsfeld "Start Numerierung bei:" anzusteuern und die gewünschte Ziffer einzugeben.

b) Änderung des Numerierungsformates:
Nach Wahl des Befehls DRUCK KOPF-/FUSSZEILE ist das Befehlsfeld "Numerierungsformat:" anzusteuern und das gewünschte Format mit der Leertaste auszuwählen. Mögliche Alternativformate sind römische Ziffern in Großschreibung (I), römische Ziffern in Kleinschreibung (i), Buchstaben in Großschreibung (A) sowie Buchstaben in Kleinschreibung (a).

Zur *Lösung* der Musteraufgabe Teil e) sind folgende Befehle und Angaben notwendig:

- Eingaben als Text
  - in Z27S1:2   Finanzjahr 1987
  - in Z30S1   Seite & S
- Befehl DRUCK RANDBEGRENZUNG: Seitenbreite auf 83 stellen
- Befehl DRUCK OPTIONEN: Bereich: Z1S1:Z25S14
                                   Steuerzeichen: ^r
- Befehl DRUCK KOPF-/FUSSZEILE: Kopfzeile: Z27S1:Z28S2
                                   Fußzeile: Z30S1.

8.7 Sonstige Druckbesonderheiten bei Multiplan

Der Befehl DRUCK OPTIONEN bietet zwei weitere Besonderheiten zur Steuerung von Druckvorgängen:

1. Änderung des voreingestellten Druckeranschlusses;
2. Generierung von Währungssymbolen.

1. Änderung des voreingestellten Druckeranschlusses

Über den Befehl DRUCK OPTIONEN kann ein voreingestellter Druckanschluß (LPT1) geändert werden. Möglich ist jede von DOS anerkannte Anschlußbezeichnung; z. B. COM1.

Reihenfolge der Bearbeitung	**Tastenfolge**
1. Befehl DRUCK OPTIONEN wählen	<D> <O>
2. Befehlfeld "Anschluß:" ansteuern	2 x <TAB>
3. Anschlußart eingeben	....
4. Befehl ausführen	<RETURN>

Hinweis: Standardmäßig erscheint als Anschlußart PRN im Befehlsfeld "Anschluß:".

2. Generierung von Währungssymbolen

Ist ein angeschlossener Drucker nur in der Lage, bestimmte Währungssymbole (z. B. £ für Pfund oder *f* für HFL) durch Eingabe des Hexadezimalcodes zu drucken, so kann dies in Multiplan festgelegt werden.

Beispiel: Es soll das Währungssymbol für Pfund gedruckt werden.

Reihenfolge der Bearbeitung	**Tastenfolge**
1. Befehl DRUCK OPTIONEN wählen	<D> <O>
2. Befehlsfeld "Währung:" ansteuern	5 x <TAB>
3. Hexadezimalcode oder Esc-Sequenz eingeben	<ALT> - 156
4. Befehl ausführen	<RETURN>

8.8 Vertiefende Übungsaufgabe zum Abschnitt 8

Laden Sie die Tabelle "UMSATZ.MP", und lösen Sie folgende Aufgaben:

a) Legen Sie sinnvolle Randbegrenzungen für den Ausdruck fest.

b) Drucken Sie die Tabelle mit folgenden Druck-Varianten aus:
   - Ausdruck in komprimierter Form (Engschrift);
   - Druck der Tabelle mit den zugehörigen Formeln;
   - Druck der 1. Spalte und des Monats April.

9 Verknüpfung von Tabellen

Hochwertige Tabellenkalkulationsprogramme bieten dem Benutzer die Möglichkeit, verschiedene Tabellen miteinander zu verknüpfen. Dadurch kann das Arbeiten mit elektronischen Arbeitsblättern oft erheblich beschleunigt werden und die Genauigkeit der Ergebnisse erhöht werden.

Es gibt verschiedene Anwendungsfälle, in denen auf Ergebnisse anderer Tabellen zurückgegriffen werden muß. Dann ist es von Vorteil, wenn die Ergebnisse nicht mehr gesondert eingegeben werden müssen, sondern eine automatische Übernahme möglich ist. Dabei kann bei vielen Programmen gleichzeitig eine Verbindung eingestellt werden, die sicherstellt, daß Veränderungen in der Ursprungstabelle (Quelltabelle) unmittelbar in den Zieltabellen fortgeschrieben werden.

Ein weiterer Fall der Tabellenverknüpfung ist gegeben, wenn sich eine Tabelle als Zusammenfassung aus verschiedenen untergeordneten Tabellen ergibt (sog. *Konsolidation von Tabellen*). Ein Beispiel ist etwa die Erstellung einer Jahresübersicht aus Monats- oder Quartalstabellen. Multiplan bietet die Möglichkeit, über einen Befehl mehrere bereits erstellte Arbeitsblätter in einem übergeordneten Arbeitsblatt zusammenzufassen. Damit bleibt dem Benutzer das erneute Eingeben der umfangreichen Datenbestände erspart.

Mit Hilfe von zwei Musteraufgaben soll auf die beiden Möglichkeiten der Verbindung von Tabellen eingegangen werden:
1. Musteraufgabe 14 (Rentabilität) veranschaulicht die Übernahme von Daten aus einer anderen Tabelle zwecks Weiterverarbeitung.
2. Musteraufgabe 15 (Finanzierung) zeigt, wie Informationen aus mehreren externen Tabellen übernommen und in einer Tabelle zusammengefaßt werden können.

Musteraufgabe 14: Rentabilität

Lernziele:

- Informationen aus externen Tabellen übernehmen
- Anzeige verknüpfter Tabellen

In der folgenden Tabelle, die zunächst in Multiplan zu erstellen ist, befinden sich Informationen, die in einer anderen Tabelle wiederverwendet werden können. Speichern Sie die Tabelle nach der Erfassung unter dem Dateinamen "Kosten1.MP".

KOSTENANALYSE DER VON DER UNTERNEHMENSSPARTE VERBRAUCHSGÜTER
VORGESCHLAGENEN PRODUKTE:

	Produkt Nr. 0899	Produkt Nr. 459	Produkt Nr. 76	Produkt Nr. 86
Entwicklungs-kosten	400,00	176,00	450,00	450,00
Materialkosten	350,00	375,50	250,00	250,00
Herstellungskosten				
feste Kosten	2000,00	1700,00	1700,00	1700,00
variable Kosten	1100,00	1650,00	1100,00	1100,00
Sonstige Kosten	900,00	1350,00	900,00	900,00
Gesamtkosten	4750,00	5251,50	4400,00	4400,00

Löschen Sie nach Speicherung der Tabelle den Hauptspeicher und erstellen Sie danach die folgende Tabelle. Dabei sind die Werte für die Gesamtkosten aus der zuvor gespeicherten Tabelle "Kosten1.MP" zu übernehmen.

	Produkt Nr. 0899	Produkt Nr. 459	Produkt Nr. 76	Produkt Nr. 86
Absatzmenge (Stück)	500	750	500	500
Stückpreis (in DM)	12,00	12,00	12,00	12,00
Gesamterlös	6000,00	9000,00	6000,00	6000,00
Gesamtkosten	4750,00	5251,50	4400,00	4400,00
Nettogewinn	1250,00	3748,50	1600,00	1600,00
Rentabilität der Investition (in %)	26,3	71,4	36,4	36,4

Die zweite Tabelle ist unter dem Dateinamen "Rentabi.MP" auf dem externen Speicher zu sichern.

9.1 Übernahme von Ergebniswerten aus einer anderen Tabelle

Zur Lösung der Musteraufgabe ist zunächst die 1. Tabelle zu erfassen, die als Ursprungstabelle (Quelltabelle) dienen soll. Im wesentlichen sind folgende Teilschritte zu erledigen:

a) Vergrößern der Spaltenbreite auf 20 Zeichen (Wahl des Befehls FORMAT BREITE_DER_SPALTEN und Eingabe der gewünschten Zeichenzahl).

b) Formatieren der ersten beiden Zeilen als zusammenhängende Formatierung bis zur 5. Spalte (Wahl des Befehls FORMAT FELDER und Angabe der Feldbereiches sowie Auswahl des Formatcodes "Zusammen") und anschließender Eingabe der Überschrift (nach Wahl des Befehls TEXT).

c) Eingabe der Textinformationen in der Spalte 1 sowie den Zeilen 3 und 4.

d) Eingabe der Zahleninformationen in den Zeilen 6 bis 14.

e) Erzeugen der Linien in den Zeilen 15 und 17.

f) Eingabe der Summenformel in Feld Z16S2 über relative Adressierung und Kopieren der Formel nach rechts (dreimal).

Ergebnis muß dann die Tabelle des Bildschirmausdruckes 9-1 sein.

```
 ▣1           1            2         3         4         5         6
  1 KOSTENANALYSE DER VON DER UNTERNEHMENSSPARTE VERBRAUCHSGÜTER
  2 VORGESCHLAGENEN PRODUKTE:
  3                   Produkt    Produkt   Produkt   Produkt
  4                   Nr. 0899   Nr. 459   Nr. 76    Nr. 86
  5 Entwicklungs-
  6 kosten              400,00    176,00    500,00   ▐1000,00▌
  7
  8 Materialkosten      350,00    375,50    250,00    250,00
  9
 10 Herstellungskosten
 11    feste Kosten    2000,00   1700,00   1700,00   1700,00
 12    variable Kosten 1100,00   1650,00   1100,00   1100,00
 13
 14 Sonstige Kosten     900,00   1350,00    900,00    900,00
 15                    ─────────────────────────────────────
 16 Gesamtkosten       4750,00   5251,50   4450,00   4950,00
 17                    =====================================
 18
 19
 20
BEFEHL: ▐Text▌ Ausschnitt Bewegen Druck Einfügen Format Gehezu Hilfe Kopie Löschen
   Name Ordnen Pfad Quitt Radieren Schutz Übertragen Verändern Wert Xtern Zusätze
 Wählen Sie bitte eine Option oder geben Sie deren Anfangsbuchstaben ein!
 Z6S5       1000                    100% frei        Multiplan: KOSTEN1.MP
```

Bildschirmausdruck 9-1

Die Gesamtkosten, die in der soeben erfaßten Tabelle ermittelt wurden, sollen in weiteren Tabellen Verwendung finden. Um eine spätere Übernahme zu ermöglichen, soll die Ergebniszeile mit dem Namen "Gesamtkosten" belegt werden. Nach Positionieren des Feldzeigers auf das Ergebnisfeld Z16S2 ist der Befehl NAME zu wählen (Eingabe <N>). Danach ist der Name "Gesamtkosten" einzugeben und der Feldbereich anzugeben (im Beispiel Z16S2:Z16S5). Nach Ausführen des Befehls kann die Tabelle unter dem Namen "Kosten1.MP" gespeichert werden.

Löschen Sie anschließend mit dem Befehl ÜBERTRAGEN BILD-SCHIRMLÖSCHEN den Bildschirm, und erfassen Sie dann die 2. Tabelle. In den Zeilen 4 und 5 sind feststehende Zahlenwerte einzugeben, in Zeile 7 muß die Formel zur Erlösermittlung angegeben werden. Die Gesamtkosten, die in Zeile 8 erscheinen sollen, sind dagegen aus der Tabelle "Kosten1.MP" zu übernehmen.

Nach Ansteuern des Ergebnisfeldes Z8S2 ist zu diesem Zweck der BEFEHL XTERN KOPIE zu wählen (Tastenfolge <X> <K>). Im Beispielfall ergibt sich die Bildschirmdarstellung in Bildschirmausdruck 9-2.

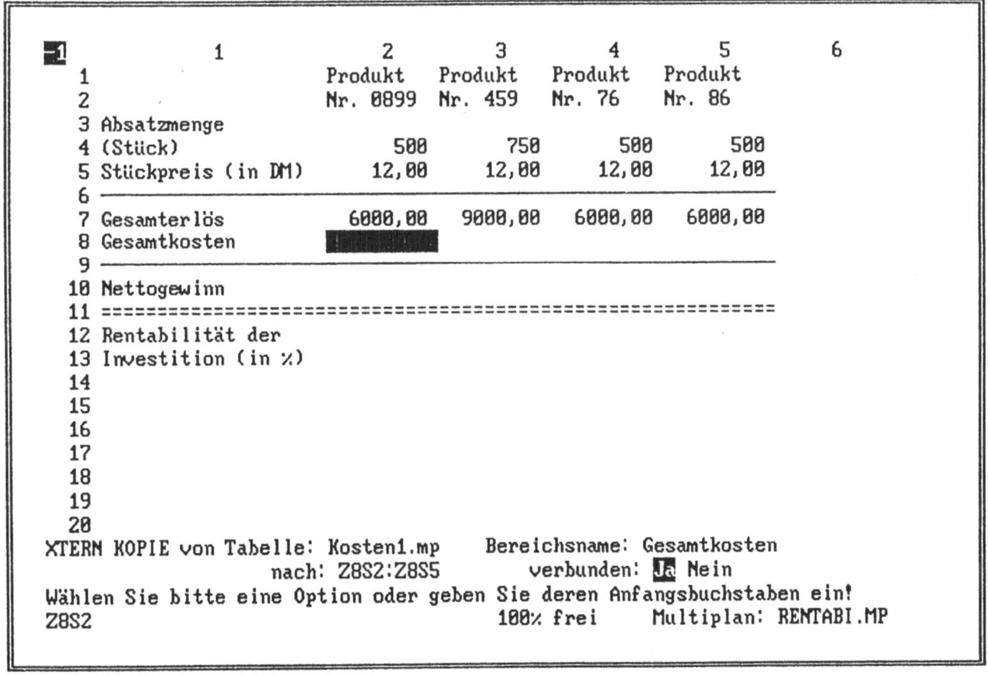

Bildschirmausdruck 9-2

Die Darstellung zeigt, daß nach Wahl des Befehls XTERN KOPIE vier verschiedene Befehlsfelder erscheinen. Ihre Bedeutung und die Möglichkeiten des Ausfüllens dieser Felder veranschaulicht die Zusammenstellung in Abbildung 9-1.

> **Besonderheiten bei Übernahme externer Werte**

1) Angabe der Quelltabelle

- erfolgt mit Befehlsfeld "Tabelle:" des Befehls
  XTERN KOPIE
- es können mehrere Namen angegeben werden
- es ist eine Auswahl über Richtungstasten
  möglich

2) Angabe des Bereichsnamens

- anzugeben ist der definierte Name des Bereichs,
  der aus der Quelltabelle kopiert werden soll
- eine Auswahl ist über Richtungstasten möglich

3) Bestimmung des Zielbereiches in der aktiven Tabelle

- erfolgt im Befehlsfeld "nach:" des Befehls
  XTERN KOPIE

4) Festlegung des Verbindungsstatus

- erfolgt im Befehlsfeld "verbunden:" des Befehls
  XTERN KOPIE
- bei Wahl der Antwortvorgabe "Ja" findet automatisch
  eine erneute Kopie statt, sobald die Tabelle später
  geladen wird
- das Löschen einer hergestellten Verbindung ist
  möglich durch Wahl des Befehls XTERN KOPIE
  und Löschen der Bereichsangabe

Abb. 9-1: Besonderheiten bei der Übernahme externer Werte

Im Beispielfall sind folgende Eintragungen notwendig (vgl. auch Bildschirmausschnitt 9-2):
a) Angabe des Namens der Tabelle, die die zu übernehmenden Daten enthält; hier "Kosten1.MP";
b) Angabe des für diese Daten festgelegten Bereichsnamens; hier "Gesamtkosten";
c) Angabe des Zielbereiches in der aktiven Tabelle; im Befehlsfeld "nach" ist der Feldbereich Z8S2:Z8S5 anzugeben.
d) Wahl der Antwort "Ja" im Befehlsfeld "verbunden:". Dadurch wird festgelegt, daß automatisch eine erneute Kopie stattfindet, sobald die Tabelle später geladen wird. Die aktive Tabelle verfügt so immer über die aktuellen Informationen der Quelltabelle.

Nach Ausführung des Befehls erscheinen in der Zeile 8 die gewünschten
Werte. Anschließend ist für die Zeile 10 der Nettogewinn zu ermitteln
und in der Zeile 13 die Formel zur Ermittlung der Rentabilität aufzubauen (Gewinn/Gesamtkosten*100). Nach Kopie der Formel in die Spalten 3 - 5 sollen außerdem sämtliche Werte der Zeile auf eine Stelle hinter
dem Komma formatiert werden. Speichern Sie abschließend die Tabelle
unter dem Namen "Rentabi.MP".

Den Aufbau der Formeln für die Beispielaufgabe veranschaulicht Bildschirmausdruck 9-3.

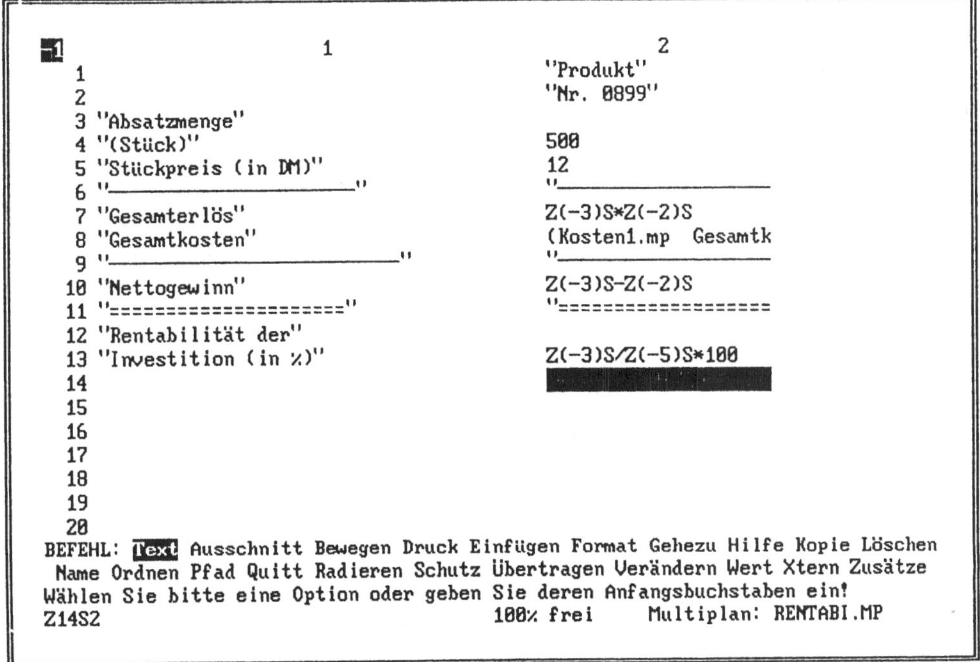

Bildschirmausdruck 9-3

Haben Sie eine Verbindung zwischen mehreren Tabellen vorgenommen,
können Sie sich diese im nachhinein anzeigen lassen. Dies erfolgt über
den Befehl XTERN LISTE. Eine ausdrückliche Bestätigung des Befehls
mit <RETURN> ist nicht notwendig. Vorgehensweise und Reaktion des
Systems verdeutlicht die Zusammenstellung in Abbildung 9-2.

Reihenfolge der Bearbeitung	Tastenfolge
1. Wahl des Befehls XTERN	X
2. Wahl der Alternative LISTE	L

Für die Befehlsausführung muß nicht ausdrücklich die
Taste <RETURN> betätigt werden.

Ergebnis:

Nach der Befehlsausführung werden für die aktive
Tabelle angezeigt

a) die Namen aller Tabellen, die Werte liefern

b) die Namen aller Tabellen, die Werte empfangen

Abb 9-2: Tabellenverknüpfung: Anzeige verknüpfter Tabellen

Im Beispielfall wird für die zuletzt gespeicherte Tabelle "Rentabi.MP"
nach Ausführung des Befehls angezeigt, daß die Tabelle "Kosten1.MP"
Werte an diese Tabelle sendet. Durch Betätigen einer beliebigen Taste
kann die Arbeit mit dem Programm fortgesetzt werden (vgl. Bildschirmausdruck 9-4).

```
Folgende Tabellen senden Werte an B:\RENTABI.MP

Kosten1.mp


Keine Tabellen sind abhängig von B:\RENTABI.MP


Zur Fortsetzung der Arbeit drücken Sie bitte eine beliebige Taste!
Z14S2                                100% frei     Multiplan: RENTABI.MP
```

Bildschirmausdruck 9-4

Sofern eine andere Tabelle Werte von der Tabelle empfängt, von der der
Befehl XTERN LISTE aufgerufen wird, werden auch die Namen aller
Tabellen angegeben, die Werte von der aktiven Tabelle empfangen ("Fol-
gende Tabellen empfangen Werte von").

174

9.2 Verbindung von verschiedenen Tabellen

Ziel der folgenden Musteraufgabe ist es, Ihnen zu verdeutlichen,

a) wie Daten aus mehreren anderen Tabellen in eine neue Tabelle "einfließen" können;

b) wie Werte aus verschiedenen Tabellen in einer neuen Tabelle zusammengefaßt werden können.

Musteraufgabe 15 A: Finanzierung 1

Lernziele:

- Informationen aus mehreren externen Tabellen übernehmen
- Zusammenfassung von Informationen externer Tabellen

Auf Ihrer Arbeitsdiskette befinden sich vier Tabellen, in denen für die jeweiligen Quartale eines Jahres die Einnahmen, Ausgaben sowie Brutto- und Netto-Erträge ermittelt werden. Ziel ist es, durch Übernahme der Quartalswerte aus den jeweiligen Tabellen die nachfolgende Gesamttabelle zu erstellen:

```
                         1            2         3         4         5
   1 übersicht zur Finanzierung (Ist-Werte in 1000 DM)
   2
   3                          Quartal 1 Quartal 2 Quartal 3 Quartal 4
   4 EINNAHMEN
   5 Forderungen              3467,75    4014,36   4647,12   5379,61
   6 Bank/Kasse               1427,50    1911,60   2212,91   2561,72
   7 Warenlager                866,94    1003,59   1161,78   1344,91
   8 ------------------------------------------------------------------
   9 Gesamt                   5762,19    6929,55   8021,81   9286,24
  10
  11 AUSGABEN
  12 Verbindlichkeiten        3859,72    2972,97   2289,94   1763,84
  13 Lagerkosten               150,00     150,00    150,00    150,00
  14 Lohn                      315,25     364,94    422,47    489,05
  15 Material                  157,63     182,47    211,23    244,53
  16 ------------------------------------------------------------------
  17 Gesamt                   4482,60    3670,38   3073,64   2647,42
  18
  19 Brutto-Ertrag            1279,59    3259,17   4948,17   6638,82
  20 Verwaltungskosten         300,00     300,00    300,00    300,00
  21 Steuerpfl. Ertrag         979,59    2959,17   4648,17   6338,82
  22 ------------------------------------------------------------------
  23 Steuern (30 %)            293,88     887,75   1394,45   1901,65
  24 ==================================================================
  25 Netto-Ertrag              985,71    2371,42   3553,72   4737,17
```

Hinweise zur Lösung:

a) Die einzelnen Quartalstabellen sind auf den folgenden zwei Seiten
   wiedergegeben und auf der zur Verfügung stehenden Übungsdiskette
   unter folgenden Dateinamen gespeichert:
   - Tabelle für das 1. Quartal: ISTI87.MP
   - Tabelle für das 2. Quartal: ISTII87.MP
   - Tabelle für das 3. Quartal: ISTIII87.MP
   - Tabelle für das 4. Quartal: ISTIV87.MP.
b) Speichern Sie das Ergebnis der neuen Tabelle unter dem Dateinamen
   "Quartver.MP".

Tabelle für das 1. Quartal:

übersicht zur Finanzierung (Ist-Werte in 1000 DM)

	JANUAR	FEBRUAR	MÄRZ	QUARTAL 1
EINNAHMEN				
Forderungen	1100,00	1155,00	1212,75	3467,75
Bank/Kasse	300,00	550,00	577,50	1427,50
Warenlager	275,00	288,75	303,19	866,94
Gesamt	1675,00	1993,75	2093,44	5762,19
AUSGABEN				
Verbindlichkeiten	1400,00	1283,33	1176,39	3859,72
Lagerkosten	50,00	50,00	50,00	150,00
Lohn	100,00	105,00	110,25	315,25
Material	50,00	52,50	55,13	157,63
Gesamt	1600,00	1490,83	1391,77	4482,60
Brutto-Ertrag	75,00	502,92	701,67	1279,59
Verwaltungskosten	100,00	100,00	100,00	300,00
Steuerpfl. Ertrag	-25,00	402,92	601,67	979,59
Steuern (30 %)	-7,50	120,88	180,50	293,88
Netto-Ertrag	82,50	382,04	521,17	985,71

Tabelle für das 2. Quartal:

Übersicht zur Finanzierung (Ist-Werte in 1000 DM)

	APRIL	MAI	JUNI	QUARTAL 2
EINNAHMEN				
Forderungen	1273,39	1337,06	1403,91	4014,36
Bank/Kasse	606,38	636,69	668,53	1911,60
Warenlager	318,35	334,26	350,98	1003,59
Gesamt	2198,12	2308,01	2423,42	6929,55
AUSGABEN				
Verbindlichkeiten	1078,36	988,49	906,12	2972,97
Lagerkosten	50,00	50,00	50,00	150,00
Lohn	115,76	121,55	127,63	364,94
Material	57,88	60,78	63,81	182,47
Gesamt	1302,00	1220,82	1147,56	3670,38
Brutto-Ertrag	896,12	1087,19	1275,86	3259,17
Verwaltungskosten	100,00	100,00	100,00	300,00.
Steuerpfl. Ertrag	796,12	987,19	1175,86	2959,17
Steuern (30 %)	238,84	296,16	352,76	887,75

Tabelle für das 3. Quartal:

Übersicht zur Finanzierung (Ist-Werte in 1000 DM)

	JULI	AUGUST	SEPTEMBER	QUARTAL 3
EINNAHMEN				
Forderungen	1474,11	1547,81	1625,20	4647,12
Bank/Kasse	701,95	737,05	773,91	2212,91
Warenlager	368,53	386,95	406,30	1161,78
Gesamt	2544,59	2671,81	2805,41	8021,81
AUSGABEN				
Verbindlichkeiten	830,61	761,39	697,94	2289,94
Lagerkosten	50,00	50,00	50,00	150,00
Lohn	134,01	140,71	147,75	422,47
Material	67,00	70,36	73,87	211,23
Gesamt	1081,62	1022,46	969,56	3073,64
Brutto-Ertrag	1462,97	1649,35	1835,85	4948,17
Verwaltungskosten	100,00	100,00	100,00	300,00
Steuerpfl. Ertrag	1362,97	1549,35	1735,85	4648,17
Steuern (30 %)	408,89	464,80	520,76	1394,45
Netto-Ertrag	1054,08	1184,55	1315,10	3553,72

Tabelle für das 4. Quartal:

übersicht zur Finanzierung (Ist-Werte in 1000 DM)

	OKTOBER	NOVEMBER	DEZEMBER	QUARTAL 4
EINNAHMEN				
Forderungen	1706,46	1791,78	1881,37	5379,61
Bank/Kasse	812,60	853,23	895,89	2561,72
Warenlager	426,62	447,95	470,34	1344,91
Gesamt	2945,68	3092,96	3247,60	9286,24
AUSGABEN				
Verbindlichkeiten	639,78	586,47	537,59	1763,84
Lagerkosten	50,00	50,00	50,00	150,00
Lohn	155,13	162,89	171,03	489,05
Material	77,57	81,44	85,52	244,53
Gesamt	922,48	880,80	844,14	2647,42
Brutto-Ertrag	2023,20	2212,16	2403,46	6638,82
Verwaltungskosten	100,00	100,00	100,00	300,00
Steuerpfl. Ertrag	1923,20	2112,16	2303,46	6338,82
Steuern (30 %)	576,96	633,65	691,04	1901,65
Netto-Ertrag	1446,24	1578,51	1712,42	4737,17

Musteraufgabe 15 B: Finanzierung 2

Erstellen Sie nachfolgende Tabelle für den Soll-Ist-Vergleich der Finanzübersicht. Während die Soll-Werte gesondert einzugeben sind, sollen die Ist-Werte aus den einzelnen Quartalstabellen übernommen werden und in einer gesonderten Spalte ausgewiesen werden.

Speichern Sie die Tabelle unter dem Dateinamen "VERGLEIC.MP".

```
                 1                    2        3         4
 1 übersicht zur Finanzierung (Soll-Ist-Vergleich 1987)
 2
 3                                  Soll        Ist  Ist-Soll
 4 EINNAHMEN
 5 Forderungen                 20000,00  17508,84  -2491,16
 6 Bank/Kasse                  10000,00   8113,73  -1886,27
 7 Warenlager                   3000,00   4377,22   1377,22
 8 --------------------------------------------------------
 9 Gesamt                      33000,00  29999,79  -3000,21
10
11 AUSGABEN
12 Verbindlichkeiten            8000,00  10886,47   2886,47
13 Lagerkosten                   500,00    600,00    100,00
14 Lohn                         2000,00   1591,71   -408,29
15 Material                     1000,00    795,86   -204,14
16 --------------------------------------------------------
17 Gesamt                      11500,00  13874,04   2374,04
18
19 Brutto-Ertrag               21500,00  16125,75  -5374,25
20 Verwaltungskosten            1300,00   1200,00   -100,00
21 Steuerpfl. Ertrag           20200,00  14925,75  -5274,25
22 --------------------------------------------------------
23 Steuern (30 %)               6060,00   4477,73  -1582,28
24 ========================================================
25 Netto-Ertrag                15440,00  11648,03  -3791,97
```

9.2.1 Übernahme von Ergebniswerten aus mehreren anderen Tabellen

Grundlage für das Erstellen der gewünschten Jahrestabelle sind vier verschiedene Quartalstabellen. Die neue Tabelle - die sog. Zieltabelle - enthält dann Werte, die ohne eine gesonderte Eingabe automatisch vom Programm zur Verfügung gestellt wurden (vgl. Übersicht in Abbildung 9-3).

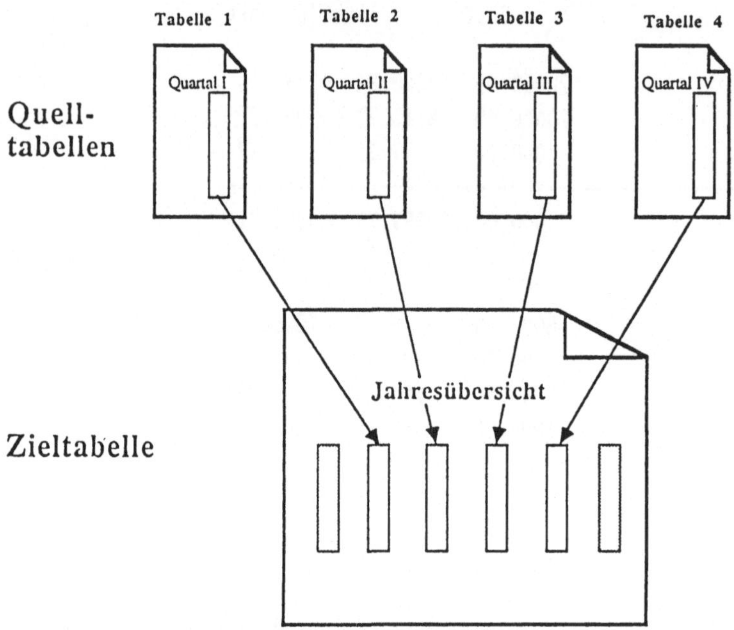

Abb. 9-3: Verbindung verschiedener Tabellen: Übernahme von Ergebniswerten aus mehreren externen Tabellen

Die Übernahme einer Tabelle erfolgt mit Hilfe des Befehls XTERN KOPIE. Vor Anwendung des Befehls muß allerdings zunächst eine entsprechende Vorbereitung in den Quelltabellen getroffen werden.
Wichtig ist, daß die Bereiche, die übernommen werden sollen, mit einem Namen versehen worden sind. Um dies zu erreichen, müssen zunächst der Reihe nach die jeweiligen Quelltabellen aufgerufen werden und durch Wahl des Befehls NAME die Bereichsnamen einzeln vergeben werden.

Im einzelnen sollten folgende Namen vergeben werden:

a) Quelltabelle ISTI87.MP:
    Name: Quartal1
    Bereichsangabe: Z5S5:Z25S5

b) Quelltabelle ISTII87.MP:
    Name: Quartal2
    Bereichsangabe: Z5S5:Z25S5

180

c) Quelltabelle ISTIII87.MP:
    Name: Quartal3
    Bereichsangabe: Z5S5:Z25S5

d) Quelltabelle ISTIV87.MP:
    Name: Quartal4
    Bereichsangabe: Z5S5:Z25S5

Wichtiger Hinweis: Denken Sie jeweils an das Speichern der Tabelle nach
der Namensvergabe.

Sind die Vorbereitungen abgeschlossen, dann kann die neue Tabelle
durch Verknüpfung erstellt werden. Im Beispielfall ist zunächst das
Grundmuster der Tabelle aufzubauen. Am einfachsten ist dies, indem
eine beliebige Quelltabelle geladen wird und der Bereich ab der 2. Spalte
mit dem Befehl RADIEREN gelöscht wird. Anschließend kann der Befehl XTERN KOPIE aufgerufen werden. Bildschirmausdruck 9-5 zeigt
den sich dann ergebenden Bearbeitungsstand.

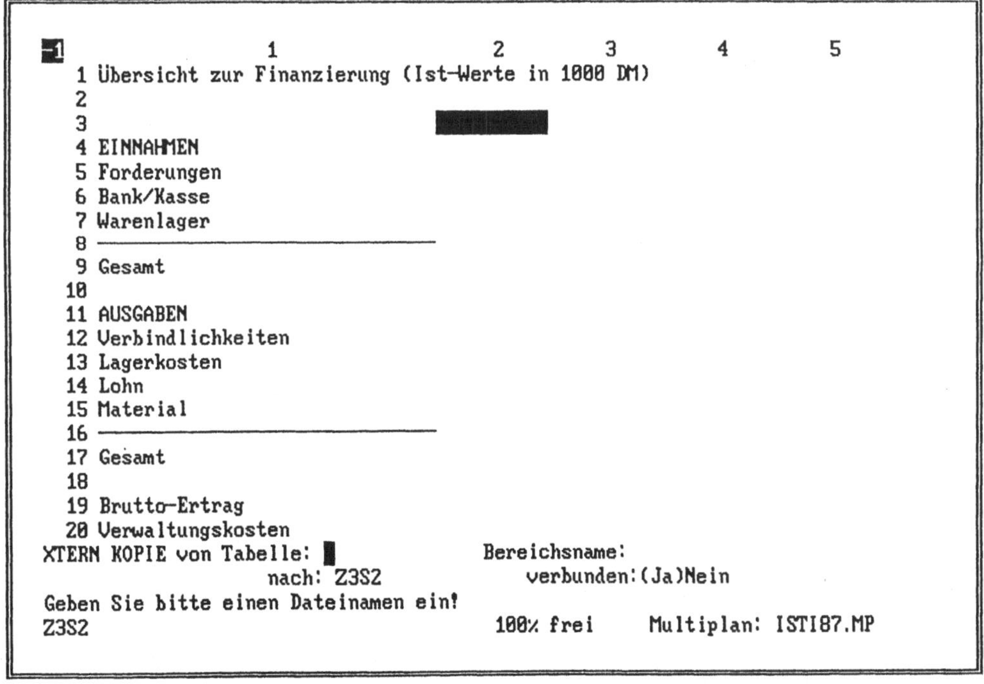

Bildschirmausdruck 9-5

Durch Ausfüllen der Befehlsfelder können nun Daten von externen Tabellen (Quelltabellen) in eine aktive Tabelle (Zieltabelle) kopiert werden. Die Anwendung sei exemplarisch für die Übernahme der Daten des 1. Quartals veranschaulicht:

Reihenfolge der Bearbeitung	Tastenfolge
1. Ergebnisfeld Z5S2 ansteuern	<Richtungstasten>
2. Befehl XTERN KOPIE auswählen	<X> <K>
3. Namen der Quelltabelle angeben	ISTI87.MP <TAB>
4. Bereichsname eingeben oder auswählen	Quartal1 <TAB>
5. Position kennzeichnen	Z5S2 <TAB>
6. Verbindungsstatus festlegen (u. U.)	<J>
7. Befehl ausführen	<RETURN>

Für die Übernahme der anderen 3 Quartalswerte ist ähnlich vorzugehen. Es gelten folgende Orientierungswerte:

Übernahme des 2. Quartalswertes:
- Ansteuern des Feldes Z5S3 in der Zieltabelle;
- Wahl des Befehls XTERN KOPIE;
- einzugebender Name der Quelltabelle: ISTII87.MP;
- einzugebender oder auszuwählender Bereichsname: Quartal2

Übernahme des 3. Quartalswertes:
- Ansteuern des Feldes Z5S4 in der Zieltabelle;
- Wahl des Befehls XTERN KOPIE;
- einzugebender Name der Quelltabelle: ISTIII87.MP;
- einzugebender oder auszuwählender Bereichsname: Quartal3

Übernahme des 4. Quartalswertes:
- Ansteuern des Feldes Z5S5 in der Zieltabelle;
- Wahl des Befehls XTERN KOPIE;
- einzugebender Name der Quelltabelle: ISTIV87.MP;
- einzugebender oder auszuwählender Bereichsname: Quartal4

9.2.2 Mischen mehrerer Arbeitsblätter zu einem neuen Arbeitsblatt

Möglich ist die Verbindung einer externen Tabelle oder eines Teils der Tabelle mit der aktuell in Bearbeitung befindlichen Tabelle. Interessant ist die Verwendung dieser Funktion, wenn die Ergebnisse verschiedener Modelle (z. B. mehrerer Zeitabschnitte) zusammengefaßt werden sollen. Veranschaulicht wird dieser Zusammenhang durch Abbildung 9-4.

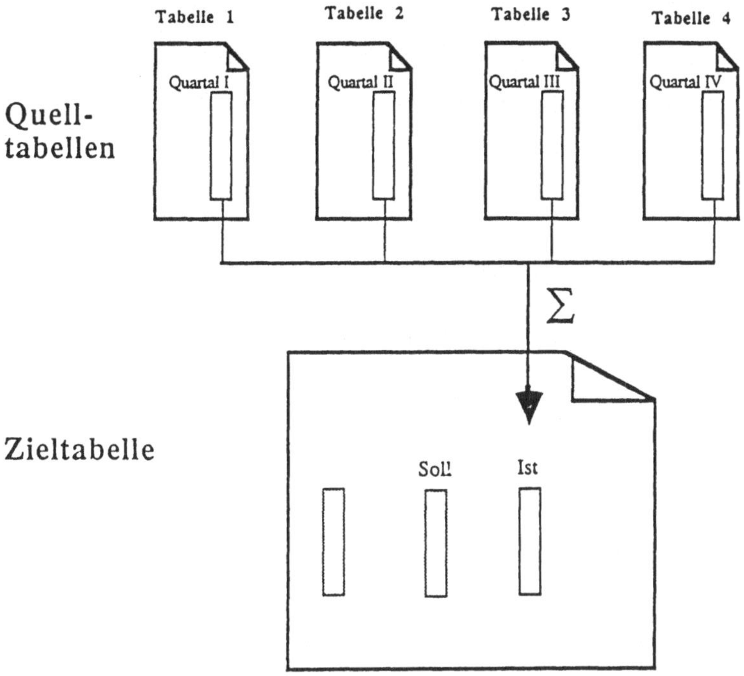

Abb. 9-4: Verbindung verschiedener Tabellen: "Mischen" von Ergebniswerten aus mehreren externen Tabellen

Es sollten zunächst die Grundtabelle aufgebaut und die Sollwerte eingegeben werden. Für die Zusammenfassung der Ist-Werte aus den einzelnen
Quartalstabellen kann dann der Befehl XTERN GESAMT gewählt werden. Bei Wahl des Befehls ergibt sich die Tabelle wie in Bildschirmausdruck 9-6 dargestellt.

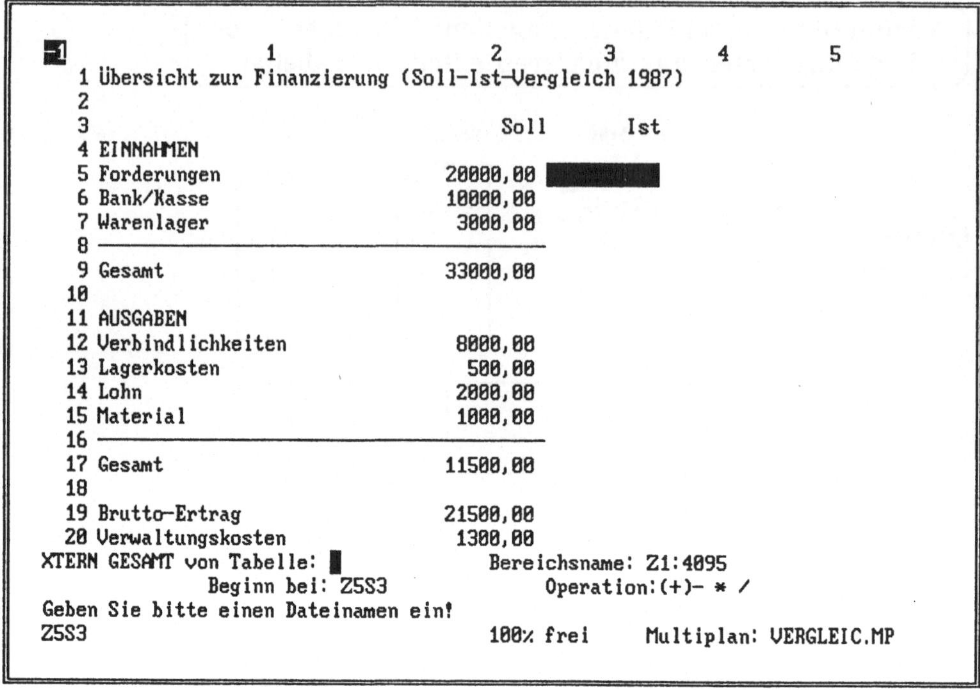

Bildschirmausdruck 9-6

Diese Anwendung für die Übernahme der Daten wird beispielhaft an den Daten des 1. Quartals veranschaulicht:

Reihenfolge der Bearbeitung	**Tastenfolge**
1. Zielfeld in der Zieltabelle ansteuern (hier Z5S3)	<Richtungstasten>
2. Wahl des Befehls XTERN GESAMT	<X> <G>
3. Namen der Quelltabelle angeben	ISTI87.MP <TAB>
4. Bereichsname eingeben oder auswählen	Quartal1 <TAB>
5. Übernahme oder Änderung des Beginns	Z5S3 <TAB>
6. Übernahme oder Festlegung des Operators	<+>
7. Befehl ausführen	<RETURN>

Im 3. Teilschritt können mehrere Tabellen-Namen eingegeben werden (getrennt durch ein Semikolon). Bei dem Bereichsnamen im 4. Teilschritt kann es sich um eine Feldbezeichnung oder um einen Feldnamen handeln. In der Beispielaufgabe können die Angaben im 5. und 6. Teilschritt jeweils übernommen werden.

184

In analoger Form sind die genannten Schritte auch für die Tabellen ISTII87.MP, ISTIII87.MP und ISTIV87.MP zu wiederholen. Dabei müssen dann als Bereichsnamen verwendet werden: Quartal2, Quartal3 und Quartal4.

Bei der Ausführung der Übernahme wird angezeigt, daß bestimmte Bereichsformen nicht übereinstimmen. Dies ist nicht weiter tragisch, denn es geht - wie die Anzeige in der Statuszeile verdeutlicht - um die Zeilen, in denen sich die Unterstreichungen befinden (Z8S3, Z16S3, Z22S3 und Z24S3).

Nach Fertigstellung kann die Tabelle mit dem Befehl ÜBERTRAGEN SPEICHERN unter dem Dateinamen VERGLEIC.MP gespeichert werden.

9.3 Vertiefende Übungsaufgaben zum Abschnitt 9

9.3.1 Übungsaufgabe „Kennzahlen"

Richten Sie eine Multiplan-Tabelle ein, die in einer vergleichenden Statistik den Anteil der Personalkosten für die ersten drei Monate des Jahres in bezug zur Erlösentwicklung ermittelt. Ergebnis soll die nachfolgende Tabelle sein, wobei allerdings die Werte für die Personalkosten nicht gesondert einzugeben sind. Sie sollen vielmehr aus der bereits erstellten Tabelle mit dem Namen "Kostenp2.MP" übernommen werden (die Werte entsprechen der Summe 2 der Tabelle).

```
Kennzahlenermittlung


                  Januar   Februar     März Endsummen
         ---------------------------------------------
Perskosten         45500     51600    59500    156600
Erlöse            223500    190000   245660    659160
         ---------------------------------------------
PersAnteil          20,4      27,2     24,2      23,8
         =============================================
```

Hinweis:

Speichern Sie die neue Tabelle auf Ihrer Arbeitsdiskette mit dem Dateinamen "Kennzahl.MP"!

9.3.2 Übungsaufgabe „Jahres-Finanzübersicht"

Erstellen Sie die auf der nachfolgenden Seite abgebildete Multiplan-Tabelle. Da die Grunddaten bereits in anderen Tabellen vorliegen, soll eine Übernahme dieser Daten erfolgen. Im einzelnen sind folgende Teilaktivitäten notwendig:

a) Bereiten Sie zunächst die Datenübernahme in den externen Tabellen vor (Tabellen ISTII87.MP, ISTIII87.MP und ISTIV87.MP), indem Sie geeignete Namen für die zu übernehmenden Bereiche vergeben.

b) Laden Sie anschließend die Tabelle "ISTI87.MP".

c) Löschen Sie die in der Tabelle vorhandene Spalte 5.

d) Geben Sie danach die Spaltenüberschriften in den Spalten 5 - 14 ein.

e) Übernehmen Sie nun die Quartalswerte der Quartale II - IV aus den gespeicherten Tabellen ISTII87.MP, ISTIII87.MP und ISTIV87.MP.

f) Bilden Sie die Summen in der Spalte 16 und erzeugen Sie die entsprechenden Linien.

g) Speichern Sie die Tabelle unter dem Namen "FIJAHR87.MP".

h) Erstellen Sie einen Ausdruck in komprimierter Form.

186

Tabelle "Jahres-Finanzübersicht"

	1	2	3	4	5	6	7	8	9	10	11	12	13	14
1	Übersicht zur Finanzierung (Ist-Werte in 1000 DM)													
2														
3		JANUAR	FEBRUAR	MÄRZ	APRIL	MAI	JUNI	JULI	AUGUST	SEPTEMBER	OKTOBER	NOVEMBER	DEZEMBER	GESAMT
4	EINNAHMEN													
5	Forderungen	1100,00	1155,00	1212,75	1273,39	1337,06	1403,91	1474,11	1547,81	1625,20	1706,46	1791,78	1881,37	17508,84
6	Bank/Kasse	300,00	550,00	577,50	606,38	636,69	668,53	701,95	737,05	773,91	812,60	853,23	895,89	8113,73
7	Warenlager	275,00	288,75	303,19	318,35	334,26	350,98	368,53	386,95	406,30	426,62	447,95	470,34	4377,22
8	-------													
9	Gesamt	1675,00	1993,75	2093,44	2198,12	2308,01	2423,42	2544,59	2671,81	2805,41	2945,68	3092,96	3247,60	29999,79
10														
11	AUSGABEN													
12	Verbindlichkeiten	1400,00	1283,33	1176,39	1078,36	988,49	906,12	830,61	761,39	697,94	639,78	586,47	537,59	10886,47
13	Lagerkosten	50,00	50,00	50,00	50,00	50,00	50,00	50,00	50,00	50,00	50,00	50,00	50,00	600,00
14	Lohn	100,00	105,00	110,25	115,76	121,55	127,63	134,01	140,71	147,75	155,13	162,89	171,03	1591,71
15	Material	50,00	52,50	55,13	57,88	60,78	63,81	67,00	70,36	73,87	77,57	81,44	85,52	795,86
16	-------													
17	Gesamt	1600,00	1490,83	1391,77	1302,00	1220,82	1147,56	1081,62	1022,46	969,56	922,48	880,80	844,14	13874,04
18														
19	Brutto-Ertrag	75,00	502,92	701,67	896,12	1087,19	1275,86	1462,97	1649,35	1835,85	2023,20	2212,16	2403,46	16125,75
20	Verwaltungskosten	100,00	100,00	100,00	100,00	100,00	100,00	100,00	100,00	100,00	100,00	100,00	100,00	1200,00
21	Steuerpfl. Ertrag	-25,00	402,92	601,67	796,12	987,19	1175,86	1362,97	1549,35	1735,85	1923,20	2112,16	2303,46	14925,75
22	-------													
23	Steuern (30 %)	-7,50	120,88	180,50	238,84	296,16	352,76	408,89	464,80	520,76	576,96	633,65	691,04	4477,73
24	=======													
25	Netto-Ertrag	82,50	382,04	521,17	657,28	791,03	923,10	1054,08	1184,55	1315,10	1446,24	1578,51	1712,42	11648,03

10 Verbindung zu anderen Programmen

Die in Multiplan erstellten Tabellen können eine vielfache Verwendung finden. Deshalb ist es interessant, erstellte Tabellen auch in anderen Programmen zu nutzen und die dazu erforderlichen Verbindungen bereitzustellen.

So müssen Tabellen häufig in Texte eingebunden werden (z. B. eine Soll-/Ist-Vergleichsübersicht in einen Berichtstext). Durch eine direkte Übernahme der Tabelleninhalte kann der Erfassungsaufwand reduziert werden. Außerdem können die besonderen Gestaltungsmöglichkeiten der Textverarbeitung (z. B. Fettdruck, Unterstreichungen, Kursivschrift) nun einfacher und gezielt eingesetzt werden.

Aus verschiedenen Gründen kann die Veranschaulichung von Tabellenwerten in Form von Graphiken wünschenswert sein. Auch für diesen Fall empfiehlt sich die unmittelbare Übergabe der Tabellenwerte an ein Graphikprogramm.

Anhand von einführenden Anwendungsbeispielen und Übungsaufgaben soll im folgenden Kapitel auf die Integrationsmöglichkeiten näher eingegangen werden.

10.1 Übergabe von Multiplan-Tabellen in die Textverarbeitung

Tabellen, die mit Multiplan erstellt wurden, lassen sich in verschiedene Textprogramme übernehmen. Diese Möglichkeit sei im folgenden anhand der Verbindung von Multiplan zum Textprogramm Word veranschaulicht. Dieses Textprogramm ist ebenso wie Multiplan ein Produkt der Firma Microsoft und hat deshalb den Vorteil, daß eine Verbindung wegen der einheitlichen Benutzungsoberfläche relativ leicht hergestellt werden kann.

Einen Überblick über die verschiedenen Teilschritte zur Integration von Tabellenkalkulation und Textverarbeitung gibt Ihnen das Schaubild in Abbildung 10-1.

Teilschritte der Integration von Tabellenkalkulation
und Textverarbeitung

1. Erstellen der Tabelle mit dem Tabellenkalkulationsprogramm

2. Vorbereitung der Tabelle zur Übergabe an die
   Textverarbeitung:
   - Formatdefinition
   - Randbegrenzung
   - Archivierung

3. Erstellen des Textes mit dem Textverarbeitungsprogramm

4. Übernahme der vorbereiteten Tabellen
   in den Text

Abb. 10-1: Teilschritte der Integration von Tabellenkalkulation und
Textverarbeitung

Musteraufgabe 16: Textintegration

Lernziele:

■ Tabellen für die Übergabe an Textprogramme vorbereiten
■ Tabellen in Texte übernehmen

Der für das laufende Jahr erstellte Soll-Ist-Vergleich zur Finanzierung
soll in einem Text verwendet werden, der an verschiedene Personen ver-
schickt werden soll. Ergebnis soll das auf der nächsten Seite wiedergegebene Dokument sein, daß sich aus Verbindung von Textverarbeitung und
Tabellenkalkulation ergibt.

Hinweise zur Lösung:

a) Zunächst sind verschiedene Vorbereitungen bei der Tabelle zu treffen, um die Übergabe in das Textprogramm zu ermöglichen (die Tabelle sollte auf Ihrer Arbeitsdiskette unter dem Dateinamen "VERGLEIC.MP" gespeichert sein). Nach der Anpassung von Format und Randbegrenzung ist die Tabelle mit dem Dateinamen "SERIE87.TXT" zu sichern.

b) Schreiben Sie anschließend den gewünschten Text.

c) Fügen Sie zum Schluß die Tabelle in den Text an der gewünschten Position ein und speichern Sie das Dokument mit dem Namen "RUND87.TXT".

An: Mitglieder des Vorstandes

Von: Leiter Finanz- und Rechnungswesen

Betr.: Finanzierungsübersicht Soll-Ist-Vergleich für 1987

Auf der Grundlage der festgelegten Planwerte sowie der sich aus den Quartalsabrechnungen ergebenden Ist-Zahlen wurde die folgende Vergleichsaufstellung vorgenommen:

Übersicht zur Finanzierung (Soll-Ist-Vergleich 1987)

	Soll	Ist	Ist-Soll
EINNAHMEN			
Forderungen	20000,00	17508,84	-2491,16
Bank/Kasse	10000,00	8113,73	-1886,27
Warenlager	3000,00	4377,22	1377,22
Gesamt	33000,00	29999,79	-3000,21
AUSGABEN			
Verbindlichkeiten	8000,00	10886,47	2886,47
Lagerkosten	500,00	600,00	100,00
Lohn	2000,00	1591,71	-408,29
Material	1000,00	795,86	-204,14
Gesamt	11500,00	13874,04	2374,04

```
Brutto-Ertrag               21500,00  16125,75   -5374,25
Verwaltungskosten            1300,00   1200,00    -100,00
Steuerpfl. Ertrag           20200,00  14925,75   -5274,25
--------------------------------------------------------
Steuern (30 %)               6060,00   4477,73   -1582,28
========================================================
Netto-Ertrag                15440,00  11648,03   -3791,97
```

Die Aufstellung legt offen, daß die festgelegten Planwerte sowohl bei
den Einnahmen als auch bei den Ausgaben nicht realisiert werden konn-
ten. So ergibt sich bei den Einnahmen ein Minus von 3.000.210,-- DM,
während die Ausgaben entgegen den Erwartungen um 2.374.040,-- DM
höher lagen. Sowohl Brutto- als auch Netto-Ertrag weisen negative Zahlen aus.

10.1.1 Vorbereitung von Tabellen zur Übergabe an Textprogramme

Voraussetzung für die Übernahme der Tabellen aus Multiplan in ein
Textprogramm ist, daß diese für die Datenübergabe vorbereitet sind. Zu
diesem Zweck bietet Multiplan die Möglichkeit, mit dem Befehl DRUCK
PLATTE/DISKETTE zuvor eine spezielle Datei zu erstellen, die inhalt-
lich exakt das enthält, was sonst auf Papier gedruckt wird.

Im einzelnen empfiehlt sich - nachdem die Tabelle "VERGLEIC.MP" mit
dem Befehl ÜBERTRAGEN LADEN in den Hauptspeicher transferiert
wurde - für den Beispielfall das in Abbildung 10-2 dargestellte Vorgehen.

Reihenfolge der Bearbeitung	Tastenfolge
1. Befehl ÜBERTRAGEN OPTIONEN wählen	Ü O
2. Format auswählen	S oder F
3. Befehl ausführen	⏎
4. Befehl DRUCK RANDBEGRENZUNG wählen	D R
5. Eingaben vornehmen; z. B. Drucklänge	29 .....
6. Befehl ausführen	⏎
7. Befehl DRUCK PLATTE/DISKETTE wählen	D P
8. Dateinamen eingeben	Serie87.TXT
9. Befehl ausführen	⏎

Abb. 10-2:

Vorbereitung von
Multiplan-Tabellen
zur Übergabe
in Texte

Für den Datenaustausch im SYLK-Format ist im 2. Schritt die Anwort "Symbolisch"; für andere Formate "Fremd" zu wählen. Um die Tabelle im Textverarbeitungsprogramm MS-Word verwenden zu können, können Sie die Antwort "Symbolisch" wählen.

Die zu übernehmende Tabelle muß zunächst über den Befehl DRUCK RANDBEGRENZUNG   so verändert werden, daß Sie in den definierten Textrahmen übertragen werden kann. Da die Tabelle 25 Zeilen umfaßt, sollte auf folgendes geachtet werden (oben und unten sollen jeweils 2 Leerzeilen gelten): Links:0; Oben:2 und Drucklänge: 29.

Achten Sie außerdem darauf, daß bei DRUCK OPTIONEN sowohl im Befehlsfeld "Formeln" als auch im Befehlsfeld "Z-/S-Nummern" jeweils die Antwort "Nein" gilt.

Um die Tabelle in der Textverarbeitung aufrufen und drucken zu können, müssen Sie die entsprechende Datei in Multiplan über den Befehl DRUCK PLATTE/DISKETTE abspeichern. Bei der Wahl des Dateinamens sollten Sie allerdings darauf achten, daß die Datei in Multiplan im Format "Normal" bereits unter einem anderen Namen abgespeichert ist (sofern sie die Tabelle in Multiplan noch einmal zu Bearbeitungszwecken benötigen). Wichtig ist, daß bei der Speicherung auf Platte/Diskette der Zusatz .TXT für den Dateinamen vergeben wird.

Haben Sie die 9 Teilschritte (vgl. Abbildung 10-2) ausgeführt, dann können Sie das Programm Multiplan mit dem Befehl QUITT verlassen.

10.1.2 Übernahme der vorbereiteten Tabellen in einem Text

Nach Abschluß der Vorbereitungsarbeiten im Tabellenkalkulationsprogramm können Sie das Textprogramm aufrufen und hier direkt mit der Erfassung des vorgegebenen Textes beginnen.

Haben Sie den Text vollständig erfaßt, können Sie an die Übernahme der Multiplan-Tabelle gehen. Dabei empfiehlt sich folgendes Vorgehen:

1. *Markieren der Einfügestelle.* Durch Cursorsteuerung müssen Sie nun die Stelle ansteuern, wo die Tabelle im Text eingefügt werden soll.

2. *Einfügen der Tabelle.* Um die Tabelle aus dem Zwischenspeicher in den Text übernehmen zu können, muß der Befehl ÜBERTRAGEN ZUSAMMENFÜHREN ausgelöst werden. Nach Eingabe oder Auswahl des Dateinamens "SERIE87.TXT" erscheint die Tabelle an der festgelegten Einfügeposition, nachdem der Befehl mit <RETURN> ausgeführt wurde.

Das Speichern des Dokumentes erfolgt durch Wahl des Befehls ÜBER-
TRAGEN SPEICHERN und Eingabe des Dateinamens "RUND87.TXT".

Einen Überblick über die Vorgehensweise zur Übernahme vorbereiteter
Multiplan-Tabellen in Texte gibt Ihnen die Checkliste in Abbildung 10-
3.

> Übernahme von Multiplan-Tabellen
> in Texte

Nach

- Start des Textprogramms sowie
- dem Erfassen bzw. Laden eines Textes

ist folgendes Vorgehen notwendig:

Reihenfolge der Bearbeitung	Tastenfolge
1. Einfügestelle im Text ansteuern	▼ ► ▲ ◄
2. Befehl ÜBERTRAGEN ZUSAMMENFÜHREN wählen	ESC Ü Z
3. Dateinamen eingeben oder auswählen	Serie87.TXT oder ▼ ► ▲ ◄
4. Befehl ausführen	↵

Abb. 10-3: Übernahme von Multiplan-Tabellen in Texte

10.2 Übergabe von Multiplan-Daten zur Graphikerstellung mit Microsoft-Chart

Eine weitere Integration von Programmen kann darin bestehen, die im
Rahmen der Tabellenkalkulation ermittelten Daten als Grundlage für das
Erstellen von Graphiken zu nehmen.

Um eine korrekte und schnelle Werteingabe zu erreichen, ist die Möglichkeit, spezifische Werte einer Multiplan-Tabelle in ein Graphikprogramm zu übergeben, von Vorteil. Dies sei im folgenden am Beispiel der
Verbindung zum Graphikprogramm Microsoft-Chart erläutert.

Musteraufgabe 17: „Umsatzverteilung"

Lernziele:

- Tabellen für die Übergabe an Graphikprogramme vorbereiten
- Erstellen von Graphiken mit Chart unter Nutzung von in Multiplan-Tabellen gespeicherten Daten

Auf Ihrer Übungsdiskette befindet sich eine Tabelle mit dem Dateinamen "UMSATZ.MP". Diese Tabelle gibt unter anderem für die einzelnen Monate die Umsätze wieder, die von sechs ausgewählten Vertretern erzielt wurden.

In den ersten beiden Monaten hat die Tabelle folgendes Bild:

	Januar		Februar	
	Umsatz	Umsatz	Umsatz	Umsatz
Name	in DM	in %	in DM	in %
Meier	1000,00	6,75	8992,40	24,47
Müller	4000,00	27,01	7633,10	20,77
Schulze	4060,00	27,41	4000,00	10,88
Lehmann	3450,00	23,29	8200,00	22,31
Geiger	301,20	2,03	1500,20	4,08
Kluge	2000,00	13,50	6422,80	17,48
Summe	14811,20	100,00	36748,50	100,00
Maximum	4060,00		8992,40	
Minimum	301,20		1500,20	
Durchschn.	2468,53		6124,75	

Um die Umsatzwerte zu veranschaulichen, sollen die Zahlen aus dem Monat Januar in Form eines Kreisdiagramms dargestellt werden (vgl. Ausdruck 10-1). Die Graphik ist mit dem Programm Chart zu erstellen und unter dem Dateinamen "GRAFUMS.CH" zu speichern.

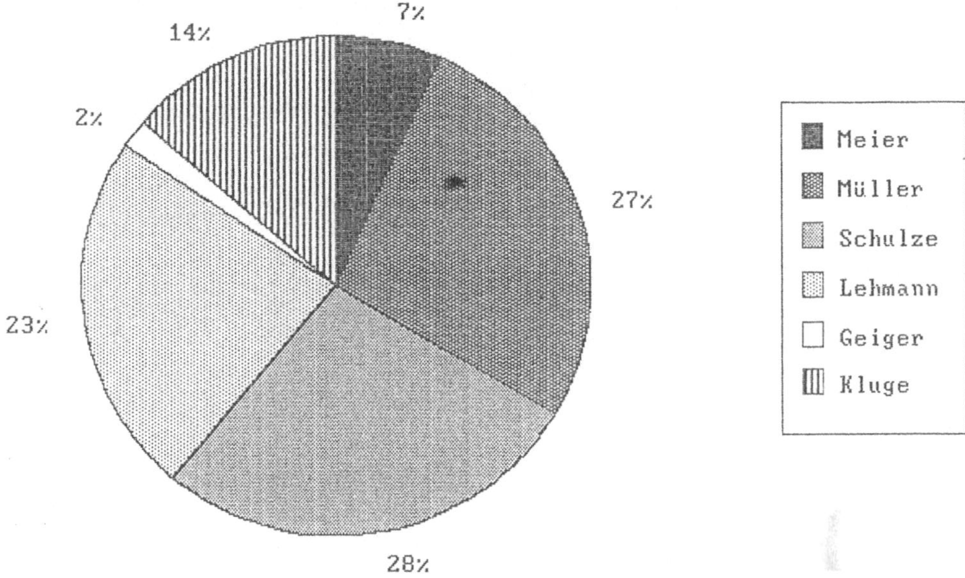

Ausdruck 10-1

10.2.1 Modifizieren der Multiplan-Tabelle

Um eine Datenübergabe zum Graphikprogramm Chart vornehmen zu
können, ist zunächst eine Anpassung der Multiplan-Tabelle notwendig.
Im Anwendungsbeispiel kann für die Übergabe ein Ablaufschema zugrundegelegt werden (vgl. Abbildung 10-4).

Der in der Checkliste aufgeführte Teilschritt 1 ist nur notwendig, sofern
mit der Programmdiskette Multiplan 2.0 gearbeitet wird.

Im Teilschritt 4 sind folgende Bereichsangaben sinnvoll:
a) Name: JANUARUMSATZ für Bereich: Z5S2:Z10S2
b) Name: VERTRETER für Bereich: Z5S1:Z10S1.
Die vergebenen Bereichsnamen müssen für das "Herüberziehen" der Werte
bei der Diagrammbenennung im Graphikprogramm angegeben werden.

Reihenfolge der Bearbeitung	Tastenfolge
1. Datei MCLINK (befindet sich auf der MP-Programmdiskette) laden	MCLINK
2. Multiplan starten	MP
3. Datei mit den zu übernehmenden Werten starten	Ü L UMSATZ.MP
4. Tabellenbereiche, die übernommen werden sollen, ansteuern und mit einem Namen versehen	N "Bereichsname"
5. Tabelle unter einem Namen abspeichern und Multiplan verlassen	Ü S UMSATZ.MP Q

Abb. 10-4: Vorbereitung von Multiplan-Tabellen zur Übergabe an das Graphikprogramm Chart

10.2.2 Vorarbeiten und Realisierung der Datenübernahme mit dem Graphikprogramm Chart

Nach Laden des Programms Chart (hier wird die Version 1.x zugrunde gelegt) sind drei Teilschritte wesentlich:
1. das Benennen des Diagramms;
2. das Kopieren der Datenreihe aus der Multiplan-Tabelle;
3. das Einrichten der Graphik.

1. Benennen des Diagramms

Hierzu muß in Chart der Befehl AUFLISTUNG NAME gewählt werden. In den Befehlsfeldern sind dann folgende Eintragungen vorzunehmen:

a) Datenreihenbezeichnung: Umsatzverteilung im Januar
b) Rubrikenbezeichnung: Vertreter
c) Größenbezeichnung: Januarumsatz
d) Rubrikenart: Text

Nach Durchführung der Eingaben ist der Befehl mit <RETURN> zu bestätigen. Auf dem Bildschirm ergibt sich dann folgende Darstellung:

```
Enth.(*)  Name                     Ursprung   Art     Anzahl

1   *     Umsatzverteilung im Januar          Text      0
```

2. Kopieren der Datenreihe aus der Multiplan-Tabelle

Um die Datenreihe aus der Multiplan-Tabelle übernehmen zu können, müssen Sie den Befehl XTERN KOPIE wählen (bei der Chart Version 2 gibt es den gesonderten Befehl XTERN MULTIPLAN). Die Befehlsfelder sind dann wie folgt auszufüllen:

a)   Kopieren aus Datei: UMSATZ.MP
b)   Rubrikenbezeichnung: Vertreter
c)   Größenbezeichnung: Januarumsatz
d)   Verknüpfen: (Ja) oder (Nein)

Hinweis: Sofern Sie über eine Chart-Version verfügen, die den Befehl XTERN MULTIPLAN beinhaltet, so ist analog vorzugehen.

Nach Befehlsausführung wird im Auflistungs-Bildschirm in der Spalte "Ursprung" angezeigt: Verknüpft mit Umsatz.MP:Pro. Durch Aufruf des Befehlsmenüs WERTEINGABE können Sie sich dann die entsprechenden Werte, die aus der Multiplan-Datei übernommen wurden, anzeigen lassen.

3. Einrichten der Graphik

Für das Erstellen der Graphik ist das Hauptmenü GRAFIK zu wählen (durch Eingabe des Buchstabens <G>). Anschließend ist folgender Ablauf notwendig:
- Wahl der Option MUSTER;
- Wahl der Alternative Kreisdiagramm;
- Wahl der Variante 6.

Eine Speicherung des Diagramms ergibt sich durch Aufruf des Befehls ÜBERTRAGEN SPEICHERN und Eingabe des Dateinamens "GRAFUMS.CH".

Einen Überblick über die Vorgehensweise gibt die Abbildung 10-5.

Teilschritte	Befehle/Befehlsfelder	Beispiel
1) Benennen des Diagramms	AUFLISTUNG NAME - Datenreihenbezeichnung: - Rubrikenbezeichnung: - Größenbezeichnung: - Rubrikenart:	Umsatzverteilung Januar Vertreter Januarumsatz Text
2) Kopieren der Datenreihe aus der Multiplan-Tabelle	XTERN KOPIE - Kopieren aus Datei - Rubrikenbezeichnung - Größenbezeichnung - Verknüpfen	UMSATZ.MP Vertreter Januarumsatz Ja oder Nein
3) Einrichten der Graphik	GRAPHIK MUSTER - Kreisdiagramm	Variante (6)

Abb. 10-5: Teilschritte zur Realisierung der Übernahme von Multiplan-Werten in das Graphikprogramm Chart.

10.3 Verbindung zu Fremdprogrammen

10.3.1 Übergabe an Fremdprogramme

In der betrieblichen Praxis werden mitunter Programme verschiedener Hersteller verwendet. So kann es beispielsweise auch sinnvoll sein, die Möglichkeit zu nutzen, daß die Multiplan-Tabellen von einem anderen Tabellenkalkulationsprogramm (z. B. Lotus 1-2-3) weiterverarbeitet werden können.

Voraussetzung zur Übergabe der Tabellen, die mit Multiplan erstellt wurden, ist eine entsprechende Festlegung des Dateiformates. Den Ablauf hierzu zeigt Abbildung 10-6.

Reihenfolge der Bearbeitung	Tastenfolge
1. Befehl ÜBERTRAGEN OPTIONEN wählen	Ü O
2. Format "Fremd" wählen	F
3. Befehl ÜBERTRAGEN SPEICHERN wählen	Ü S
4. Dateinamen mit Erweiterung .WKS eingeben	....
5. Befehl ausführen	⏎

Abb. 10-6: Übergabe an Fremdprogramme

Nach Ausführung des Befehls wird die zu speichernde Datei automatisch in das Lotus 1-2-3 Format übertragen und kann somit von diesem Programm geladen und bearbeitet werden. Restriktionen bestehen lediglich bei einigen Funktionen bzw. beim Gebrauch von Makros.

10.3.2 Übernahme von anderen Programmen

Umgekehrt kann in der betrieblichen Praxis auch der Wunsch darin bestehen, Tabellen anderer Programme in Multiplan zu übernehmen. Voraussetzung zur Übernahme von Tabellen, die mit anderen Programmen (z. B. Lotus 1-2-3) erstellt wurden, ist eine vorherige Festlegung des Dateiformates, das beim Laden genutzt werden soll (vgl. Abbildung 10-7).

Reihenfolge der Bearbeitung	Tastenfolge
1. Befehl ÜBERTRAGEN OPTIONEN wählen	Ü O
2. Format "Fremd" wählen	F
3. Befehl ÜBERTRAGEN LADEN wählen	Ü L
4. Dateinamen mit Erweiterung eingeben	....
5. Befehl ausführen	⏎

Abb. 10-7: Übernahme von anderen Programmen

Durch die Wahl des Formates "Fremd" können nun Dateien geladen werden, die mit Lotus 1-2-3 oder Symphony erstellt wurden. Handelt es sich um andere Programme, dann können diese mit der Option "Symbolisch" im Befehlsfeld "Format:" des Befehls ÜBERTRAGEN OPTIONEN oder mit dem Befehl ÜBERTRAGEN IMPORT geladen werden.

10.4 Vertiefende Übungsaufgaben zum Abschnitt 10

10.4.1 Übungsaufgabe „Marketingbericht"

Erstellen Sie das im folgenden abgebildete Dokument, das sich als Kombination von einem zu erfassenden Text sowie zwei gespeicherten Multiplan-Tabellen ergibt.

Gehen Sie dabei in folgenden Teilschritten vor:

a) Erfassen Sie zunächst den reinen Text (ohne die Tabellen) mit dem vorhandenen Textverarbeitungsprogramm (Word). Speichern Sie den Text nach Fertigstellung auf Ihrer Arbeitsdiskette unter dem Dateinamen "BERICHT1.TXT".

b) Laden Sie die erste Multiplan-Tabelle mit dem Multiplan-Programm (sie ist auf Ihrer Arbeitsdiskette unter dem Dateinamen "Kosten1.MP" gespeichert). Bereiten Sie diese Tabelle zur Übergabe in den Text vor. Vergeben Sie dabei den Dateinamen "INT1.TXT".

c) Laden Sie anschließend die zweite Multiplan-Tabelle, die auf Ihrer Arbeitsdiskette unter dem Dateinamen "RENTABI.MP" gespeichert ist. Bereiten Sie diese Tabelle ebenfalls zur Übergabe in den Text vor. Vergeben Sie dabei den Dateinamen "INT2.TXT".

d) Führen Sie den erstellten Text und die beiden Tabellen gemäß Vorlage zusammen, und speichern Sie das Dokument unter dem Dateinamen "BERICHT2.TXT".

An: Marketingabteilung Neue Produkte
Unternehmenssparte Verbrauchsgüter

Von: J. Freimann

Betr.: Analyse finanzieller Gesichtspunkte der vorgeschlagenen neuen Produkte

Auf der Grundlage der von verschiedenen Abteilungen abgegebenen Kostenschätzungen sowie der mit dem Able-Projekt gewonnenen Erfahrungswerte habe ich zusammen mit der Abteilung für Betriebswirtschaft nachstehende Kostenanalyse zusammengestellt.

Die Mehrzahl der Kostendaten wurde unter Mitarbeit der jeweiligen Abteilungen und auf der Grundlage vorhandener Erfahrungswerte verfügbar waren, oder in denen vorhandenes Material für nicht übertragbar gehalten wurde, erfolgt eine Schätzung der Kosten.

KOSTENANALYSE DER VON DER UNTERNEHMENSSPARTE VERBRAUCHSGÜTER VORGESCHLAGENEN PRODUKTE:

	Produkt Nr. 0899	Produkt Nr. 459	Produkt Nr. 76	Produkt Nr. 86
Entwicklungskosten	400,00	176,00	450,00	450,00
Materialkosten	350,00	375,50	250,00	250,00
Herstellungskosten				
feste Kosten	2000,00	1700,00	1700,00	1700,00
variable Kosten	1100,00	1650,00	1100,00	1100,00
Sonstige Kosten	900,00	1350,00	900,00	900,00
Gesamtkosten	4750,00	5251,50	4400,00	4400,00

Die Umsatzerwartungen deuten darauf hin, daß das Produkt Nr. 459 aufgrund zusätzlicher Designmerkmale über ein größeres Marketingpotential verfügt als die anderen drei vorgeschlagenen Erzeugnisse. Obwohl die Produktions-Stückkosten des Produktes Nr. 459 über denen der anderen Erzeugnisse liegen, sollte aufgrund des ermittelten Nettogewinns und der zu erwartenden Rentabilität der Investitionen eine Entscheidung zugunsten des Produktes Nr. 459 getroffen werden.

	Produkt Nr. 0899	Produkt Nr. 459	Produkt Nr. 76	Produkt Nr. 86
Absatzmenge (Stück)	500	750	500	500
Stückpreis (in DM)	12,00	12,00	12,00	12,00
Gesamterlös	6000,00	9000,00	6000,00	6000,00
Gesamtkosten	4750,00	5251,50	4400,00	4400,00
Nettogewinn	1250,00	3748,50	1600,00	1600,00
Rentabilität der Investition (in %)	26,3	71,4	36,4	36,4

10.4.2 Übungsaufgabe „Nettogewinn-Graphik"

Auf Ihrer Übungsdiskette befindet sich eine Tabelle mit dem Dateinamen "Rentabi.MP". Diese Tabelle gibt die Produkt-Marketingpotentiale wieder. Im einzelnen werden für verschiedene Produkte neben der Rentabilität der Investition die Nettogewinne ausgewiesen.

Die Tabelle hat folgendes Aussehen:

```
                      Produkt    Produkt   Produkt   Produkt
                      Nr. 0899   Nr. 459   Nr. 76    Nr. 86

Absatzmenge
(Stück)                    500       750       500       500
Stückpreis (in DM)       12,00     12,00     12,00     12,00
. . . . . . . . . . . . . . . . . . . . . . . . . . . . . . . . . .

Gesamterlös            6000,00   9000,00   6000,00   6000,00
Gesamtkosten           4750,00   5575,50   4400,00   4400,00
. . . . . . . . . . . . . . . . . . . . . . . . . . . . . . . . . .

Nettogewinn            1250,00   3424,50   1600,00   1600,00
====================================================================
Rentabilität der
Investition (in %)        26,3      71,4      36,4      36,4
```

Aufgabe:

Veranschaulichen Sie unter Verwendung des Programms Chart die erwarteten Nettogewinne der verschiedenen Produkte, indem Sie ein Säulendiagramm erstellen (vgl. Ausdruck 10-2). Lösen Sie die Aufgabe in folgenden Teilschritten:
a) Vorbereiten der Multiplan-Tabelle für die Datenübergabe;
b) Benennen des Diagramms in Chart;
c) Kopieren der Datenreihe aus der Multiplan-Tabelle;
d) Einrichten der Graphik.

10.4.3 Übungsaufgabe „Nettoertrags-Graphik"

In der Übungsaufgabe "Jahres-Finanzübersicht" haben Sie eine Tabelle erstellt, in der die Nettoerträge der einzelnen Monate ausgewiesen werden. Die Entwicklung der Nettoerträge soll mit Hilfe einer geeigneten Graphik veranschaulicht werden. Dabei sollen die Werte aus der Multiplan-Tabelle (Dateiname: FIJAHR87.MP) im Graphikprogramm Chart verwendet werden.

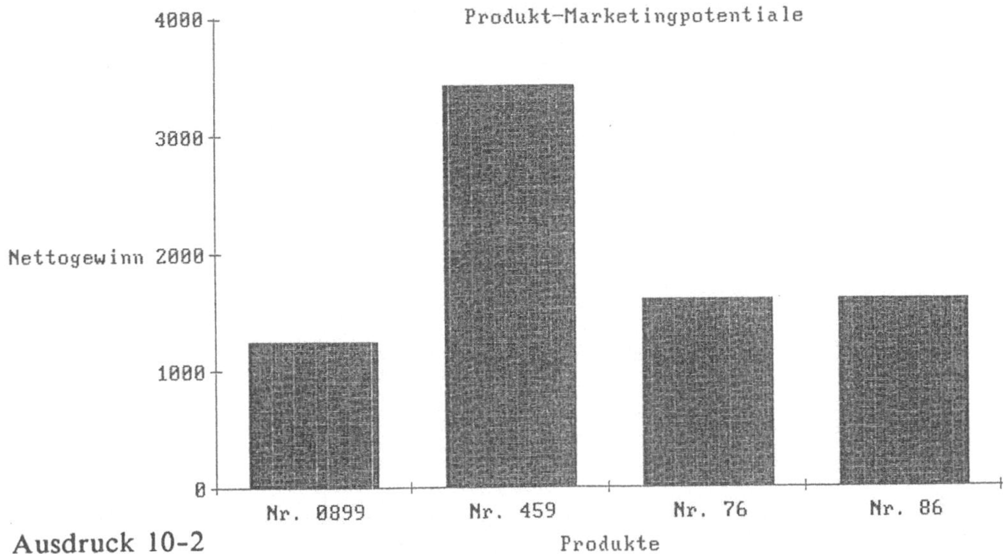

Ausdruck 10-2

Verwenden Sie in der Multiplan-Tabelle für den Bereich Z25S2:13 den Bereichsnamen "Nettoertrag", und erstellen Sie folgende Graphiken:

a) ein Säulendiagramm (vgl. Ausdruck 10-3) und

b) ein Liniendiagramm (vgl. Ausdruck 10-4).

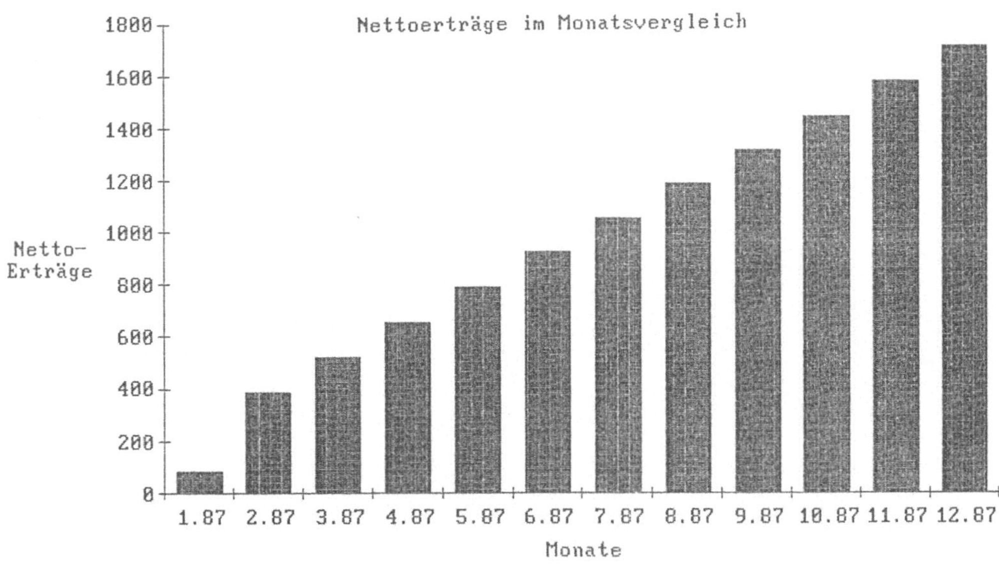

Ausdruck 10-3

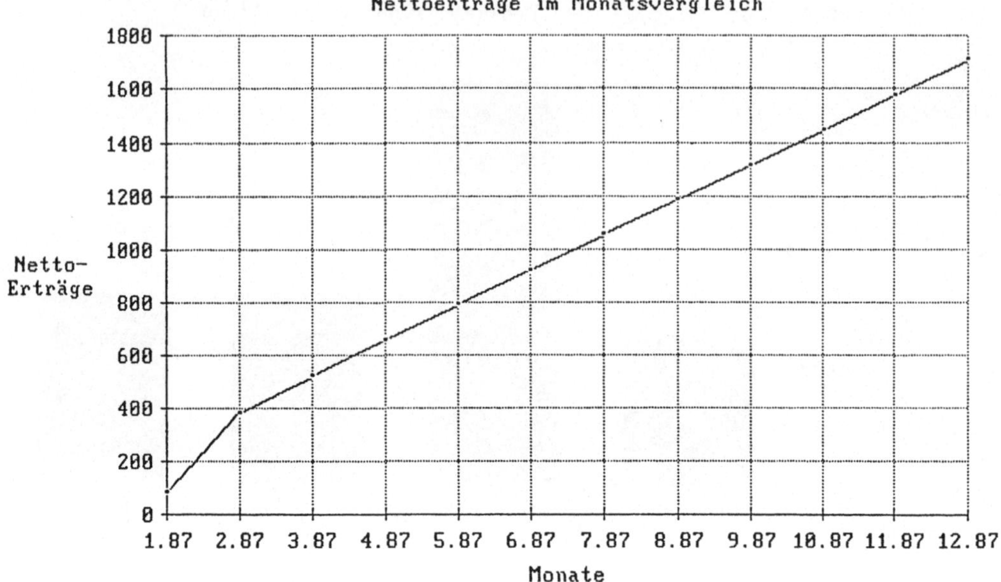

Ausdruck 10-4

11 Anhang

11.1 Lösungen zu den Übungsaufgaben

Lösungshinweise zu Übungsaufgaben Kapitel 3

Aufgabe "Kostenplanung" (vgl. Abschnitt 3.5.1)

a) Erfassen der Text- und Zahlenwerte:

Textinformationen sind in Spalte 1 sowie in der zweiten Zeile einzugeben.
Zu diesem Zweck ist zunächst ein Ausgangsfeld anzusteuern (z. B. Z1S1)
und dann der Befehl TEXT aufzurufen. Nach der Wahl des Befehls kann
der erste Text (hier "Kostenplan") eingegeben werden. Zur Befehlsausführung empfiehlt sich das unmittelbare Ansteuern des nächsten Textein-
gabefeldes mit einer Richtungstaste (z. B. auf das Feld Z3S1).

Zahlenwerte sind in den Spalten 2 bis 4 einzugeben; und zwar in den
Zeilen 4 bis 7 sowie in den Zeilen 12 bis 13. Nach Ansteuerung eines
Ausgangsfeldes (z. B. Z4S2) empfiehlt sich eine unmittelbare Zahleneingabe. Für die Befehlsausführung sollte eine Richtungstaste verwendet
werden.

b) Eingabe der Summenformeln

Summen sind in den Zeilen 9, 15 und 17 sowie in der Spalte 5 zu bilden.
Es empfiehlt sich die Anwendung der Funktion SUMME. Nach Ansteuerung des Ergebnisfeldes ist der Befehl WERT aufzurufen und der
Text SUMME einzugeben. In Klammern muß dann der jeweils zutreffende Bereich angegeben werden, wobei zunächst das erste Feld angesteuert wird, danach der Bereichsoperator <:> einzugeben ist und dann
das letzte Feld anzusteuern ist.

Einen Überblick über sämtliche Summenformeln geben die Bildschirmausdrucke A-1 und A-2.

```
-1           1                  2                  3
 1 "Kostenplan"
 2                       "Januar"           "Februar"
 3 "Material"
 4 "Rohstoffe"          12450              15470
 5 "Hilfsstoffe"        4326               6798
 6 "Betr.stoffe"        450                567
 7 "Fertigt."           1234               4321
 8
 9 "Summe 1"            SUMME(Z(-5)S:Z(-2)S)SUMME(Z(-5)S:Z(-2)S)
10
11 "Personal"
12 "Löhne"              30500              34600
13 "Abgaben"            15000              17000
14
15 "Summe 2"            SUMME(Z(-3)S:Z(-2)S)SUMME(Z(-3)S:Z(-2)S)
16
17 "Endsumme"           SUMME(Z9 S;Z15 S)  SUMME(Z9 S;Z15 S)
18
19 "PersAnteil"         Z(-4)S/Z(-2)S*100  Z(-4)S/Z(-2)S*100
20 ████████████████████
BEFEHL: Text Ausschnitt Bewegen Druck Einfügen Format Gehezu Hilfe Kopie Löschen
  Name Ordnen Pfad Quitt Radieren Schutz Übertragen Verändern Wert Xtern Zusätze
Wählen Sie bitte eine Option oder geben Sie deren Anfangsbuchstaben ein!
Z20S1                                100% frei    Multiplan: KOSTENPL.MP
```

Bildschirmausdruck A-1

```
-1           4                  5                  6
 1
 2 "März"               "Endsummen"
 3
 4 23975                SUMME(ZS(-3):ZS(-1))
 5 12000                SUMME(ZS(-3):ZS(-1))
 6 876                  SUMME(ZS(-3):ZS(-1))
 7 5650                 SUMME(ZS(-3):ZS(-1))
 8
 9 SUMME(Z(-5)S:Z(-2)S)SUMME(ZS(-3):ZS(-1))
10
11
12 40000                SUMME(ZS(-3):ZS(-1))
13 19500                SUMME(ZS(-3):ZS(-1))
14
15 SUMME(Z(-3)S:Z(-2)S)SUMME(ZS(-3):ZS(-1))
16
17 SUMME(Z9 S;Z15 S)    SUMME(Z9 S;Z15 S)
18
19 Z(-4)S/Z(-2)S*100    Z(-4)S/Z(-2)S*100
20 ████████████████████
BEFEHL: Text Ausschnitt Bewegen Druck Einfügen Format Gehezu Hilfe Kopie Löschen
  Name Ordnen Pfad Quitt Radieren Schutz Übertragen Verändern Wert Xtern Zusätze
Wählen Sie bitte eine Option oder geben Sie deren Anfangsbuchstaben ein!
Z20S4                                100% frei    Multiplan: KOSTENPL.MP
```

Bildschirmausdruck A-2

c) Ermittlung des Personalkostenanteils

Vgl. auch hier die Bildschirmausdrucke A-1 und A-2.

d) Formatieren der Zeile 19

Nach Ansteuern des Ausgangsfeldes Z19S2 ist der Befehl FORMAT FELDER zu wählen. Hier sind dann folgende Befehlsfeldeintragungen notwendig:
1. Bereich: Z19S2:Z19S5;
2. Ausrichtung: Stnd;
3. Formatcode: Fest;
4. Dez-Stellen: 1.

e) Ausdruck der Tabelle

Der Ausdruck erfolgt durch Wahl des Befehls DRUCK DRUCKER.

f) Speichern der Tabelle

Für das Sichern der Tabelle ist der Befehl ÜBERTRAGEN SPEICHERN auszulösen und der Dateiname "Kostenpl.MP" einzugeben.

Aufgabe "Bewerberentwicklung" (vgl. Abschnitt 3.5.2)

a) Eingabe der Text- und Zahlenwerte:

Textinformation sind in der gesamten Spalte 1 sowie in Z1S6 einzugeben. Zu diesem Zweck ist zunächst ein Ausgangsfeld anzusteuern (z. B. Z2S1) und dann der Befehl TEXT aufzurufen.

Zahlenwerte sind in den Spalten 2 bis 5 einzugeben; und zwar in der Zeile 1 sowie in den Zeilen 4 bis 9.

b) Eingabe der Formeln zur Auswertung der Tabelle

Es empfiehlt sich die Anwendung der Funktionen SUMME und MIT-TELW. In Klammern kann der jeweils zutreffende Bereich angegeben werden, wobei zunächst das erste Feld angesteuert wird, danach der Bereichsoperator <:> einzugeben ist und dann das letzte Feld anzusteuern ist.

Einen Überblick über den Formelaufbau in den Spalten 2 bis 3 gibt der
Bildschirmausdruck A-3.

```
 1             1                2               3
 1                           1983            1984
 2 "Berufe"
 3
 4 "Bürokfm."               123             143
 5 "Bürogehil."             87              76
 6 "Indus.kfm."             145             132
 7 "Schlosser"             234             254
 8 "Laborant"              453             421
 9 "Facharb."              211             234
10
11 "Summe"                SUMME(Z(-7)S:Z(-2)S)SUMME(Z(-7)S:Z(-2)S)
12 "Durchnitt"            MITTELW(Z4 S:Z9 S)  MITTELW(Z4 S:Z9 S)
13 "kfm.Anteil"           (SUMME(Z4:6 S))/Z11 (SUMME(Z4:6 S))/Z11
14
15
16
17
18
19
20
BEFEHL: Text Ausschnitt Bewegen Druck Einfügen Format Gehezu Hilfe Kopie Löschen
 Name Ordnen Pfad Quitt Radieren Schutz Übertragen Verändern Wert Xtern Zusätze
Wählen Sie bitte eine Option oder geben Sie deren Anfangsbuchstaben ein!
Z14S1                                   100% frei     Multiplan: BEWERBER.MP
```

Bildschirmausdruck A-3

Durch Ansteuerung der Felder mit dem Feldzeiger können Sie erreichen,
daß die Formeln nach rechts kopiert werden können (jeweils 3 mal nach
rechts).

c) Formatieren der Zeilen 12 und 13

Nach Ansteuern des Ausgangsfeldes Z12S2 ist der Befehl FORMAT
FELDER zu wählen. Hier sind dann folgende Befehlsfeldeintragungen
notwendig:
1. Bereich: Z12S2:Z13S5;
2. Ausrichtung: Stnd;
3. Formatcode: Fest;
4. Dez-Stellen: 1.

d) Ausdruck der Tabelle

Der Ausdruck der gesamten Tabelle erfolgt durch Wahl des Befehls DRUCK DRUCKER. Für den Druck der Tabelle mit den zugehörigen Formeln ist im Befehl DRUCK OPTIONEN das Befehlsfeld "Formeln" auf "Ja" einzustellen und anschließend der Befehl DRUCKER auszulösen.

e) Speichern der Tabelle

Dies erfolgt durch Wahl des Befehls ÜBERTRAGEN SPEICHERN und Eingabe des Dateinamens "Bewerber.MP".

Lösungshinweise zu Übungsaufgaben Kapitel 4

Aufgabe "Liquiditätsrechnung" (vgl. Abschnitt 4.7.1)

a) Formatierung für spaltenübergreifendes Schreiben

1. Eingabe des Überschriftentextes nach Wahl des Befehls TEXT;
2. Wahl des Befehls FORMAT FELDER. Anzugeben sind der Feldbereich sowie der Formatcode "Zusammen";
3. Nach der Befehlsausführung müßte der gesamte Überschriftentext angezeigt sein.

b) Vergrößern der Spaltenbreite in der 1. Spalte

1. Ansteuern des Ausgangsfeldes Z1S1;
2. Wahl des Befehls FORMAT BREITE_DER_SPALTEN und Eingabe der Spaltenbreite 30.
3. Ausführen des Befehls mit <Return>.

c) Vergrößern der Spaltenbreite für die Spalten 2 - 4

1. Ansteuern des Ausgangsfeldes Z1S2;
2. Wahl des Befehls FORMAT BREITE_DER_SPALTEN und Eingabe der Spaltenbreite 15 sowie der Spaltennummern 2 (im Feld "Spalte" und 4 (im Feld "bis").
3. Ausführen des Befehls mit <Return>.

d) Ausdruck der Tabelle

Stimmt die erstellte Tabelle nach Eingabe der Texte, Zahlen und Formeln mit der Vorlage überein, kann der Ausdruck mit dem Befehl DRUCK

DRUCKER erfolgen. Für den Ausdruck der Tabelle mit ihren Formeln ist der Befehl DRUCK OPTIONEN und dort die Alternative "Formeln: Ja" zu wählen. Anschließend kann der Befehl DRUCKER ausgelöst werden.

e) Tabelle speichern

Befehl ÜBERTRAGEN SPEICHERN wählen und den Dateinamen "Liquidi.MP" eingeben.

Aufgabe "Ergebnisrechnung" (vgl. Abschnitt 4.7.2)

a) Formatierung für spaltenübergreifendes Schreiben

1. Eingabe des Überschriftentextes nach Wahl des Befehls TEXT;
2. Wahl des Befehls FORMAT FELDER. Anzugeben sind der Feldbereich Z1S1:Z2S5 sowie der Formatcode "Zusammen";
3. Nach der Befehlsausführung müßte der gesamte Überschriftentext angezeigt sein.

b) Vergrößern der Spaltenbreite in der 1. Spalte

1. Ansteuern des Ausgangsfeldes Z1S1;
2. Wahl des Befehls FORMAT BREITE_DER_SPALTEN und Eingabe der Spaltenbreite 60.
3. Ausführen des Befehls mit <Return>.

c) Vergrößern der Spaltenbreite für die Spalten 2 - 3

1. Ansteuern des Ausgangsfeldes Z1S2;
2. Wahl des Befehls FORMAT BREITE_DER_SPALTEN und Eingabe der Spaltenbreite 15 sowie der Ziffern 2 bzw. 3 in den folgenden zwei Befehlsfeldern.
3. Befehlsausführung mit <Return>.

Geben Sie anschließend die Textinformationen ein.

d) Stellen der Zahlwerte auf Tausenderpunkte

Nachdem der Grundaufbau der Tabelle erfaßt ist, können Sie die Zahleninformationen und Formeln eingeben. Um die Zahlenwerte gemäß der Vorgabe zu formatieren, sind danach folgende Teilschritte notwendig:

1. Wahl des Befehls FORMAT OPTIONEN und Einstellen der Option "Tausenderpunkte" auf Ja;
2. Wahl des Befehls FORMAT FELDER und Definition des Feldbereiches sowie Angabe der Variante "Fest" für Festkommadarstellung beim Befehlsfeld "Formatcode".

e) Ausdruck der Tabelle

1. Wahl des Befehls DRUCK DRUCKER;
2. Wahl des Befehls DRUCK OPTIONEN und Wahl der Alternative "Formeln: Ja". Anschließend kann der Befehl DRUCKER ausgelöst werden.

f) Tabelle speichern

Bitte wählen Sie den Befehl ÜBERTRAGEN SPEICHERN, und geben Sie den Dateinamen "Ergebnis.MP" ein.

Lösungshinweise zu Übungsaufgaben Kapitel 5

Aufgabe "Kostenplan-Gestaltung" (vgl. Abschnitt 5.4.1)

a) Laden der Tabelle

Befehl ÜBERTRAGEN LADEN aufrufen und den Dateinamen "Kostenpl.MP" eingeben oder auswählen.

b) Leerzeile einfügen

Ausgangsfeld Z3S1 ansteuern und Befehl EINFÜGEN ZEILE wählen. Der Befehl kann dann unmittelbar mit <RETURN> ausgeführt werden, da nur eine Zeile einzufügen ist.

c) Waagerechte Linien ziehen

Folgender Ablauf ergibt sich für das Ziehen der Linie in Zeile 3:
1. Ausgangsfeld Z3S2 ansteuern;
2. Befehl TEXT aufrufen;
3. 10 Bindestriche eingeben;
4. Befehl ausführen;
5. Befehl KOPIE RECHTS wählen;
6. die Zahl 4 bei Anzahl der Kopien eingeben;
7. Befehl ausführen.

Die waagerechte Linie in Zeile 3 kann nun mit dem Befehl KOPIE VON in die Zeilen 9, 15 und 17 kopiert werden. Für das Erzeugen der Linie in Zeile 19 ist in ähnlicher Form vorzugehen wie beim Ziehen der Linie in Zeile 3 (statt der Bindestriche müssen hier allerdings die doppelten Unterstreichungsstriche eingegeben werden).

d) Tabelle drucken

Befehl DRUCK DRUCKER wählen.

e) Tabelle speichern

Befehl ÜBERTRAGEN SPEICHERN wählen und den Dateinamen "Kosten2.MP" eingeben.

Aufgabe "Bewerberentwicklung-Gestaltung" (vgl. Abschnitt 5.4.2)

a) Laden der Tabelle

Befehl ÜBERTRAGEN LADEN aufrufen und den Dateinamen "Bewerber.MP" eingeben oder auswählen.

b) Einfügen der Leerzeilen

Um die Leerzeile zwischen der 1. und 2. Zeile einfügen zu können, ist zunächst das Feld Z2S1 anzusteuern. Anschließend ist der Befehl EIN-FÜGEN ZEILE zu wählen. Eine besondere Spezifizierung des Befehls ist nicht mehr erforderlich, da nur eine Zeile eingefügt werden soll. Deshalb kann der Befehl unmittelbar mit <RETURN> bestätigt werden.

Für das Einfügen der Leerzeile zwischen der 12. und 13 Zeile ist mit
dem Feldzeiger die Zeile anzusteuern, in der das Wort Summe steht. Anschließend ist der Befehl EINFÜGEN ZEILE zu wählen und auszuführen.

c) Einfügen der Leerspalte

Zunächst ist das Ausgangsfeld Z1S6 anzusteuern. Danach ist der Befehl
EINFÜGEN SPALTE zu wählen und auszuführen.

d) Erzeugen der waagerechten Linien

Folgender Ablauf ergibt sich für das Ziehen der Linie in Zeile 2:
1. Ausgangsfeld Z2S2 ansteuern;
2. Befehl TEXT aufrufen;
3. 10 Bindestriche eingeben;
4. Befehl ausführen;
5. Befehl KOPIE RECHTS wählen;
6. die Zahl 5 bei Anzahl der Kopien eingeben;
7. Befehl ausführen.

Die waagerechte Linie in Zeile 2 kann nun mit dem Befehl KOPIE VON
in die Zeile 11 kopiert werden.

Für das Erzeugen der Linie in Zeile 13 ist in ähnlicher Form vorzugehen
wie beim Ziehen der Linie in Zeile 2 (statt der Bindestriche müssen hier
allerdings die doppelten Unterstreichungsstriche eingegeben werden).

e) Erzeugen der senkrechten Linie in Spalte 6

Es empfiehlt sich folgender Ablauf:
1. Ansteuern des Feldes Z1S6;
2. Wahl des Befehls FORMAT BREITE_DER_SPALTEN und Eingabe
   der Spaltenbreite 3; Ausführen des Befehls mit <Return>.
3. Auslösen des Befehls FORMAT FELDER und Wahl der Ausrichtung
   "Mitte";
4. Wahl des Befehls TEXT und Erzeugen einer senkrechten Linie mit
   der Tastenkombination ALT-179 (Hinweis: Denken Sie daran, daß die
   Ziffern im numerischen Block eingegeben werden);
5. Wahl des Befehls KOPIE NACH_UNTEN und Eingabe der Anzahl
   der Kopien (hier: 14);
6. Ausführung des Befehls mit <RETURN>.

f) Tabelle speichern

Befehl ÜBERTRAGEN SPEICHERN wählen und den Dateinamen "Be-
werb2.MP" eingeben.

Lösungshinweise zu Übungsaufgaben Kapitel 6

Aufgabe "Rechnungsschreibung" (vgl. Abschnitt 6.5.1)

a) Eingabe der Text- und Zahleninformationen

Über den Befehl TEXT sowie den Befehl WERT sind zunächst die vor-
gegebenen Text- und Zahleninformationen zu erfassen. Die vorgegebenen
Zahlenwerte betreffen die durch "Sterne" eingerahmten Angaben zur
Stückzahl und zum Stückpreis.

b) Formeleingabe zur Ermittlung des Warenwertes

Im Feld Z9S2 ist zunächst der Warenwert zu ermitteln. Hierfür gilt folgende Formel:

1. Z4S2*Z5S2   (bei absoluter Adressierung);
2. Z(-5)S*Z(-4)S   (bei relativer Adressierung mit Feldzeigerpositionierung).

Es empfiehlt sich die Verwendung der zweiten Formel, da diese anschließend bequem zweimal nach rechts kopiert werden kann.

c) Aufbau der WENN-DANN-Formel

Die Ermittlung des Rabattes hängt davon ab, ob die Stückzahl von 100
überschritten wird. Demgemäß ist folgender Formelaufbau möglich:

1. WENN(Z4S2>100; Z9S2*0,15;0) bei absoluter Adressierung;
2. WENN(Z(-6)S>100;Z(-1)S*0,15;0) bei relativer Adressierung.

Auch hier empfiehlt sich der Einsatz der zweiten Formel, damit diese
dann ebenfalls nach rechts kopiert werden kann.

d) Erstellen der übrigen Formeln

Den Aufbau der übrigen Formeln zeigt exemplarisch der Bildschirmausdruck A-4.

```
 -1                     1                    2                    3
  1 "Rechnungsschreibung"
  2 "***************"        "***************"    "***************"
  3 "Eingabebereich"
  4 "Stückzahl:"              98                  154
  5 "Stückpreis:"            25                   25
  6 "***************"        "***************"    "***************"
  7
  8
  9 "Warenwert"             Z(-5)S*Z(-4)S        Z(-5)S*Z(-4)S
 10 "Rabatt"               WENN(Z(-6)S>100;Z(-1 WENN(Z(-6)S>100;Z(-1
 11 "________________"     "________________"   "________________"
 12 "Nettobetrag"          Z(-3)S-Z(-2)S        Z(-3)S-Z(-2)S
 13 "MWSt"                 Z(-1)S*0,14          Z(-1)S*0,14
 14 "________________"     "________________"   "________________"
 15 "Bruttobetrag"         Z(-3)S+Z(-2)S        Z(-3)S+Z(-2)S
 16 "==============="      "==============="    "==============="
 17
 18
 19
 20
BEFEHL: Text Ausschnitt Bewegen Druck Einfügen Format Gehezu Hilfe Kopie Löschen
  Name Ordnen Pfad Quitt Radieren Schutz Übertragen Verändern Wert Xtern Zusätze
 Wählen Sie bitte eine Option oder geben Sie deren Anfangsbuchstaben ein!
 Z17S1                              100% frei       Multiplan: RECH.MP
```

Bildschirmausdruck A-4

Aufgabe "Summarische Zinsrechnung" (vgl. Abschnitt 6.5.2)

Durch die Verfügbarkeit der Zeit- und Datumsfunktionen kann die in der kaufmännischen Zinsrechnung übliche Vereinfachung (360 Tage pro Jahr, 30 Tage für jeden Monat) aufgegeben werden und eine genaue Berücksichtigung der Tage erfolgen, die für einen Monat bzw. ein Jahr gelten (sog. bürgerliche Zinsrechnung). Im einzelnen sind folgende Teilschritte zur Lösung erforderlich:

a) Grundaufbau der Tabelle

Zur Erhöhung der Spaltenbreite ist der Befehl FORMAT BREITE_DER_SPALTEN zu wählen und hier die Zeichenanzahl 15 einzugeben sowie der Spaltenbereich 1 - 4 zu bestimmen. Die Datumseingabe erfolgt über den Befehl TEXT.

b) Ermittlung der Zinstage

Für die Ermittlung der Zinstage in Feld Z7S3 gilt folgende Differenz: Z3S2-Z7S2. Es empfiehlt sich jedoch den 2. Wert relativ zu adressieren, um danach die Formel dreimal nach unten kopieren zu können. Die Formel hat dann folgenden Aufbau:
Z3S2-ZS(-1)

Diese Formel kann nun durch Wahl des Befehl KOPIE NACH_UNTEN und Eingabe der Ziffer 3 dreimal nach unten kopiert werden.

c) Ermittlung der Zinszahlen

Zinszahlen sind ganze positive Zahlen, die normal gerundet werden. Allgemein ergibt sich folgender Formelaufbau:
RUNDEN(ZS(-3)%*ZS(-1);0)
Diese Formel kann wiederum dreimal nach unten kopiert werden.

d) Summenbildung

Für die Summenbildung in den beiden Feldern sind folgende Formeln zu erfassen:
1. für Feld Z12S1 = SUMME(Z(-5)S:Z(-2)S);
2. für Feld Z12S4 = SUMME(Z(-5)S:Z(-2)S).

e) Ermittlung der Verzugszinsen

Bei einem Zinssatz von 6 % nimmt der Zinsteiler den Wert 60 an. Demnach ist folgende Formel im Feld Z13S1 notwendig:
Z(-1)S(+3)/60.

f) Ermittlung der Umsatzsteuer

Für das Feld Z14S1 gilt folgende Formel:
Z(-1)S*0,14.

g) Ermittlung des Überweisungsbetrages

Die Ermittlung erfolgt im Feld Z16S1 nach folgender Formel:
SUMME(Z(-4)S:Z(-2)S).

h) Speichern der Tabelle

Das Speichern der Tabelle erfolgt mit dem Befehl ÜBERTRAGEN
SPEICHERN und Eingabe des Dateinamens "Summzins.MP".

Lösungshinweise zu Übungsaufgaben Kapitel 7

Aufgabe "Umsatzvergleich" (vgl. Abschnitt 7.4.1)

a) Einrichten der Umrahmung

Nach dem Laden der Datei soll zunächst ein Ausschnittrahmen eingerichtet werden. Dazu ist folgendermaßen vorzugehen:

1. Befehl AUSSCHNITT UMRAHMEN wählen	<A> <U>
2. Eingabe im Befehlsfeld "ändern in Ausschnitt_Nummer" vornehmen	z. B. <1>
3. Befehl bestätigen	<RETURN>

b) Teilen des Ausschnittes

Anschließend soll der Ausschnitt ab der Spalte 3 geteilt werden, um
einen Vergleich der Januar-Werte mit späteren Monaten zu ermöglichen.
Hierzu ist der Befehl AUSSCHNITT TEILEN zu wählen, der drei Unterbefehle enthält: waagerecht, senkrecht und Bezeichnung.

Für das Anwendungsbeispiel ist die Variante SENKRECHT zu wählen.
Sie ermöglicht ein Teilen des Ausschnittes ab der angegebenen Spalte. Im
einzelnen ist wie folgt vorzugehen:

1. Befehl AUSSCHNITT TEILEN SENKRECHT wählen	<A> <T> <S>
2. Spaltennummer eingeben	<3> <TAB>
3. Verbindung vornehmen	<Rücktaste>
3. Befehl ausführen	<RETURN>

Aufgabe "Druckvorlage" (vgl. Abschnitt 7.4.2)

a) Vorüberlegungen und Schreiben des Makrobefehls

Für den Aufbau des Makrobefehls kann folgende Zusammenstellung als
Orientierung dienen:

Tastenfunktion   *Tastenanschlag*

- Befehl DRUCK OPTIONEN   do
- Befehlsfeld "Steuerzeichen" ansteuern   'TB
- Steuerzeichencode eingeben   ^o
- Befehl ausführen   'RT
- Befehl RANDBEGRENZUNG wählen   r
- nächstes Befehlsfeld ansteuern   'TB
- obere Randbegrenzung eingeben   2
- nächstes Befehlsfeld ansteuern   'TB
- Druckbreite eingeben   132
- nächstes Befehlsfeld ansteuern   'TB
- Drucklänge eingeben   30
- nächstes Befehlsfeld ansteuern   'TB
- Seitenlänge eingeben   72
- Befehl ausführen   'RT
- Druckbefehl auslösen   'RT

Nachdem nun der Grundaufbau des Makrobefehls festliegt, kann die
Eingabe in der erarbeiteten Reihenfolge vorgenommen werden. Im einzelnen ist nach Laden der Tabelle "Staffel" dazu folgendes Vorgehen notwendig:

Reihenfolge der Bearbeitung   Tastenfolge

1. Erfassungsfeld ansteuern (hier: Z30S1)   <Richtungstasten>
2. Befehl TEXT wählen   <T>
3. Einschalten von "Makro verändern"   <F5>
4. Tasten für Makrobefehl betätigen   .....
5. Ausschalten von "Makro verändern"   <F5>
6. Eingabe beenden   <RETURN>

b) Benennen des Makrobefehls

Für das Benennen des Makros muß der Befehl NAME gewählt werden.
Dabei gilt folgende Abfolge:

1. Befehl NAME wählen   <N>
2. Namen für das Makro eingeben   Druckvorlage <TAB>
3. Feldbereich eingeben oder übernehmen   Z30S1 <TAB>
4. Makro kennzeichnen   <J> <TAB>
5. Tastenschlüssel eingeben   DV
6. Befehl ausführen   <RETURN>

c) Starten eines Makros

Für das Aufrufen und Ausführen eines Makros gibt es prinzipiell zwei Möglichkeiten:

1. Wahl des Befehls GEHEZU MAKRO; in diesem Fall ist der Name "Druckvorlage" einzugeben oder auszuwählen;

2. Wahl der ALT-Tastenkombination; in diesem Fall ist die Tastenkombination ALT-DV zu betätigen.

d) Speichern der Tabelle

Das Speichern der Tabelle erfolgt durch Wahl des Befehls ÜBERTRAGEN SPEICHERN und Eingabe des Dateinamens "Staffelm.MP".

Lösungshinweise zur Übungsaufgabe Kapitel 8
(vgl. Abschnitt 8.8)

a) Festlegen der Randbegrenzung

Es könnte z. B. ein oberer und unterer Abstand von jeweils 3 Zeilen und ein linker Abstand von 8 Zeichen gewählt werden. In diesem Fall sind nach Wahl des Befehls DRUCK RANDBEGRENZUNG folgende Eingaben notwendig:

Links: 8	Oben: 3	Druckbreite: 68
Drucklänge: 64	Seitenlänge: 70	Einrückung: 0

b) Druckvariationen

1. Ausdruck in komprimierter Form

Zunächst kann die Seitenbreite über den Befehl DRUCK RANDBE-GRENZUNG auf 132 Zeichen eingestellt werden (sollen die Randein-stellungen beibehalten werden, muß die Druckbreite auf 117 Zeichen eingestellt werden). Danach ist folgendes Vorgehen notwendig:

1. Befehl DRUCK OPTIONEN wählen   <D> <O>
2. Befehlsfeld "Steuerzeichen:" ansteuern   <TAB>
3. Steuerzeichen für Schmalschrift eingeben   <^> <o>
4. Befehl ausführen   <RETURN>
5. Druckbefehl auslösen   <RETURN>

2. Ausdruck mit zugehörigen Formeln

Um statt der Ergebnisse die Formeln einer Tabelle ausdrucken zu kön-nen, ist im Befehl DRUCK OPTIONEN das Befehlsfeld "Formeln:" an-zusteuern und die Antwort "Ja" zu wählen.

3. Druck von Tabellenteilbereichen

Dazu muß der Befehl DRUCK OPTIONEN gewählt und im Befehlsfeld "Bereich:" eine Konkretisierung vorgenommen werden. In der Bei-spielaufgabe ist folgende Eingabe notwendig:
S1;S5.

Lösungshinweise zu Übungsaufgaben Kapitel 9

Aufgabe "Kennzahlen" (vgl. Abschnitt 9.3.1)

Zur Lösung der Übungsaufgabe sind folgende Teilschritte notwendig:

a) Vorbereitung der Quelltabelle

Zunächst muß die Quelltabelle "Kostenp2.MP" mit dem Befehl ÜBER-TRAGEN LADEN in den Hauptspeicher geladen werden und der zu übernehmende Bereich mit einem Namen versehen werden. Nach Wahl des Befehls NAME sind folgende Feldeintragungen notwendig:

1. Bereich: Z16S2:Z16S5;
2. Name: Perskosten.

Nach Ausführung des Befehls muß die Tabelle erneut mit dem Befehl ÜBERTRAGEN SPEICHERN auf dem externen Speichermedium gesichert werden.

b) Aufbau der Grundtabelle

Nun kann die neu einzurichtende Tabelle erstellt werden. Nach Wahl des Befehls ÜBERTRAGEN BILDSCHIRMLÖSCHEN sind zunächst sämtliche Grundinformationen der Tabelle (Texte sowie feststehende Werte) zu erfassen. Mit Ausnahme des Feldbereiches Z5S2:5 kann die Tabelle bereits vollständig aufgebaut werden.

c) Werte aus der Quelltabelle übernehmen

Für die Übernahme der Werte sollte zunächst ein Ausgangsfeld des Zielbereiches angesteuert werden (hier: Z5S2). Danach ist der Befehl XTERN KOPIE zu wählen. Die dann erscheinenden Befehlsfelder sind wie folgt auszufüllen:

1. Von Tabelle: Kostenp2.MP
2. Bereichsname: Perskosten
3. nach: Z5S2:Z5S5

d) Tabelle vervollständigen und speichern

Bauen Sie abschließend die Formel zur Ermittlung des Pers-Anteils auf und formatieren Sie dabei den Bereich über den Befehl FORMAT FELDER mit einer Stelle nach dem Komma. Speichern Sie danach die Tabelle auf Ihrer Arbeitsdiskette mit dem Befehl ÜBERTRAGEN SPEICHERN unter Eingabe des Dateinamens "Kennzahl.MP".

Aufgabe "Jahres-Finanzübersicht" (vgl. Abschnitt 9.3.2)

a) Vorbereitung der externen Tabellen

Als erstes ist die Tabelle "ISTII87.MP" mit dem Befehl ÜBERTRAGEN LADEN aufzurufen. In der Tabelle muß dann zunächst das Feld Z5S2

angesteuert und der Befehl NAME gewählt werden. Hier sind folgende
Eingaben notwendig:

1. Name: AMJ (für April, Mai, Juni);
2. Bereichsangabe: Z5S2:Z25S4.

Nach Ausführung des Befehls ist die überarbeitete Datei unter dem vorgeschlagenen Dateinamen zu speichern.

Die Tabellen ISTIII87.MP und ISTIV87.MP sind in ähnlicher Weise wie
im vorhergehenden Absatz beschrieben zu bearbeiten. Lediglich die Namensvergabe unterscheidet sich:

JAS für Tabelle ISTIII87.MP;
OND für Tabelle ISTIV87.MP.

b) Laden der Ausgangstabelle

Als Ausgangstabelle kann die Tabelle ISTI87.MP dienen. Sie ist mit dem
Befehl ÜBERTRAGEN LADEN aufzurufen.

c) Löschen der Spalte 5 in der Ausgangstabelle

Nach Positionierung des Feldzeigers auf das Feld Z1S5 ist der Befehl
RADIEREN zu wählen. Danach ist der Feldbereich anzugeben (hier Eingabe: S5) und der Befehl mit <RETURN> auszuführen.

d) Eingabe der Spaltenüberschriften

Die Überschriften können mit dem Befehl TEXT eingegeben werden.
Denken Sie nach Eingabe sämtlicher Überschriften daran, die Texte ab
der 6. Spalte rechtsbündig mit dem Befehl FORMAT FELDER auszu-
richten (Feldbereich: Z3S6:Z3S14; Ausrichtung: Rechts).

e) Übernahme der Werte aus den externen Tabellen

Zwecks Übernahme der Werte ist zunächst das Ausgangsfeld in der Spalte
des Monats April (hier Z5S5) anzusteuern und dann der Befehl XTERN
KOPIE zu wählen. Danach sind folgende Eingaben notwendig:

1. von Tabelle: ISTII87.MP;
2. Bereichsname: AMJ;
3. nach: Z5S5;
4. verbunden: Ja oder Nein.

Nach Ausführung des Befehls können in ähnlicher Form die Werte des
3. und 4. Quartals übernommen werden.

f) Bilden der Summenformeln in der Spalte Gesamt

Nach Ansteuerung des Ausgangsfeldes in Spalte 14 ist die Funktion
Summe aufzurufen und folgende Formel aufzubauen:
SUMME (Z S2:13).
Nach Ausführung des Befehls kann die Formel mit dem Befehl KOPIE
NACH_UNTEN bzw. von einem Feld in ein anderes Feld kopiert wer-
den.

g) Speichern der Tabelle

Das Speichern der Tabelle erfolgt mit dem Befehl ÜBERTRAGEN
SPEICHERN und Eingabe des Dateinamens "FIJAHR87.MP".

h) Drucken der Tabelle

Achten Sie vor Wahl des Befehls DRUCK DRUCKER darauf, daß im
Befehl DRUCK OPTIONEN der Druckbereich eingestellt ist
(Z1S1:Z25S14) und im Befehlsfeld Steuerzeichen die Eingabe ^o vorge-
nommen wurde.

Lösungshinweise zu Übungsaufgaben Kapitel 10

Aufgabe "Marketingbericht" (vgl. Abschnitt 10.4.1)

Zur Erstellung des dargestellten Dokumentes kann im Falle der Integration folgendermaßen vorgegangen werden:

*a) Erstellen und Speichern des Textes mit dem Textprogramm Word
(ohne Tabellen)*

Nach Aufrufen des Textprogramms kann der Text unmittelbar eingegeben werden. Das Speichern des Textes erfolgt mit dem Befehl ÜBER-
TRAGEN SPEICHERN und durch Eingabe des gewünschten Dateinamens (hier: "BERICHT1"). Anschließend ist das Textprogramm mit
Quitt zu verlassen.

b) Vorbereiten der Tabelle mit dem Namen "Kosten1.MP"

Im einzelnen ist wie folgt nach dem Start von Multiplan vorzugehen:
1. Laden der Tabelle "Kosten1.MP" mit dem Befehl ÜBERTRAGEN
    LADEN;
2. Anpassung des Dateiformates mit dem Befehl ÜBERTRAGEN OP-
    TIONEN und Wahl der Antwort "Symbolisch";
3. Anpassung der Tabelle an einen definierten Textrahmen über den
    Befehl DRUCK RANDBEGRENZUNG (z. B. um etwaige Leerzeilen
    zu beseitigen). Mögliche Eingaben sind: links: 2; oben: 3; Druckbreite:
    70; Drucklänge: 22 und Seitenlänge: 25;
4. Speichern der Tabelle als Druckdatei mit der Erweiterung ".Txt".
    Nach Wahl des Befehls DRUCK PLATTE/DISKETTE ist der Da-
    teiname (z. B. "Int1.Txt") einzugeben und der Befehl auszuführen.

c) Vorbereiten der Tabelle mit dem Namen "Rentabi.MP"

Im 2. Fall (Tabelle "Rentabi.MP") ist in ähnlicher Form vorzugehen. Die
Abspeicherung soll mit dem Namen "Int2.Txt" erfolgen.

d) Zusammenführung des Textes mit den beiden Tabellen

Nach der Vorbereitung der Tabellen kann schließlich das Textprogramm
geladen und der Text "Bericht1.Txt" aufgerufen werden (mit dem Befehl
ÜBERTRAGEN LADEN). Anschließend ist die erste Einfügestelle anzusteuern und der Befehl ÜBERTRAGEN ZUSAMMENFÜHREN zu
wählen. Nach Auswahl der Datei "Int1.Txt" und Betätigen der Taste
<RETURN> wird die Tabelle positionsgerecht in den Berichtstext ein-
gefügt.

In gleicher Form kann anschließend die Datei "Int2.Txt" in den Berichtstext eingefügt werden.

Das Speichern des Dokumentes erfolgt durch Wahl des Befehls ÜBER-
TRAGEN SPEICHERN und Eingabe des Dateinamens "BERICHT2".

224

Aufgabe "Nettogewinn-Graphik" (vgl. Abschnitt 10.4.2)

a) Vorbereiten der Multiplan-Tabelle (-datei)

1. Starten von Multiplan;
2. Laden der Datei "Rentabi.MP" mit dem Befehl ÜBERTRAGEN LA-DEN und Eingabe oder Auswahl des Dateinamens;
3. Markierung der Zeile 10 mit dem Namen "Nettogewinn". Wählen Sie zu diesem Zweck den Befehl NAME und geben Sie die Bereichsangabe "Z10S2:Z10S5" ein. Des weiteren ist die Zeile 2 in den Spalten 2 bis 5 mit dem Namen "Produkte" zu versehen.
4. Speichern Sie die Neufassung der Tabelle als "Gewinn.MP" auf einer Arbeitsdiskette, die später auch für das Erstellen der Charts genutzt werden soll. Dies erfolgt mit dem Befehl ÜBERTRAGEN SPEI-CHERN und Eingabe des gewünschten Dateinamens.
5. Verlassen Sie das Programm Multiplan (Wahl des Befehls QUITT).
6. Laden der Datei "MCLINK", die sich auf der MP-Programmdiskette befindet (wenn Sie über die Multiplan-Version 2.x verfügen).

b) Benennen des Diagramms

Starten von Chart und Wahl des Befehls AUFLISTUNG NAME. In den Befehlsfeldern sind dann folgende Eintragungen vorzunehmen:

1. Datenreihenbezeichnung: Produkt-Marketingpotentiale
2. Rubrikenbezeichnung: Produkte
3. Größenbezeichnung: Nettogewinn
4. Rubrikenart: Text

Nach Durchführung des Befehls ergibt sich auf dem Bildschirm folgende Darstellung:

```
Enth.(*)  Name                          Ursprung    Art     Anzahl


1  *      Produkt-Marketingpotentiale               Text    0
```

c) Kopieren der Datenreihe aus der Multiplan-Tabelle

Um die Datenreihe aus der Multiplan-Tabelle übernehmen zu können, müssen Sie den Befehl XTERN wählen. Die Befehlsfelder sind dann wie folgt auszufüllen:

- Kopieren aus Datei: Gewinn.MP
- Rubrikenbezeichnung: Produkte
- Größenbezeichnung: Nettogewinn
- Verknüpfen: (Ja)

Nach Befehlsausführung wird im Bildschirm "Auflistung" in der Spalte "Ursprung" angezeigt: Verknüpft mit Gewinn.MP:Pro.

Durch Aufruf des Befehlsmenüs WERTEINGABE können Sie sich dann die entsprechenden Werte, die aus der Multiplan-Datei übernommen wurden, anzeigen lassen:

```
          Produkte    Nettogewinn
   1      Nr. 0899      1250
   2      Nr. 459       3424,5
   3      Nr. 76        1600
   4      Nr. 86        1600
```

d) Einrichten der Graphik

Für das Erstellen der Graphik ist das Hauptmenü "Grafik" zu wählen (durch Eingabe des Buchstabens <G>). Eine Speicherung des Diagramms ergibt sich durch Aufruf des Befehls ÜBERTRAGEN SPEICHERN und Eingabe des Dateinamens "GRAFINT.CH".

Aufgabe "Nettoertrags-Graphik" (vgl. Abschnitt 10.4.3)

a) Modifizieren der Multiplan-Tabelle

Im Anwendungsbeispiel kann für die Übergabe das folgende Ablaufschema zugrundegelegt werden:

1. Datei MCLINK (befindet sich auf   <MCLINK> <RETURN>
   der MP-Programmdiskette) laden
2. Multiplan starten   <MP> <RETURN>
3. Datei mit den zu übernehmenden   <Ü> <L> FIJAHR87.MP
   Werten laden   <RETURN>
4. Tabellenbereich, der über-   <Richtungstasten> <N>
   nommen werden soll,   <:> <Richtungstasten>
   ansteuern und mit einem   <TAB> Nettoertrag
   Namen versehen
5. Tabelle unter einem Namen   <Ü> <S> FIJAHR87.MP
   abspeichern und Multiplan verlassen   <RETURN> <Q>

b) Benennen des Diagramms

Starten von Chart und Wahl des Befehls AUFLISTUNG NAME. In den
Befehlsfeldern sind dann folgende Eintragungen vorzunehmen:

1. Datenreihenbezeichnung: Netto-Erträge im Monatsvergleich
2. Rubrikenbezeichnung: Monate
3. Größenbezeichnung: Nettoertrag
4. Rubrikenart: Datum
5. Rubrikenbeginn: Jan 1987
6. Inkrementspanne: Monat

c) Kopieren der Datenreihe aus der Multiplan-Tabelle

Um die Datenreihe aus der Multiplan-Tabelle übernehmen zu können,
müssen Sie den Befehl XTERN wählen. Die Befehlsfelder sind dann wie
folgt auszufüllen:

1. Kopieren aus Datei: FIJAHR87.MP
2. Größenbezeichnung: Nettoertrag
3. Verknüpfen: (Ja) oder (Nein)

d) Einrichten der Graphiken

Für das Erstellen der Graphik ist das Hauptmenü "Grafik" zu wählen
(durch Eingabe des Buchstabens <G>). Das als Standard angezeigte Säulendiagramm kann über den Befehl MUSTER in ein Liniendiagramm
geändert werden (im Beispiel ist die Variante 5 zu wählen).

Eine Speicherung des Diagramms ergibt sich durch Aufruf des Befehls
ÜBERTRAGEN SPEICHERN und Eingabe des Dateinamen "FI-
NAN87.CH".

11.2 Belegung der Funktionstasten (Übersicht)

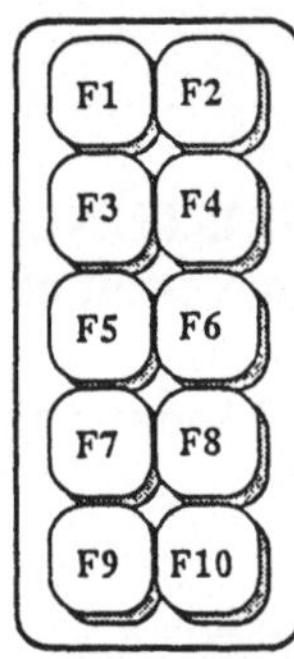

F1	=	Wechseln des Ausschnittes (nächster Ausschnitt)
⇧ F1	=	Wechseln des Ausschnittes (vorhergehender Ausschnitt)
F2	=	Nächstes ungeschütztes Feld
⇧ F2	=	Vorhergehendes ungeschütztes Feld
F3	=	Absolute Adressierung eines angesteuerten Feldes
F4	=	Neuberechnung (automatische Berechnung wurde deaktiviert)
F5	=	Makro verändern
⇧ F5	=	Einzelschritt
F6	=	Erweiterung (für Überarbeitungen)
⇧ F6	=	Aktualisieren
F7	=	Korrekturzeiger im Befehlsfeld wortweise nach links
⇧ F7	=	Makro-Recorder
F8	=	Korrekturzeiger wortweise nach rechts
F9	=	Korrekturzeiger zeichenweise nach links
F10	=	Korrekturzeiger zeichenweise nach rechts

Abb. 11-1: Belegung der Funktionstasten

11.3 Sachwortverzeichnis